FTD digital

Olá, aluno!

Este livro que está em suas mãos permite acessar **conteúdo multimídia** que irá tornar o seu aprendizado muito mais **dinâmico** e **profundo**. Basta utilizar o seu *código exclusivo*, impresso nesta página.

Se você já é usuário do **FTD Digital**, acesse-o usando seu **login** e sua **senha**. Então, clique em **cadastrar livro** e siga as instruções de como utilizar seu *código exclusivo*. Se você **ainda não é usuário** do **FTD Digital**, siga os passos abaixo antes de registrar seu *código exclusivo* e bons estudos.

Passo a passo:

1. Acesse: www.ftd.com.br e clique em **FTD Digital**.
2. Clique em **criar cadastro** e preencha com seus dados.
3. Em seguida, você receberá um **e-mail para ativação**. Clique no link e conclua seu cadastro.
4. Agora que você tem acesso ao ambiente **FTD Digital**, siga as orientações para o registro do seu *código exclusivo*.

CB062262

Seu código exclusivo:

1153.5002.TQYP.DL2N.55V

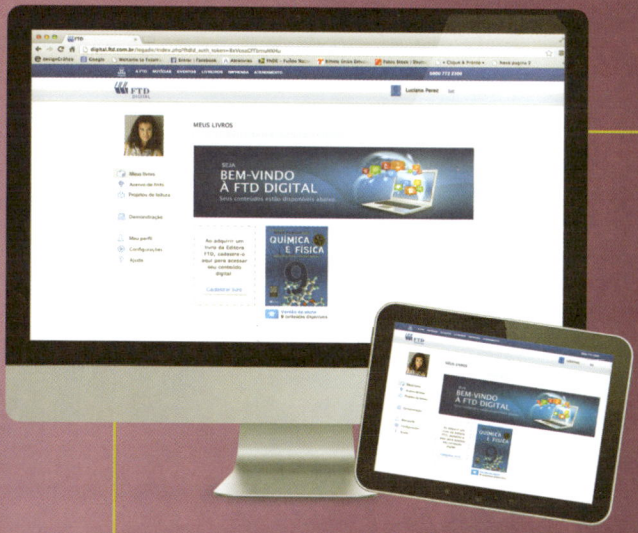

Perfil Aluno

Você terá acesso a **vídeos**, **animações**, **simuladores**, **jogos**, **infográficos**, **educlipes** e **textos** para facilitar a compreensão dos temas de seus estudos. Além disso, você poderá buscar **indicações de leitura complementar**, **fazer simulados** e **obter ajuda** para suas pesquisas na web com o **Acervo de links**.

Experimente e entre para o mundo **FTD Digital**.

www.ftd.com.br

7

projeto athos
Geografia

Sonia Maria Vanzella Castellar
Bacharel e Licenciada em Geografia pela Universidade de São Paulo (USP)
Mestre em Educação pela Faculdade de Educação da Universidade de São Paulo (USP)
Doutora em Geografia pela Faculdade de Filosofia, Letras e Ciências Humanas da Universidade de São Paulo (USP)
Livre-docente em Metodologia do Ensino de Geografia da Faculdade de Educação da Universidade de São Paulo (USP)
Professora de Metodologia do Ensino de Geografia na mesma instituição

Ana Paula Gomes Seferian
Bacharel e Licenciada em Geografia pela Universidade de São Paulo (USP)
Mestre em Geografia Humana pela Faculdade de Filosofia, Letras e Ciências Humanas da Universidade de São Paulo (USP)
Doutoranda em Ensino de Ciências pela Faculdade de Educação da Universidade de São Paulo (USP)
Professora do Ensino Fundamental (Anos Finais) e Médio na rede privada de ensino do Estado de São Paulo

FTD

FTD

Copyright © Sonia Maria Vanzella Castellar, Ana Paula Gomes Seferian, 2014

A colaboração é uma questão de atitude.

Diretora editorial	Silmara Sapiense Vespasiano
Gerente editorial	Roberta Lombardi Martins
Editora	Rosa Visconti Kono
Coordenadora do Projeto	Maria Tereza Rangel Arruda Campos
Editores assistentes	Isabela Gorgatti Cruz, Flavio Manzatto de Souza, Mariana de Lucena (Estagiária)
Colaboradores	Mariana Albertini, Jéssica Vieira de Faria, Bárbara Rocha, Fabíola Tibério Nunes, Carlo Eugênio Nogueira, Anaclara Volpi, Fernanda Righi, Daniella Barroso
Assistente editorial	Denise Aparecida da Silva
Gerente de produção editorial	Mariana Milani
Coordenadora de produção	Marcia Berne Pereira
Coordenador de arte	Eduardo Evangelista Rodrigues
Projeto gráfico, capa	SIC Produções Editoriais
Foto da capa	Philip and Karen Smith/Photographer's Choice/Getty Images
Editora de arte	Daniela Máximo
Diagramação	Juliana Silva Carvalho, SIC Produções Editoriais
Tratamento de imagens	Ana Isabela Pithan Maraschin, Eziquiel Racheti
Ilustrações	Luis Moura, Paulo Nilson, Joyce Akamine, Marcos Guilherme
Cartografia	Sônia Vaz, Alessandro Costa, Mario Yoshida – Allmaps
Coordenadora de preparação e revisão	Lilian Semenichin
Supervisora de preparação e revisão	Sandra Lia Farah
Preparadores	Claudia Anazawa, Fatima Carvalho, Fernanda Rodrigues, Lucila V. Segóvia, Marta Lúcia Tasso, Pedro Baraldi
Revisores	Célia Regina N. Camargo, Eliana A. R. S. Medina, Fernando Cardoso, Lilian Vismari, Rita Lopes, Sirlei S. Panochia
Supervisora de iconografia	Célia Maria Rosa de Oliveira
Iconografia	Ana Szcypula, Thaisi Lima e Graciela Naliati
Diretor de operações e produção gráfica	Reginaldo Soares Damasceno

Dados Internacionais de Catalogação na Publicação (CIP)
(Câmara Brasileira do Livro, SP, Brasil)

Castellar, Sonia Maria Vanzella
  Projeto Athos : geografia, 7º ano / Sonia Maria Vanzella Castellar, Ana Paula Gomes Seferian. — 1. ed. — São Paulo : FTD, 2014.

  Bibliografia
  ISBN 978-85-322-9389-3 (aluno)
  ISBN 978-85-322-9390-9 (professor)

  1. Geografia (Ensino fundamental) I. Seferian, Ana Paula Gomes. II. Título.

14-04288   CDD-372.891

Índices para catálogo sistemático:
  1. Geografia : Ensino fundamental   372.891

3 4 5 6 7 8 9

Envidamos nossos melhores esforços para localizar e indicar adequadamente os créditos dos textos e imagens presentes nesta obra didática. No entanto, colocamo-nos à disposição para avaliação de eventuais irregularidades ou omissões de crédito e consequente correção nas próximas edições. As imagens e os textos constantes nesta obra que, eventualmente, reproduzam algum tipo de material de publicidade ou propaganda, ou a ele façam alusão, são aplicados para fins didáticos e não representam recomendação ou incentivo ao consumo.

Reprodução proibida: Art. 184 do Código Penal e Lei 9.610 de 19 de fevereiro de 1998.
Todos os direitos reservados à **EDITORA FTD**.

Rua Rui Barbosa, 156 – Bela Vista – São Paulo – SP
CEP 01326-010 – Tel. 0800 772 2300
Caixa Postal 65149 – CEP da Caixa Postal 01390-970
www.ftd.com.br
central.relacionamento@ftd.com.br

Impresso no Parque Gráfico da Editora FTD
Avenida Antonio Bardella, 300
Guarulhos-SP – CEP 07220-020
Tel. (11) 3545-8600 e Fax (11) 2412-5375

Apresentação

Caro aluno,

Desde que você entrou na escola, tem ouvido falar em Geografia e, a cada ano, tem ampliado seus conhecimentos geográficos. Compreendeu que o estudo do meio físico e das relações entre as pessoas e entre elas e os elementos naturais é preocupação da Geografia. Ao organizarmos este projeto, pensamos nessas relações e na melhor maneira de mostrá-las e contribuir para que você possa entendê-las.

Antes de se dedicar ao estudo geográfico da Europa, da Ásia, da África e da Oceania e às relações geográficas globais, você vai conhecer temas relacionados com o Brasil e conceitos que estruturam o conhecimento geográfico.

Saber ou passar a conhecer como outros grupos de seres humanos vivem, se organizam, se relacionam com a natureza, se desenvolvem ou, em outras palavras, conhecer "o outro", saber como são e como agem aqueles seres humanos com os quais não temos contato direto, mas que habitam o mesmo planeta que nós, talvez seja a maior razão pela qual devemos estudar Geografia.

Estudar Geografia, portanto, além de nos permitir conhecer outras realidades e aprender com elas, do ponto de vista de cada país ou região, possibilita obter conhecimentos por meio dos quais as relações com outras regiões do mundo podem se tornar instrumento para o desenvolvimento econômico, social e cultural.

Esses conhecimentos nos permitem não apenas ter consciência da realidade, mas compreendê-la, dando-nos a dimensão da importância de estudarmos Geografia. É a partir dessa abordagem que convidamos você, agora, para "dar uma volta ao mundo", para estudar e compreender como são as diversas regiões e países do planeta, quais as relações que se estabelecem entre eles e de que maneira esses países e regiões podem interferir, positiva ou negativamente, em nossa vida aqui no Brasil.

Por isso, é fundamental termos clareza da frase: "O conhecimento geográfico nos permite compreender o estudo das relações entre a sociedade e a natureza e os arranjos espaciais que derivam desse processo interativo em diferentes culturas e sociedades".

Bom estudo e boas ideias!

As autoras

Conheça o seu livro

Os volumes do **Projeto Athos** de **Geografia** dividem-se em nove Unidades, cada qual elaborada para, aproximadamente, um mês de aulas. Isso permite a articulação das propostas da obra com as atividades previstas pela sua escola.

As aberturas de Unidade apresentam uma imagem relacionada aos temas que serão estudados. Há questões que orientam a leitura dessa imagem.

@mais complementa essa introdução com propostas que envolvem o mundo digital e a leitura de diferentes linguagens.

Os tópicos que serão abordados na Unidade vêm listados para que você os conheça de antemão.

O texto didático articula-se a imagens para facilitar a compreensão dos conceitos e processos significativos para o estudo da Geografia.

As Unidades terão uma quantidade variável de capítulos.

O vocabulário que eventualmente acompanha o texto auxilia a leitura.

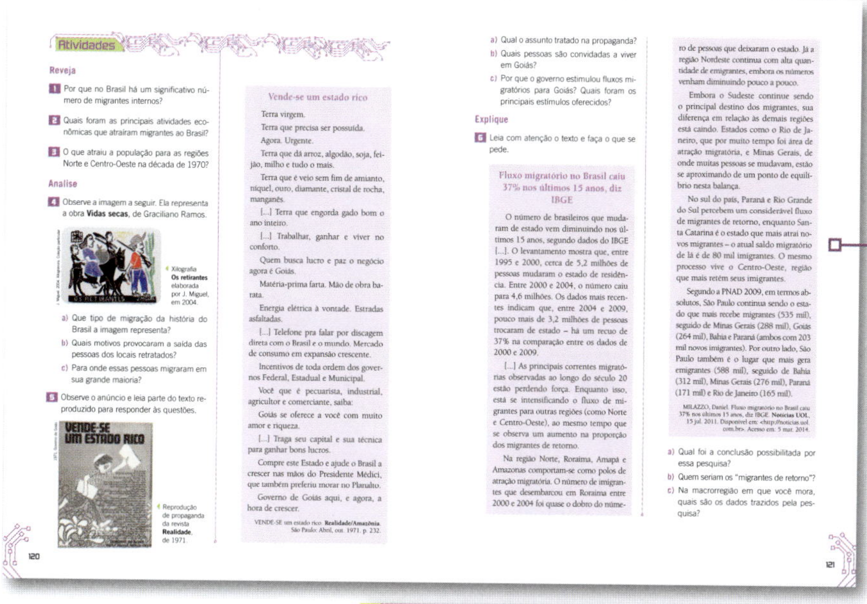

As atividades estão divididas em três partes: **Reveja**, **Analise** e **Explique**.

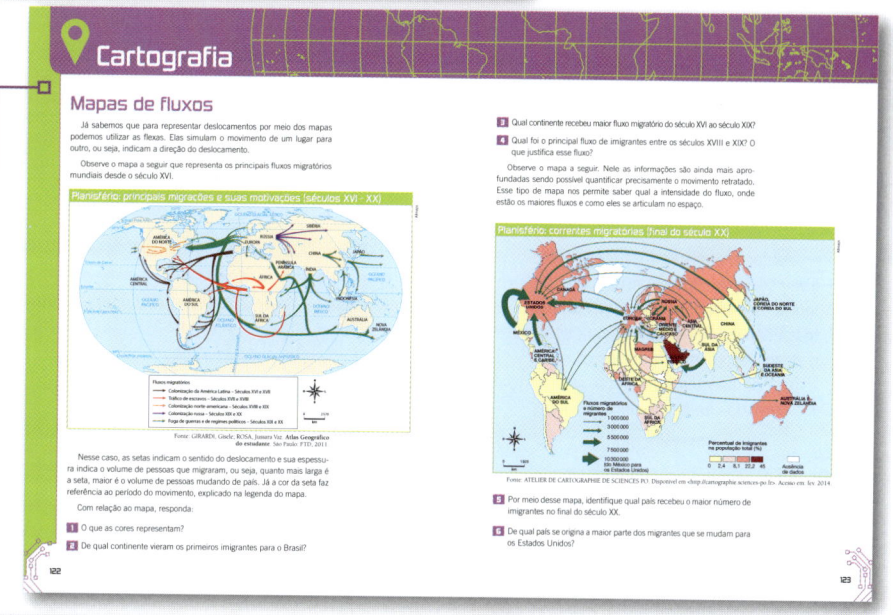

Os conceitos do trabalho cartográfico serão ampliados e trabalhados nesta seção por meio de atividades práticas.

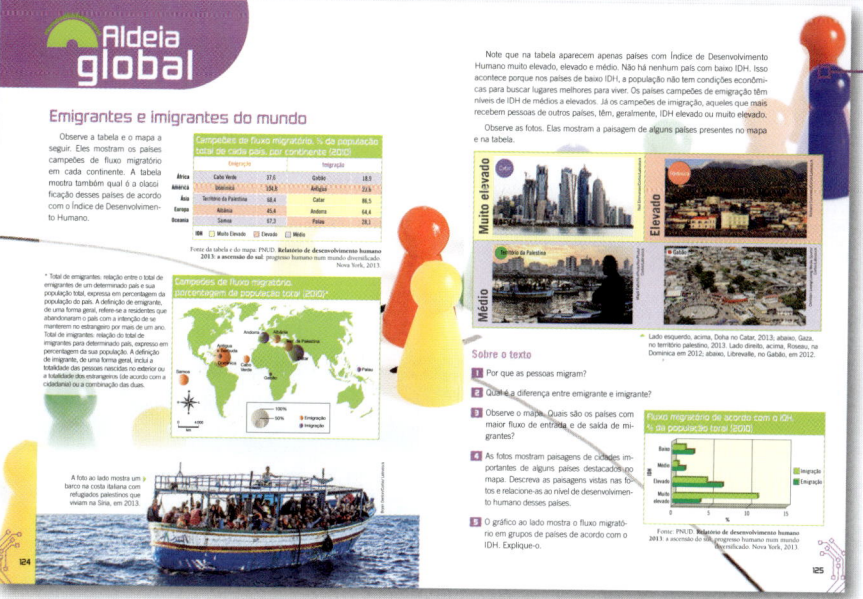

Nesta seção, um tema da Unidade será situado no espaço mundial para que você e seus colegas possam refletir sobre ele na perspectiva do mundo globalizado.

Você também encontrará boxes com finalidades diferentes ao longo do livro, que visam auxiliar a compreensão e a sistematização dos tópicos principais.

Lembre
Na região Centro-Sul se localizam as principais cidades brasileiras, as...

Retoma um conteúdo visto anteriormente.

Rede do tempo — Caminhos de tr...
Ligadas ao tropei... pequenas povoaçõ... do Camin...

Apresenta contextos históricos importantes para alguns conteúdos.

Pense e responda
1. Que países e regiões mais atraem migran...
2. Que regiões apre... forte movim...

Propõe uma reflexão conjunta.

Geografia e Ciências
As características dos lugares, co... luminosidade e temperatura, podem... fauna. Por exemplo, nas zonas térm... fria Ártica e Zona fria Antártica), as... o desenvolvimento de espécies... ixas temperaturas do Ártico, p... amadas de pelo e uma...

Estabelece um diálogo entre tópicos de Geografia e de outras disciplinas ou áreas do conhecimento.

Tome nota
As atividades humanas são responsáveis por grandes transformações o funcionam...

Sistematiza conceitos importantes, que ficam disponíveis para consulta e estudo.

Sobre os mapas
Ao comparar os mapas de vegetação e de clima da Amazônia, é possív...

Apresenta informações complementares de um gráfico, um mapa, um esquema etc.

Explore
Observe a... imagen... que m... popr...

@Explore
O **Museu da Imigração do estado de São Paulo** preserva a memória e a história das pes...

Trazem informações complementares ou remetem a fontes para propostas de pesquisa. **@Explore** traz também indicações de *sites*.

Nina na Mata Atlântica
Nina N... São Pa... Textos... Acon...

Escola Eldorado
Direção de Victor Lopes. Brasil, 2008. Nesse documentário, o agricultor Alcion...

Indicações de livros, filmes e músicas vêm sinalizadas por ícones que refletem a natureza de cada sugestão.

Você e seus colegas desenvolverão dois projetos de trabalho ao longo do ano, apresentados na seção **Pensar, fazer, compartilhar**.

Além disso, boxes e seções especiais consolidam os pilares do projeto.

Nós — Direito à moradia

Propicia a reflexão sobre valores, que será sempre feita em duplas, trios ou grupos.

No final do livro, você poderá testar seus conhecimentos em atividades propostas em avaliações oficiais diversas.

Fórum

Traz questões para debate, em que você e os colegas poderão compartilhar conhecimentos e ideias.

@multiletramentos — IDH do Brasil

Aqui você poderá desenvolver e pôr em prática habilidades para o trabalho com mídias e ferramentas digitais diversas.

Com o objetivo de complementar a proposta de ensino-aprendizagem do livro impresso, todos os volumes deste projeto contam com material extra na plataforma **FTD digital**. Lá você encontrará tanto as orientações adicionais para a seção **@multiletramentos** quanto os objetos educacionais digitais, indicados neste volume pelo ícone ao lado.

Tudo isso que você viu faz parte do livro em que você vai estudar Geografia neste ano. Bom trabalho!

Sumário

Unidade 1 — Para entender o Brasil 12

Capítulo 1 — Aspectos naturais do Brasil | 14

Os domínios da natureza | 14
A ação humana ao longo da história do Brasil | 19
- @multiletramentos Fauna e flora dos domínios da natureza | 19
- Nós Urbanização | 20

Atividades | 21

Capítulo 2 — A localização do Brasil | 23

O Brasil nas zonas térmicas | 24
Os fusos horários no Brasil | 24
- Geografia e Ciências | 26
- Fórum | 26

Atividades | 27
Cartografia Coordenadas geográficas | 28
Aldeia global Fusos | 30

Unidade 2 — A formação do território brasileiro 32

Capítulo 1 — A expansão marítima europeia | 34

Viagens europeias | 35
- Geografia e Nutrição | 36

A chegada dos portugueses à América | 37
Atividades | 39
- Fórum | 40

Capítulo 2 — O Brasil colônia | 41

A colonização | 42
A formação das fronteiras do território brasileiro | 44
- @multiletramentos Quiz sobre a colonização portuguesa | 46
- Nós Diversidade cultural | 46

Atividades | 47
Cartografia Variável visual: cor | 48
Aldeia global Povos nativos atualmente | 50

Unidade 3 — As origens do povo brasileiro 52

Capítulo 1 — Cultura brasileira e identidade nacional | 54
Identidade nacional | 55
Comunidades tradicionais | 56
Atividades | 57

Capítulo 2 — Os povos indígenas | 58
Geografia e Direito | 59
Conflitos em terras indígenas | 60
A posse da terra para as sociedades indígenas | 62
Nós Preservação cultural | 62
Atividades | 63

Capítulo 3 — A presença africana no Brasil | 64
Seres humanos como mercadorias | 65
As formas de resistência | 66

@multiletramentos Audiovisual sobre as origens do Brasil | 67
Fórum | 69
Atividades | 70
Cartografia Leitura de mapas | 72
Aldeia global Escravidão moderna | 74

Unidade 4 — População brasileira 76

Capítulo 1 — A estrutura da população | 78
Índice de desenvolvimento humano (IDH) | 80
Outros indicadores | 82
@multiletramentos IDH do Brasil | 83
Nós A população idosa | 86
Atividades | 87

Capítulo 2 — A distribuição espacial da população | 88
Evolução da ocupação do território brasileiro | 88
População rural e urbana | 93
Geografia e políticas públicas | 94
Fórum | 94
Atividades | 95
Cartografia Variável visual: tamanho | 96
Aldeia global O que pirâmide etária tem a ver com IDH? | 98
Pensar, fazer, compartilhar Brasil, mostra a sua cara! | 100

Unidade 5 — Migrações 102

Capítulo 1 — As migrações internacionais | 104
- As imigrações para o Brasil | 105
- Brasileiros no exterior | 108
- Novos fluxos de imigração para o Brasil | 109
  - Fórum | 110
  - Atividades | 111

Capítulo 2 — As migrações internas | 112
- Os fluxos recentes de migração | 114
- Por que as pessoas migram? | 117
  - Geografia e Literatura | 118
  - @multiletramentos Entrevista com migrantes | 118
  - Nós Imigração e preconceito | 119
- Atividades | 120
- Cartografia Mapas de fluxos | 122
- Aldeia global Emigrantes e imigrantes do mundo | 124

Unidade 6 — Regionalização do espaço brasileiro 126

Capítulo 1 — Regionalizando o espaço | 128
- Por que regionalizar? | 130
- Regionalização pelo IBGE | 131
  - Nós IBGE e o sigilo de informações | 131
  - Geografia e turismo | 132
- Atividades | 133

Capítulo 2 — Diferentes regionalizações | 134
- A divisão regional do IBGE | 134
  - @multiletramentos Jogo sobre as regiões brasileiras | 137
- A proposta de Milton Santos | 138
- As regiões geoeconômicas | 140
- Atividades | 142
  - Fórum | 143
- Cartografia Regionalizando o Brasil | 144
- Aldeia global As mais famosas regiões do mundo | 146

Unidade 7 — A Amazônia 148

Capítulo 1 — Regionalização e aspectos naturais | 150
- Diferentes regionalizações | 150
- Ambiente amazônico | 152
- Atividades | 155

Capítulo 2 — A ocupação da Amazônia | 156
- O extrativismo vegetal | 156
  - Nós Desmatamento ilegal | 157
- Política de ocupação da Amazônia | 158
- Os grandes projetos na Amazônia | 159
- Geração de energia elétrica | 161
- Recursos minerais na Amazônia | 162
- Migrações | 164
- Destaques econômicos | 165
  - @multiletramentos Cartaz interativo | 165
- População urbana | 166
- Atividades | 167
  - Fórum | 167
- Cartografia Análise de mapas e imagens de satélite | 168
- Aldeia global Florestas úmidas do mundo | 170

Unidade 8 — O Nordeste 172

Capítulo 1 Ocupação do Nordeste | 174
A colonização europeia | 175
Geografia e Ciências | 176
Emigração do Nordeste | 178
Atividades | 179

Capítulo 2 Divisão regional, clima e economia | 180
Sub-regiões | 180
A dinâmica climática | 182
Rio São Francisco | 185
Modernização da agricultura | 186
A produção mineral e industrial | 187
@multiletramentos As diversas faces do Nordeste | 189
Nós Biocombustíveis | 189
O turismo como riqueza | 190
Atividades | 191
Fórum | 191
Cartografia Variável visual: valor | 192
Aldeia global Etanol pelo mundo | 194

Unidade 9 — O Centro-Sul 196

Capítulo 1 Localização e ocupação | 198
Colonização portuguesa | 198
A cultura do café | 199
A imigração | 200
A industrialização e a urbanização | 201
Geografia e Política | 204
Condições de vida urbana | 205
Nós Direito à moradia | 205
Atividades | 206

Capítulo 2 Economia do Centro-Sul | 207
Expansão agrícola | 207
Extração mineral | 209
@multiletramentos Hierarquia urbana | 210
Hidrografia: transporte e energia | 212
A ação humana sobre o meio físico | 214
Atividades | 215
Fórum | 215
Cartografia Escala | 216
Aldeia global A prosperidade das cidades globais | 218
Pensar, fazer, compartilhar Catalogando o Brasil | 220

Um tempo para avaliações oficiais | 222
Bibliografia | 224

unidade

Nesta unidade

- Aspectos naturais e paisagens brasileiras.
- Formação das cidades brasileiras.
- Coordenadas geográficas.
- Zonas térmicas do Brasil.
- Fusos horários.

Para entender o Brasil

Ao estudar a geografia e a história da formação do território brasileiro, nota-se que o Brasil tem uma rica diversidade: a cultura, as formas de produção, o comércio, a maneira variada de circulação das pessoas e mercadorias entre outras.

1. Pense no Brasil. Como você o caracterizaria? Faça um desenho sobre como imagina o território brasileiro. Em seguida, registre no caderno as cinco primeiras palavras que lhe vêm à cabeça.

2. Compartilhe com os colegas: houve coincidências nos desenhos? Indique-as.

3. Quais palavras apareceram com mais frequência?

4. Você discorda de alguma das características apontadas pelos seus colegas? Por quê?

@ mais

O governo brasileiro realizou diversas atividades para promover o país como destino turístico por ocasião da Copa do Mundo de Futebol, realizada em 2014 em cidades brasileiras. Assista aos vídeos que integram as ações do Ministério do Turismo. Disponível em: <http://ftd.li/hbpg6i> (acesso em: jan. 2014).

Sobre o vídeo **Turismo em cena/Infraestrutura**, responda:
1. Que paisagens são mais observadas nesse vídeo?
2. Qual é o principal objetivo da escolha dessas paisagens?
3. O Brasil é representado adequadamente nesse vídeo? Justifique sua resposta.

Capítulo 1 — Aspectos naturais do Brasil

O meio físico é composto de vários elementos, como as rochas, o solo, a vegetação, a hidrografia e a energia emitida pelos raios solares. Esses elementos estão relacionados e combinam-se de maneiras diversas, formando, assim, as paisagens. A diversidade de paisagens está também relacionada à maneira como os seres humanos ocupam a superfície da Terra.

Os domínios da natureza

Apesar da grande diversidade do meio físico no Brasil, podemos reconhecer algumas similaridades nas paisagens. Observando elementos naturais, como o relevo, o solo, a vegetação e o clima, o geógrafo Aziz Ab'Sáber identificou seis domínios de natureza no Brasil.

- Amazônico
- Cerrado
- Mares de morros
- Caatingas
- Araucárias
- Pradarias
- Faixas de transição

Amazônico
Localizado na porção norte do território brasileiro, o Domínio amazônico é marcado pela extraordinária continuidade de suas florestas e pela grandeza de sua rede hidrográfica. É um domínio marcado por extensas planícies.

Pradarias
Abrangendo as porções sul e oeste do Rio Grande do Sul, o Domínio das pradarias é caracterizado por temperaturas amenas e estações bem definidas. Nesse domínio, há as planícies alagadas, chamadas de banhados, e as extensas planícies onde predomina a vegetação arbustiva e de gramíneas.

Caatingas
O Domínio das caatingas é delimitado pela vegetação de caatinga que ocorre na porção nordeste do país e é caracterizada por espécies arbustivas e arbóreas com cactáceas. É um domínio marcado pelo clima quente e por longos períodos de escassez de chuvas, além da presença de vales e terras altas, como a Chapada do Araripe e o Planalto do Borborema.

Cerrado
O Domínio do cerrado encontra-se na porção central do Brasil, apresentando diversidade de formações vegetais, desde extensas áreas com vegetação rasteira e arbustiva até áreas com a presença de espécies arbóreas, chamadas de cerradões. As formas do relevo nesse domínio são, de modo geral, planálticas.

Mares de morros
A porção litorânea do Brasil, do Rio Grande do Norte ao Rio Grande do Sul, é área de ocorrência do Domínio dos mares de morros, que ainda abrange a maior parte do estado de São Paulo. Esse é o domínio das regiões de serras, de clima tropical e subtropical, marcado pela presença da Mata Atlântica.

Araucárias
Campos entremeados com bosques de pinhais caracterizam o Domínio das araucárias, que se estende pelos estados do Paraná, Santa Catarina e Rio Grande do Sul, junto ao Domínio Mares de Morros. Esse domínio está vinculado aos planaltos da porção sul do país, onde predomina o clima subtropical.

O esquema é uma representação artística. As dimensões, cores e distâncias não correspondem à realidade.

@ Explore
O professor **Aziz Nacib Ab'Sáber** (1924-2012) concedeu uma entrevista a um estudante carioca na qual falou do papel da ciência e da educação na vida das pessoas. Disponível em: <http://ftd.li/i7e8yf> (acesso em: jan. 2014).

Domínio amazônico

A Amazônia é o domínio de natureza de maior biodiversidade e maior volume de águas continentais do mundo. Os estudos de sua flora e fauna indicam que ali há um grande número de espécies que só existem nessa região do planeta.

A floresta amazônica, que recobre a maior parte do domínio amazônico, é densa e contínua. Suas árvores têm, em geral, copas muito largas, que se entrelaçam. Por isso, do alto, é difícil distinguir onde termina uma árvore e começa outra. Essa floresta gera abundância de chuvas no interior da América do Sul, em áreas que não contariam com grande umidade se não existisse a floresta. A devastação da floresta repercute, portanto, no clima de toda essa região.

Essa extensa região de "terras baixas florestadas" destaca-se ainda por conter a maior bacia hidrográfica do mundo. O rio Amazonas percorre longa distância até sua foz e recebe ainda águas de rios também extensos e volumosos.

▲ Vista aérea da floresta amazônica, em Mamirauá, Amazonas, 2009.

▲ Área de floresta amazônica desmatada para uso agrícola, em Santarém, Pará, 2013.

Domínio do cerrado

As paisagens do cerrado são marcadas pela presença de árvores de tronco retorcido e casca grossa. Os tipos de cerrados variam desde campos limpos, onde há poucas árvores e muitas plantas rasteiras e arbustivas, até cerradões, onde as árvores se apresentam próximas umas das outras.

O cerrado tem sofrido com a intensa expansão das atividades agropecuárias sobre suas áreas.

▲ Vegetação de Cerrado, no Parque Municipal da Pedra do Castelo, Piauí, 2008.

@ Explore

Leia os textos destes *links*, disponíveis em: <http://ftd.li/gfup3x> e <http://ftd.li/dy5b9c> e responda às questões abaixo.

1. Quais são as principais características da vegetação amazônica?
2. Há relação entre a grande umidade da região e a existência da floresta? Explique.

Domínio das caatingas

O chamado Nordeste seco é uma região excepcional no meio físico do território brasileiro. O clima semiárido desse domínio é o principal responsável por suas paisagens secas, com chuvas irregulares e escassas.

O termo **caatinga** significa mata branca (em tupi). Essa vegetação é bastante esparsa e formada predominantemente por arbustos. As espécies mais comuns são capazes de armazenar água em seu interior e, assim, conseguem aguentar os longos períodos de estiagem.

▲ Vegetação de caatinga, em Xique-Xique, Pernambuco.

Domínio das pradarias

As pradarias recobrem as terras ao sul do Rio Grande do Sul. Elas são formadas principalmente por espécies rasteiras, embora sejam encontradas florestas-galeria nas margens dos rios.

Grande parte dessas terras foi ocupada por culturas agrícolas e também pela pecuária, resultando na devastação de parte da vegetação original, principalmente das florestas-galeria.

▲ Campanha gaúcha em Uruguaiana, Rio Grande do Sul, 2013.

Domínio das araucárias

A porção sul do Brasil apresenta clima mais frio. Seus planaltos, nos quais as temperaturas são ainda mais baixas graças à altitude, são as principais áreas de ocorrência de florestas de araucárias.

Diferentemente das florestas tropicais, essas florestas formam paisagens bastante homogêneas. O grande destaque é o pinheiro-do-paraná: são árvores altas, com copas elevadas e de grande beleza.

▲ Floresta de Araucária, em Catanduva, Paraná, 2013.

@ Explore

Para conhecer a biodiversidade da caatinga, leia os textos disponíveis nestes links <http://ftd.li/tdge5i> e <ftd.li/sizgks> (acessos em: abr. 2016). Depois responda às questões abaixo.

1. Por que a caatinga pode ser considerada uma floresta?

2. Existem espécies endêmicas na região? Cite exemplos.

3. A paisagem da caatinga é homogênea? Explique sua resposta.

Domínio dos mares de morros

Este é o único domínio cujo nome não faz referência à vegetação. Ainda que o geógrafo Aziz Ab'Sáber tenha se baseado nas feições do relevo dessa região para nomear esse domínio, isso não significa que sua vegetação seja menos importante. Seus morros e serras eram originalmente cobertos por extensas florestas tropicais, que abrigavam grande biodiversidade.

Essas áreas foram as mais afetadas pela ocupação humana. Desde o início da colonização portuguesa, os recursos naturais dessa região têm sido explorados. Além disso, as cidades mais populosas estão localizadas nesse domínio.

As formas íngremes do relevo e a grande quantidade de chuvas fazem com que esse domínio fique mais sujeito à ação da erosão. Durante o verão, quando as chuvas são mais intensas e concentradas, é muito frequente a ocorrência de movimentos de solo e de rocha. Em muitos casos, escorregamentos e deslizamentos de terra causam a morte de muitas pessoas a cada ano.

No mapa da página ao lado, **Brasil: ação antrópica**, podem ser observadas extensas áreas que já sofreram modificações na vegetação.

> **Nina na Mata Atlântica**
> Nina Nazario.
> São Paulo: Oficina de Textos, 2009.
> Acompanhe Nina em uma aventura poética pelos diferentes ecossistemas da Mata Atlântica.

@ Explore

No **Atlas da Mata Atlântica** há informações sobre as áreas devastadas e as áreas de preservação dessa floresta. Disponível em: <http://ftd.li/4etd2t> (acesso em: jan. 2014).

- Faça uma pesquisa em portais de notícias e aponte os locais onde ocorreram deslizamentos de terra no Brasil nos últimos 10 anos.

▼ Vista aérea do Parque Nacional da Serra da Bocaina, em Parati, Rio de Janeiro, 2011.

A ação humana ao longo da história do Brasil

No século XVI, quando os portugueses iniciaram a colonização das terras que hoje formam o Brasil, essa região já era ocupada por muitos povos, cerca de 8 milhões de habitantes.

A maneira de ocupar o espaço e a relação que esses povos nativos, geralmente identificados como povos indígenas, mantêm com a natureza não provocaram alterações expressivas no meio natural. Muito diferente foi o modo de ação adotado pelos colonizadores portugueses, que alteraram progressiva e significativamente o ambiente natural brasileiro, utilizando técnicas diferentes das dos povos nativos.

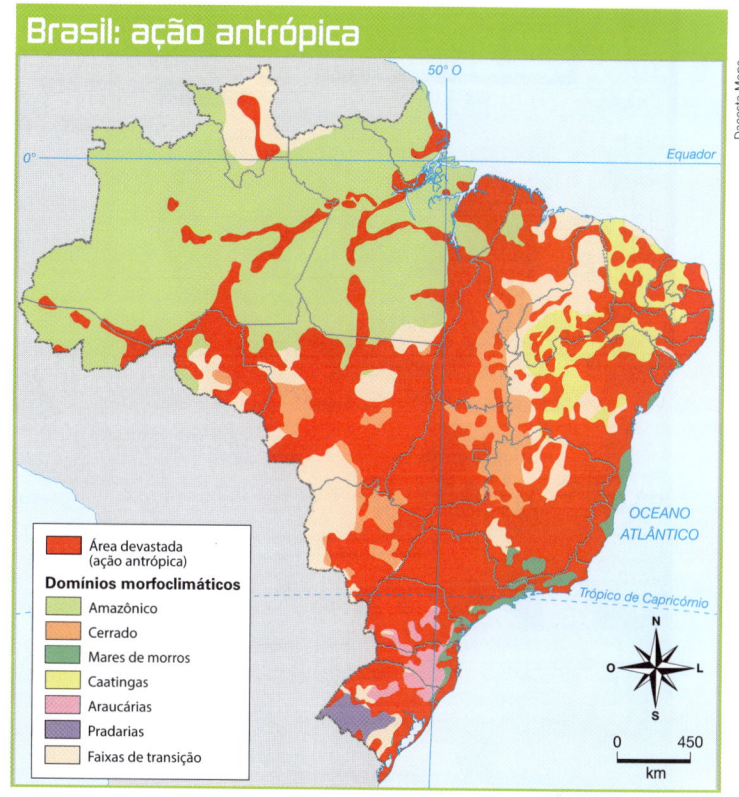

Brasil: ação antrópica

Legenda:
- Área devastada (ação antrópica)
- Domínios morfoclimáticos
  - Amazônico
  - Cerrado
  - Mares de morros
  - Caatingas
  - Araucárias
  - Pradarias
  - Faixas de transição

Fonte: IBGE. **Atlas geográfico escolar**: ensino fundamental: do 6º ao 9º ano. Rio de Janeiro: IBGE, 2010. p. 18.

Pense e responda

- Qual era o tipo de formação vegetal que predominava ou ainda predomina no estado em que você vive? Quais foram as consequências da devastação sobre a vegetação?

Acesse o **objeto digital** desta unidade.

@multiletramentos

Fauna e flora dos domínios da natureza

Partindo do estudo dos domínios da natureza, a proposta é confeccionar uma colagem fotográfica sobre a fauna e a flora desses domínios para expor no painel da escola. Para isso, você deverá estender seus estudos pesquisando na internet nomes de animais e vegetações que representam os domínios. Registre essa pesquisa em seu caderno. Em seguida, você fará uma busca de imagens na internet com base em seus registros. Aproveite os resultados dessa busca e salve uma foto da fauna e da flora para cada domínio da natureza, totalizando então 12 fotos. Esse material será utilizado na colagem. Na internet, há editores de imagens e fotografias gratuitos disponíveis para esse trabalho. Confeccione a sua colagem, imprima-a e a exponha no mural de sua escola.

E então... Você acredita que a pesquisa na internet e a busca de imagens são meios de que dispomos para conhecer o mundo?

Visite nosso espaço virtual **@multiletramentos** da plataforma **FTD Digital** e encontre uma sugestão de editor de imagens e fotografias, tutoriais e orientações para a sua pesquisa.

▲ Reprodução do mapa **Terra Brasilis**, de Pedro Reinel e Lopo Homem (c. 1519).

O processo de ocupação portuguesa iniciou-se no litoral, onde a vegetação nativa foi sendo paulatinamente derrubada para dar lugar a vilas e plantações. Além disso, alguns elementos naturais passaram a ser usados como recursos, ou mercadorias, e foram explorados de forma intensiva, como o caso do pau-brasil. Toneladas de toras dessa espécie foram retiradas das florestas tropicais atlânticas e levadas para a Europa com o intuito de, entre outras finalidades, obter um excelente pigmento de coloração vermelha de grande valor comercial, usado para o tingimento de tecidos.

No século XVI e nos seguintes, grandes extensões de vegetação nativa foram derrubadas para a instalação das fazendas de cana-de-açúcar, onde se produzia açúcar para exportação.

Nós

Urbanização

As atividades econômicas contribuíram para que a população se reunisse em pequenos aglomerados, o que resultou na organização das primeiras cidades, na construção de estradas, na exploração mineral e no uso de rios para o transporte de mercadorias.

- As transformações econômicas são frequentemente associadas à noção de progresso. Do ponto de vista ambiental, seria adequado identificá-las da mesma maneira?

Tome nota

As atividades humanas são responsáveis por grandes transformações no funcionamento da natureza. As sociedades exercem diferentes tipos de impacto sobre ela, sendo as industriais as que mais afetam o meio físico, pois utilizam grande quantidade de recursos naturais e criam redes de infraestrutura em todo o planeta para garantir a produção e a circulação de suas mercadorias.

Atividades

Reveja

1 Identifique qual domínio morfoclimático é representado em cada imagem abaixo.

a)
▲ Parque Nacional das montanhas do Tumucumaque, Amapá (AP), 2012.

b)
▲ Pajeú (PE), 2013.

c)
▲ Serra da Mantiqueira (MG), 2011.

d)
▲ Parque Nacional de Aparados da Serra (RS), 2012.

e)
▲ Santa Maria (RS), 2011.

f)
▲ Palmas (TO), 2013.

Analise

2 Podemos dizer que, desde o início da colonização portuguesa, a exploração dos recursos naturais é um dos principais fatores na destruição da vegetação nativa no Brasil. Justifique essa afirmação.

3 Em seu caderno, complete a frase:

atividades econômicas

território

natureza

paisagens

A ocupação do ///////// brasileiro ao longo da história foi marcada pela exploração da ///////// . Desse modo, pode-se dizer que as ///////// influenciaram a formação das diversas ///////// do Brasil.

Explique

4 Como podemos explicar a diversidade das paisagens brasileiras?

5 Observe a obra de arte.

▲ **Derrubada de florestas** (c. 1835), obra de Rugendas.

a) Explique qual processo Rugendas representou nessa obra?

b) Esse processo aconteceu principalmente em qual domínio morfoclimático?

Capítulo 2
A localização do Brasil

O Brasil é o quinto país em extensão territorial, com 8 514 215 km². É apenas superado por Rússia, Canadá, China e Estados Unidos, sendo o maior país da América do Sul.

A maior parte do território brasileiro localiza-se no Hemisfério Sul; apenas 7% do território está situado no Hemisfério Norte. Nosso país está situado totalmente a oeste do Meridiano de Greenwich, ou seja, localiza-se integralmente na parte ocidental do planeta. O Brasil faz fronteiras com os seguintes países: Uruguai, Argentina, Paraguai, Bolívia, Peru, Colômbia, Venezuela, Guiana, Suriname e com o território francês da Guiana Francesa.

Brasil: pontos extremos

Ponta do Seixas, João Pessoa (PB), 2013.

Arroio Chuí, Rio Grande do Sul, 2010.

Fonte: IBGE. **Atlas geográfico escolar**: ensino fundamental: do 6º ao 9º ano. Rio de Janeiro: IBGE, 2010.

@ Explore

No **Vamos conhecer o Brasil**, do *site* do IBGE, há mapas e dados estatísticos que exploram a construção do território brasileiro. Disponível em: <http://ftd.li/ze7ybx> (acesso em: jan. 2014).

- A grande extensão territorial do Brasil influencia de alguma maneira a diversidade de climas existente no país?

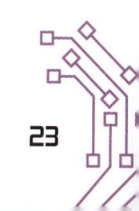

O Brasil nas zonas térmicas

Em geral, a área entre os trópicos recebe os raios solares com menor inclinação. Já na região dos polos, os raios solares incidem muito inclinados. Por isso, a região entre trópicos tem, em geral, as temperaturas mais elevadas, e os polos apresentam longos períodos de frio intenso.

Grande porção do território brasileiro está entre o Trópico de Câncer e o Trópico de Capricórnio, na área intertropical, e apenas 8% se situam na área subtropical, ao sul do Trópico de Capricórnio.

Planisfério: zonas térmicas

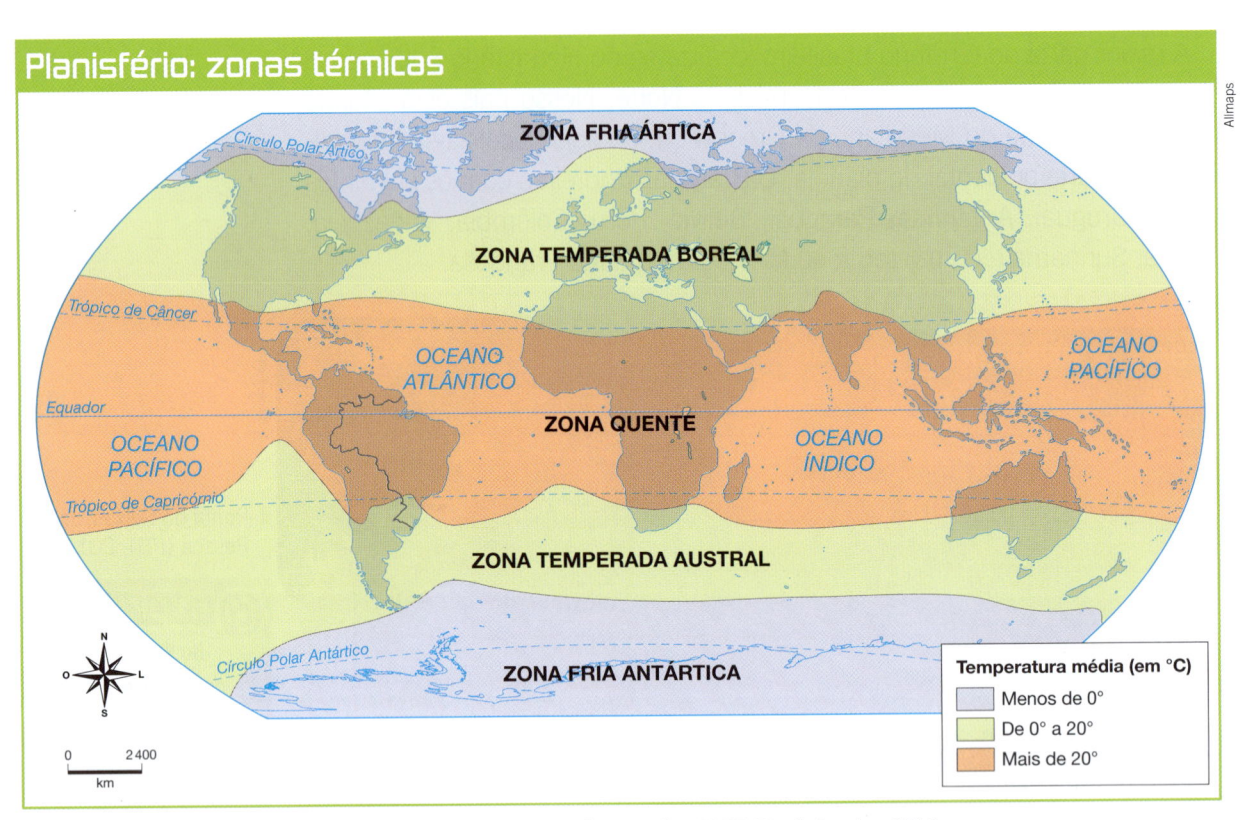

Temperatura média (em °C)
- Menos de 0°
- De 0° a 20°
- Mais de 20°

Fonte: IBGE. **Atlas geográfico escolar**. IBGE: Rio de Janeiro, 2012.

Os fusos horários no Brasil

O movimento de rotação da Terra completa-se a cada 24 horas. Em virtude desse movimento, os diferentes lugares do planeta não recebem os raios solares ao mesmo tempo. Para facilitar as atividades cotidianas, foram estabelecidos fusos horários.

O território brasileiro está localizado a oeste do Meridiano de Greenwich e estende-se entre os fusos –2 e –5. Isso quer dizer que, em virtude da sua grande extensão no sentido leste-oeste, existem no território brasileiro (continental e oceânico) quatro fusos horários, com regiões apresentando desde 2 horas até 5 horas de atraso em relação a Greenwich.

Brasil: fusos horários (2013)

Fontes: IBGE. **Atlas geográfico escolar**. 6. ed. Rio de Janeiro: IBGE, 2012. p. 91.
SIMIELLI, Maria Elena. **Geoatlas**. 31. ed. São Paulo: Ática, 2005. p. 79.

Lembre

O Brasil adota o horário de verão em parte do território nacional, por um período de quatro meses no ano, normalmente de outubro a fevereiro. Os relógios devem ser adiantados em uma hora.

O objetivo de estabelecer esse horário é aproveitar a maior luminosidade solar que incide sobre parte do território brasileiro nessa época do ano, visando, principalmente, evitar "apagões" nos períodos de maior consumo de energia elétrica.

Rede do tempo

Por que Greenwich?

No ano de 1884, representantes de 27 países, reunidos em Washington, Estados Unidos, escolheram o Meridiano de Greenwich como o "marco zero", ou seja, como referência de longitude e do estabelecimento das horas do dia.

Nessa época, outros meridianos também eram utilizados como marco zero, mas Greenwich foi escolhido principalmente por ser o mais usado nas cartas geográficas da época, feitas pelos ingleses.

Com o passar dos anos, outros países adotaram essa convenção (o Brasil adotou-a em 1913). Atualmente, em todo o mundo, é com base no Meridiano de Greenwich que as horas são contadas, acrescentando-se ou subtraindo-se um número inteiro de horas para cada fuso percorrido a leste ou a oeste.

A hora de Greenwich é chamada de Greenwich Mean Time (GMT).

▲ O meridiano recebeu esse nome porque passa sobre a localidade de Greenwich, onde se localiza o Observatório Real, nos arredores de Londres, Inglaterra.

1 Faça uma pesquisa e procure um mapa que apresente a divisão dos fusos horários mundiais com base no Meridiano de Greenwich. Depois, observe atentamente o mapa acima e responda:

a) Quantos fusos horários existem no Brasil?

b) Se em Londres forem 16 horas, que horas serão em Brasília?

Geografia e Ciências

As características dos lugares, como a disponibilidade de água, luminosidade e temperatura, podem ter grande influência sobre a fauna. Por exemplo, nas zonas térmicas mais frias do globo (Zona fria Ártica e Zona fria Antártica), as condições do clima favorecem o desenvolvimento de espécies como o urso-polar, adaptado às baixas temperaturas do Ártico, pois seu corpo é coberto por espessas camadas de pelo e uma de gordura sob a pele.

1 Que característica do urso polar é importante para sua sobrevivência no Ártico?

▲ Urso-polar, Cape Churchill, Canadá, 2013.

2 Pesquise a fauna que ocorre na Zona fria Ártica e que ocorre na Zona fria Antártica. Escolha duas espécies de cada zona fria e explique as características que tornam essas espécies adaptadas ao clima dessas regiões.

Fórum

O horário de verão, que consiste no adiantamento dos relógios, é um recurso utilizado por mais de 30 países. Aproveitando-se melhor da luz natural disponível durante o dia, o objetivo dos países que adotam o horário de verão é economizar energia elétrica. Leia os textos a seguir e debata com os colegas as vantagens e desvantagens de adotar o horário de verão no Brasil. Em seguida, elabore um pequeno texto respondendo à questão "O Brasil deve ter horário de verão?".

Horário de verão traz economia de R$ 400 milhões

[...] De acordo com os dados da ONS [Operador Nacional do Sistema Elétrico], é esperada uma redução geral de 4,6% da demanda de energia entre os Estados participantes. Para o professor de Economia e Finanças da Fundação Getúlio Vargas (FGV) Samy Dana, a redução esperada leva em conta grandes indústrias e a economia chega a dobrar na conta de luz das famílias. "O valor do consumo nas casas brasileiras chega a diminuir 10% apenas com o horário de verão, pois o uso da energia é bem menor", diz.

O ex-presidente da Eletropaulo Paulo Feldmann, professor da Faculdade de Economia, Administração e Contabilidade (FEA) da Universidade de São Paulo (USP), afirma que [...] "Parece uma pequena economia, mas é muito importante, pois a energia é um bem escasso e estratégico [...]".

DIAS, T.; FAFÁ, L. **O Estado de S. Paulo**, 19 out. 2013. Disponível em: <http://www.estadao.com.br>. Acesso em: fev. 2014.

Deputado quer acabar com o horário de verão em todo o Brasil

Tramita na Câmara dos Deputados um Projeto de Lei, do deputado catarinense Valdir Colatto (PMDB/SC), que determina o fim do Horário de Verão em todo Brasil [...] Para ele, "não há estatística que justifique que essa medida traga ganhos". "O desconforto que a adoção deste horário acarreta, principalmente em latitudes mais baixas, é experimentado por todos que são obrigados a acordar mais cedo, incluindo as crianças, pois o Horário de Verão começa em pleno período escolar", disse.

O parlamentar defende que uma das medidas que podem solucionar o alto consumo de energia é o desenvolvimento de ações permanentes do governo que possam orientar e educar a população brasileira sobre o uso consciente de energia nos horários de ponta, das 18h30 às 21h30.

HESSEN, M. **Diário do Poder**, 13 out. 2013. Disponível em: <http://www.diariodopoder.com.br>. Acesso em: fev. 2014.

Atividades

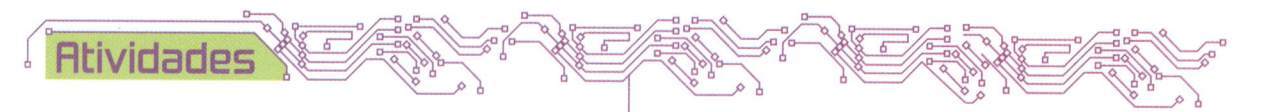

Reveja

1 Quais são e como se definem as zonas térmicas da Terra?

2 Tendo Brasília como ponto de referência e sabendo que são 14 horas, calcule o horário nos seguintes locais:

a) João Pessoa (PB);
b) Fernando de Noronha (PE);
c) Rio Branco (AC);
d) Manaus (AM);
e) Porto Alegre (RS).

Analise

3 Leia com atenção o texto.

> **Hora legal**
>
> Cada país, ainda que tome como base a sua localização geográfica, tem a liberdade de instituir seu conjunto de horas legais, levando em conta suas peculiaridades e aspectos políticos. Em suma, o que precisa ser feito é estabelecer as fronteiras dos fusos horários, que raramente coincidem com os traçados retos dos meridianos, pela necessidade de acompanhar fronteiras entre estados e entre países, por exemplo. Se o país possuir uma dimensão muito grande no sentido leste-oeste, precisará estabelecer várias horas legais (acompanhando os fusos), mas, se ele for extenso apenas no sentido norte-sul, poderá adotar uma hora legal única em todo o país. A antiga União Socialista Soviética, por exemplo, possuía 12 horas legais, os Estados Unidos possuem 6 horas legais (incluindo o Alasca), enquanto a Argentina, o Uruguai, o Paraguai e o Chile possuem apenas uma hora legal. Observa-se, ainda, que o critério adotado pela Argentina é muito diferente do adotado pelo Paraguai, uma vez que, embora ambos tenham seus territórios localizados sobre o eixo de fuso horário de 60°, a Argentina adota como hora legal a do eixo de 45°, que corresponde a uma hora adiantada, enquanto o Paraguai adota a do eixo de 60 graus, mais natural. [...]
>
> ANEEL – Agência Nacional de Energia Elétrica. Disponível em: <www.aneel.gov.br/area.cfm?id_area=65>. Acesso em: 23 dez. 2013.

- Com base nas informações do texto, escreva sobre a importância da hora legal para os países. Imagine o que ocorreria se essa regulamentação não existisse.

Explique

4 No período de 2008 a 2013, o estado do Acre e parte do Amazonas foram incorporados ao fuso –4 horas, como explica o texto a seguir.

> A partir de hoje [10 nov. 2013] volta a vigorar o quarto fuso horário do país. Segundo a nova lei, o Acre e algumas regiões do Amazonas terão duas horas de diferença em relação ao fuso oficial de Brasília fora do horário de verão. Nesta época do ano, porém, a diferença é de três horas.
>
> Por quase 90 anos, esse foi o fuso horário do Acre – a mudança para a diferença de apenas uma hora em relação à capital ocorreu em 2008 [...].
>
> VOLTA a valer o quarto fuso horário do Brasil. **Folha de S.Paulo**, 10 nov. 2013. Disponível em: <www1.folha.uol.com.br/fsp/cotidiano/138261-volta-a-valer-o-quarto-fuso-horario-do-brasil.shtml>. Acesso em: 23 dez. 2013.

- Pesquise o contexto em que ocorreu a mudança do fuso em 2008 e o movimento dos acrianos pelo retorno do quarto fuso do país.

Cartografia

Coordenadas geográficas

Quando queremos nos localizar dentro de uma cidade, por exemplo, podemos utilizar um guia de ruas. Para mandar uma correspondência, basta saber o endereço do destinatário. Localizar-nos em terra firme parece uma tarefa bastante fácil, mas, se precisarmos localizar um ponto no meio do oceano, como fazer?

Para poder se localizar sobre qualquer ponto da superfície terrestre, o ser humano criou o sistema de coordenadas geográficas dividindo a Terra em linhas perpendiculares nos sentidos norte-sul e leste-oeste, como no modelo acima.

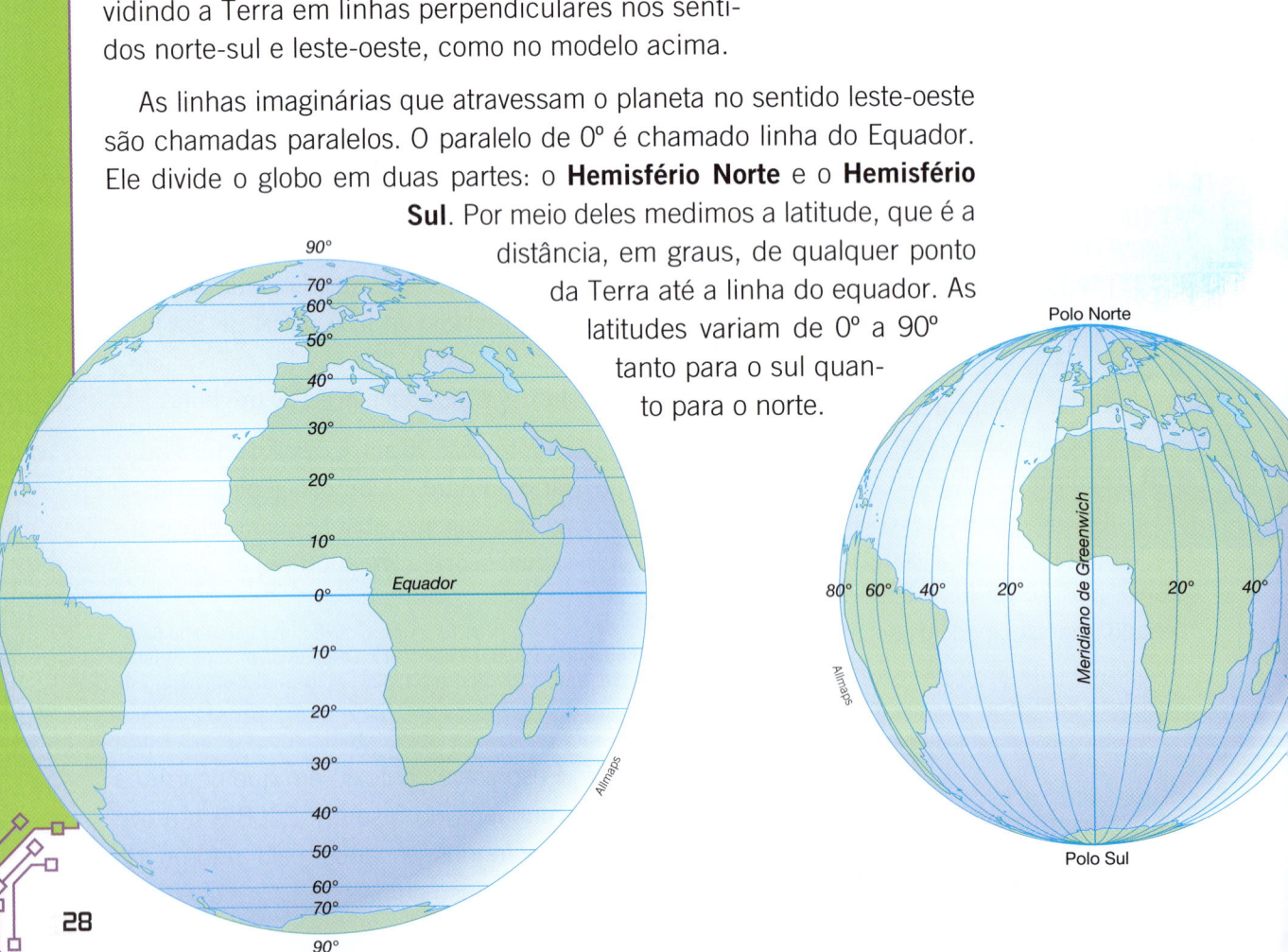

As linhas imaginárias que atravessam o planeta no sentido leste-oeste são chamadas paralelos. O paralelo de 0° é chamado linha do Equador. Ele divide o globo em duas partes: o **Hemisfério Norte** e o **Hemisfério Sul**. Por meio deles medimos a latitude, que é a distância, em graus, de qualquer ponto da Terra até a linha do equador. As latitudes variam de 0° a 90° tanto para o sul quanto para o norte.

Já as linhas que atravessam a Terra de polo a polo são chamadas meridianos. O meridiano de 0° é chamado Meridiano de Greenwich, que também divide a Terra em dois hemisférios: o **Hemisfério Leste** e o **Hemisfério Oeste**. Pelos meridianos calculamos a longitude, que é a distância, em graus, de qualquer ponto da Terra até o Meridiano de Greenwich. As longitudes variam de 0° a 180° para leste ou para oeste.

1 O cruzamento da latitude com a longitude resulta nas coordenadas geográficas. Observe no mapa a seguir.

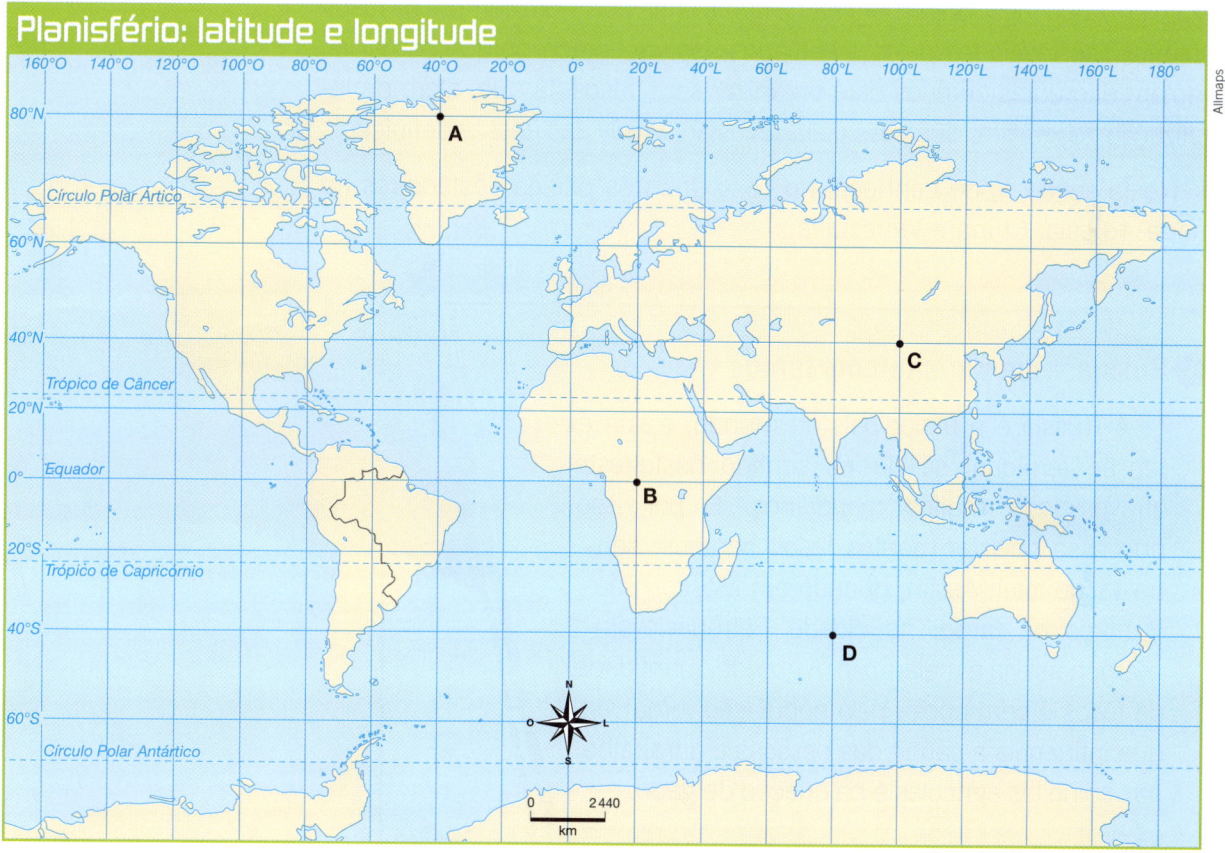

Planisfério: latitude e longitude

Fonte: IBGE. **Atlas geográfico escolar**. Rio de Janeiro: IBGE, 2012.

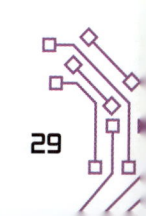

A coordenada do ponto A, por exemplo é: 80° de latitude norte e 40° de longitude oeste, podendo ser escrita assim: 80°N,40°O. A coordenada do ponto B é 0° de latitude e 20° de longitude leste ou 0°,20°L.

a) Agora determine você mesmo as coordenadas geográficas dos pontos C e D.

b) Com a ajuda de um atlas, observe as coordenadas geográficas do Brasil e determine:
- as coordenadas geográficas de seu estado;
- as coordenadas geográficas da capital do país.

Aldeia global

Fusos

Um gigante com tantos, outro com pouco e um pequeno, porém distinto

Você já viu que, por causa do formato da Terra, diferentes lugares recebem os raios solares em tempos distintos. Viu também que saber o horário exato em cada lugar do planeta não é tarefa fácil, pois nem sempre os fusos horários são revelados pelos meridianos. Isso acontece porque os países adotam diferentes critérios para organizar seus fusos, já que, além da localização geográfica, questões políticas estão envolvidas nessas definições.

Nesta seção, você conhecerá o caso dos três países destacados no mapa: Rússia, China e Venezuela.

1 Rússia – um gigante com tantos

A Rússia é o maior país do mundo, e sua extensão territorial se dá no sentido oeste-leste, atravessando muitos meridianos. É por isso que esse país tem tantos fusos horários, sendo 11 no total. Assim, quando em Moscou são 2 horas da tarde, na cidade Petropavlovsk-Kamchatski já é meia-noite. A grande quantidade de fusos é bem-aceita pela população, uma vez que influencia a saúde das pessoas e o trabalho nas colheitas agrícolas e na criação de gado.

Rússia: fusos horários

Fonte: ISTITUTO GEOGRAFICO DE AGOSTINI. **Atlante Geografico De Agostini**. Novara, 2010.

2 China – um gigante com pouco

Já a China, o terceiro maior país do mundo, poderia abranger algo como quatro fusos horários, também pela extensão longitudinal. Entretanto, por questões políticas, todo o país utiliza o horário de Beijing, a capital. É claro que essa convenção não ocorre sem causar problemas. O Sol nasce às 4 horas da manhã na parte leste e, aproximadamente, às 9 horas na parte oeste do país.

Fonte: ISTITUTO GEOGRAFICO DE AGOSTINI. **Atlante Geografico De Agostini**. Novara, 2010.

3 Venezuela – país pequeno, porém distinto

Em 1º de janeiro de 2008, o fuso horário da Venezuela foi alterado em meia hora. Isso não é muito comum, pois geralmente o fuso dos países é de hora em hora.

Se você perguntar à população venezuelana sobre essa mudança no fuso horário, provavelmente ouvirá: "Não sei; isso é coisa de Chávez".

Hugo Chávez Frias foi presidente da Venezuela pela primeira vez em 1998 e se reelegeu em 2000 e em 2006.

Seu governo caracterizou-se pelo alinhamento a políticas de esquerda. O fato é que, além de mudar o fuso em meia hora – o que faz pouco sentido do ponto de vista geográfico –, seu governo teve como meta o combate à pobreza, que se consolidou, pois os índices baixaram de quase 50% em 1999 para aproximadamente 25% em 2010.

Hugo Chávez faleceu em 2013. O governo argumentou que essa mudança foi realizada para tornar os dias mais longos e economizar energia.

Fonte: ISTITUTO GEOGRAFICO DE AGOSTINI. **Atlante Geografico De Agostini**. Novara, 2010.

Sobre o texto

1 O que são fusos horários? Para que servem?

2 Os fusos horários civis coincidem com os meridianos? Por quê?

3 Em um atlas, pesquise:

a) quais são os cinco maiores países do mundo;

b) quantos fusos horários cada um desses países têm;

c) outros países que têm o fuso horário fracionado, citando três exemplos.

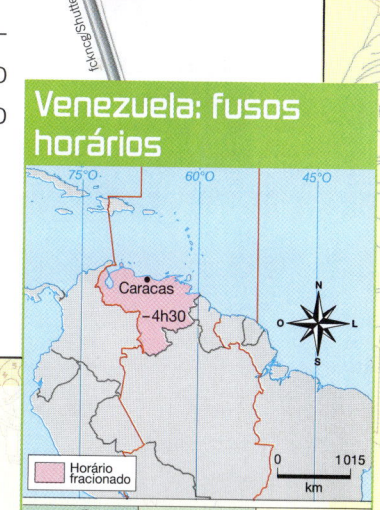

unidade 2

Nesta unidade

- A chegada do colonizador ao Brasil.
- O choque cultural.
- As características da colonização.
- A formação territorial brasileira.

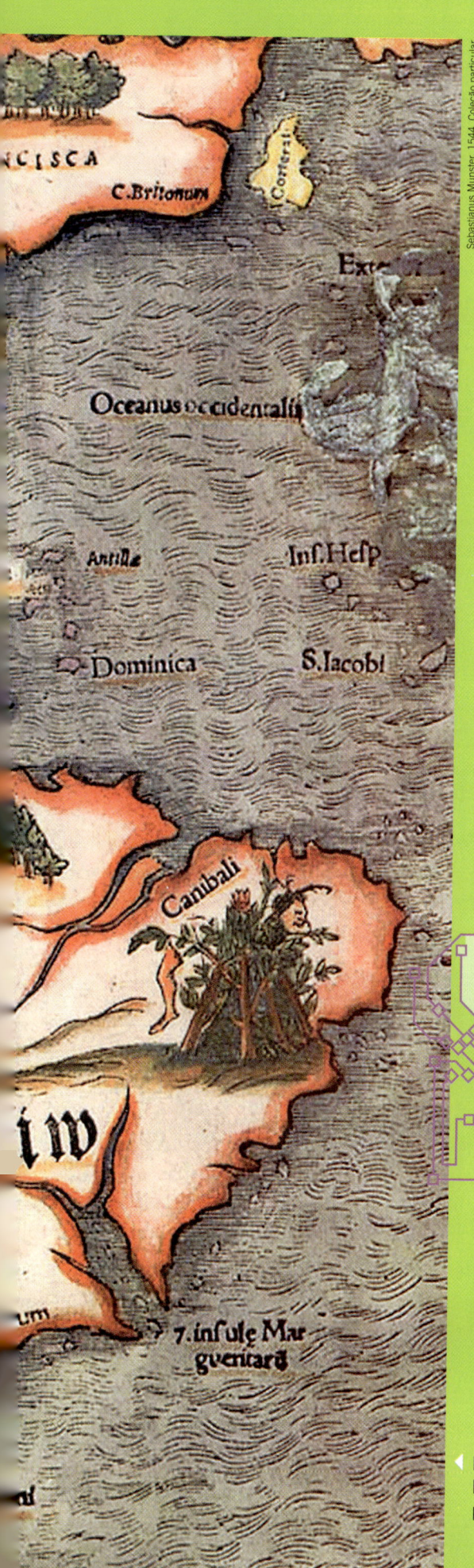

A formação do território brasileiro

Sebastianus Munster. 1544. Coleção particular

Ao observarmos as fronteiras do Brasil, podemos ter a falsa impressão de que elas sempre tiveram esse traçado. O território brasileiro formou-se ao longo dos séculos de colonização, adquirindo sua extensão atual somente no início do século XX.

1. Observe a distribuição dos territórios nesse mapa e compare-o com um mapa da América atual. Em seguida, proponha uma legenda para o mapa de Sebastian Münster, levando em conta os países e continentes atuais. Em seguida, escreva quais semelhanças e diferenças existem entre os dois mapas.

2. Como era a América do Sul e o Brasil segundo a visão desse cartógrafo?

> **@mais**
>
> "A cor do pau-brasil", episódio do Programa **500 anos: um novo mundo na TV**, conta como foi o descobrimento do Brasil e como os índios foram utilizados na exploração do pau-brasil. Acesse o *link*:<http://ftd.li/tk4hhg> (acesso em: fev. 2014), assista ao vídeo, compartilhe suas impressões com seus colegas e responda às questões.
>
> 1. Segundo o vídeo, quais eram os interesses dos navegantes e do rei de Portugal com as expedições?
> 2. Qual era o costume que eles atribuíam aos índios e que também está expresso no mapa de Sebastian Münster? Todas as tribos encontradas aqui tinham esse costume? Na sua opinião, por que essa característica chamou tanto a atenção dos europeus?
> 3. O que ocorreu com o pau-brasil após a descoberta de que esse era um recurso lucrativo para os europeus? Na sua opinião, o que aconteceu com a Mata Atlântica a partir desse momento?

◀ Representação da América do ano de 1544, de Sebastian Münster, para o livro **Cosmographia Universalis**, em que é possível ver o Brasil.

Capítulo 1 — A expansão marítima europeia

Você estudou na unidade anterior, que, a partir do século XVI, os portugueses ocuparam e transformaram parte das terras sul-americanas. Como eles chegaram até aqui? E por que vieram para cá?

No século XV, os portugueses foram pioneiros nas navegações marítimas pelo oceano Atlântico. Eles se lançaram ao mar (na época conhecido como Mar Tenebroso) em busca de novas rotas marítimas que os levassem às Índias (importante mercado de especiarias) e a lugares onde pudessem explorar riquezas e expandir o mercado para seus produtos.

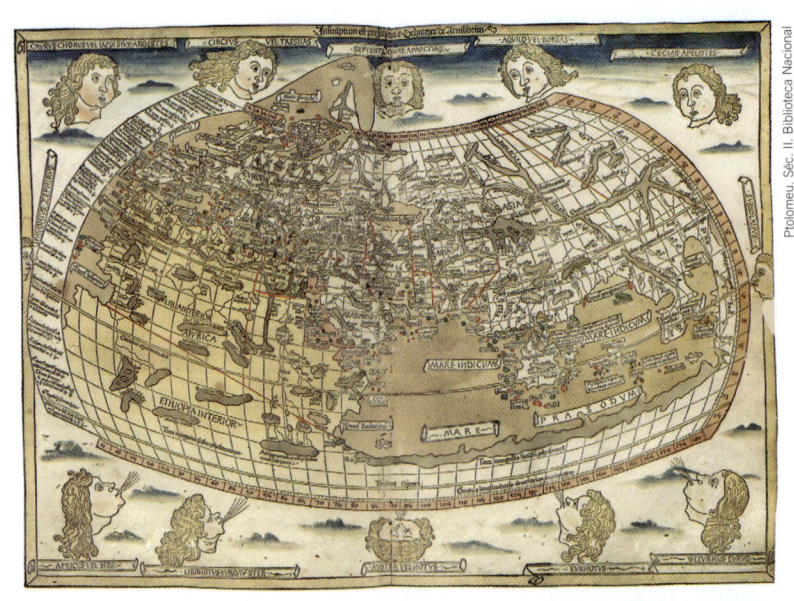

▲ Representação do mundo em atlas de 1486 (século XV). Essa visão do planeta se baseava em estudos do astrônomo grego Cláudio Ptolomeu, que viveu no século II.

Ptolomeu. Séc. II. Biblioteca Nacional

Joan Blaeu. 1659. Biblioteca Nacional

▲ Mapa **Nova et accuratissima totius orbis tabula**, elaborado por Joan Blaeu, em 1664. No início do século XVII, os europeus já tinham ideia da disposição dos continentes na superfície terrestre, com exceção da Antártida.

Pense e responda

1. Comparando os dois mapas, faça o que se pede.

   a) Quais foram as mudanças em relação à concepção de mundo dos europeus entre os períodos das representações?

   b) Observe um planisfério atual em seu atlas e descreva as diferenças encontradas em relação ao mapa de 1664.

Viagens europeias

Durante o século XV, navegantes portugueses foram, progressivamente, estabelecendo uma rota marítima, contornando o continente africano pelo sul na busca por riquezas. No fim desse século, os espanhóis também começaram a se aventurar pelo oceano Atlântico em busca de uma rota marítima que os levassem ao Oriente – para a região conhecida genericamente como Índias.

Nessa época, havia grande interesse dos europeus em estabelecer um comércio com o Oriente, principalmente por causa do elevado valor das especiarias lá encontradas. Assim, os comerciantes europeus empenhavam-se em conseguir novas rotas para chegar ao Oriente e estabelecer negociações diretamente com os produtores locais.

Nesse contexto, os portugueses se aproveitaram do grande conhecimento que possuíam da costa africana e perseveraram na tentativa de chegar ao Oriente contornando a África.

@ Explore

As consequências da expansão portuguesa estão descritas de forma criativa nessa edição especial que aborda o comércio europeu nos séculos XV e XVI. Acesse: <http://ftd.li/uyxgx5> (acesso em: fev. 2014).

Em 1498, a pequena frota de navios comandada pelo português Vasco da Gama conseguiu finalmente chegar a Calicute, na Índia, e dar início ao comércio português das especiarias.

- Você sabia que os conhecimentos geográficos ajudaram os portugueses a serem os primeiros europeus a dominarem a navegação do Atlântico Sul?

Faça uma pesquisa sobre o assunto e discuta com o professor em sala de aula. Depois, elabore um texto apontando como a geografia foi utilizada nas viagens entre Brasil e Portugal.

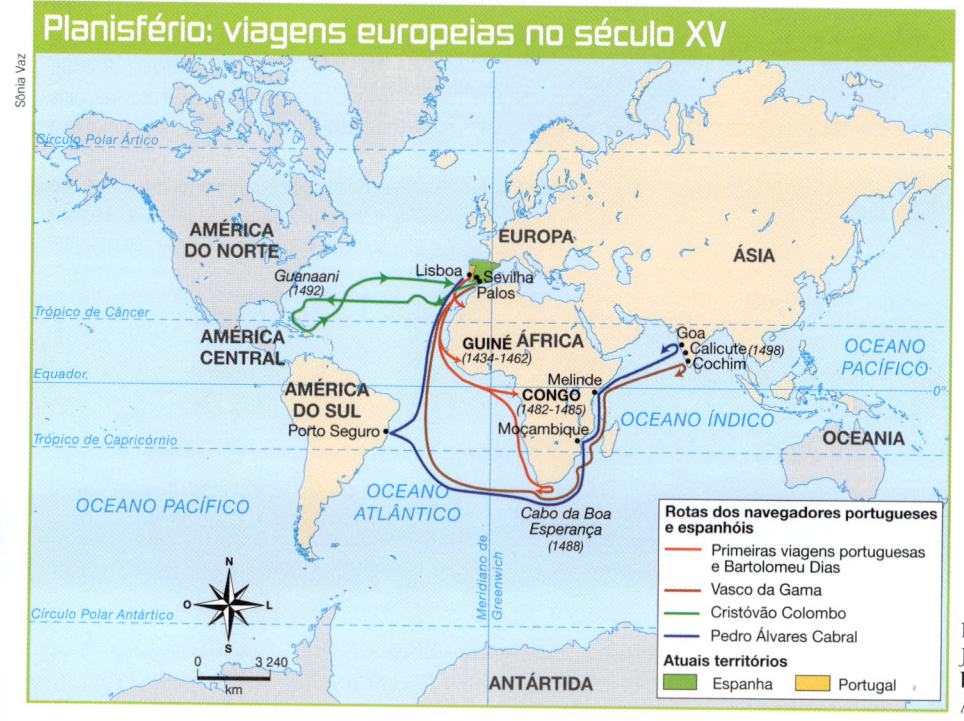

Planisfério: viagens europeias no século XV

Fonte: ARRUDA, José Jobson de. **Atlas histórico básico**. 17. ed. São Paulo: Ática, 2001. p. 19.

Geografia e nutrição

As especiarias orientais

Na Idade Média, na Europa, as pessoas valorizavam as especiarias tanto quanto o ouro. Elas davam valor, por exemplo, às carnes conservadas no sal durante meses.

Muitas das especiarias cresciam silvestres no Extremo Oriente, mas já nos tempos bíblicos eram cultivadas para a comercialização. A pimenta chegou a ser tão cobiçada que foi utilizada, algumas vezes, como moeda no Oriente. Algumas pessoas pagavam seus impostos com grãos de pimenta.

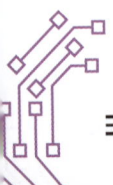

Cravo
O craveiro tem muitos usos desde a Antiguidade. Sua flor é um importante tempero culinário. O que nós geralmente conhecemos como cravo é o botão seco da flor do craveiro. Antigamente crescia por todas as Índias Orientais, mas os holandeses arrancaram grande quantidade de árvores para elevar o preço dessa especiaria.

Pimenta-do-reino
O grão de pimenta cresce em parreiras em bosques da costa sul-ocidental da Índia. A pimenta é cultivada por toda a Ásia meridional há mais de 2 mil anos.

Canela
Houve uma época em que a canela era mais apreciada do que o ouro. Da casca do tronco da caneleira, obtém-se a canela. Cresce no Ceilão, nas Índias Ocidentais e no Brasil. Na culinária, é um poderoso condimento, pois tem forte odor capaz de aromatizar outros ingredientes.

Noz-moscada
Fruto de uma planta da Ilha das Especiarias (atual Molucas), no sudeste da Ásia. Os holandeses monopolizavam o comércio dessa especiaria, pois substituíram a dominação portuguesa no século XVII. O uso culinário da noz-moscada é bem variado: além da noz, que é um fruto, também se utiliza a casca da semente como condimento e conservante.

Ilhas Molucas • Sri Lanka • Ilhas Molucas • Ilhas Banda

Fotomontagem a partir de: Irina Zavyalova/Shutterstock/Glow Images, Atomazul/Shutterstock/Glow Images, Andrey Starostin/Shutterstock/Glow Images, matrin/Shutterstock/Glow Images e Casa Paulistana

Aniz estrelado
Andrii Gorulko/Shutterstock/Glow Images

Gengibre
Texturis/Shutterstock/Glow Images

Mostarda
Nadiia Istchenko/Shutterstock/Glow Images

Elaborado com base em: GRANT, Neil. **Atlas visual de los descubrimientos**. México. Dorling Kindersley, 1996.

A chegada dos portugueses à América

No período das Grandes Navegações, a constante busca por rotas marítimas levou os portugueses até a costa atlântica da América do Sul, no final do século XV. Na visão da monarquia portuguesa, essas terras lhe pertenciam, pois estavam a leste do Tratado de Tordesilhas. Assim, Portugal não reconheceu o direito das populações nativas a seus territórios quando iniciaram a exploração.

Planisfério: Tratado de Tordesilhas (1494)

Legenda:
- Domínio português de acordo com o Tratado de Tordesilhas
- Limite atual do território brasileiro
- Atual território da Espanha
- Atual território de Portugal

Fonte: ARRUDA, José Jobson de. **Atlas histórico básico**. 17. ed. São Paulo: Ática, 2001. p. 19.

🛈 Lembre

Em 1494, Portugal e Espanha assinaram um tratado que dividia as terras descobertas e a descobrir entre os dois países. Esse tratado, que ficou conhecido como Tratado de Tordesilhas, estabelecia uma linha imaginária traçada a 370 léguas a oeste das ilhas de Cabo Verde. A leste dessa linha, as terras descobertas e a descobrir pertenceriam a Portugal; a oeste, pertenceriam à Espanha.

Pense e responda

1 Observe atentamente o mapa e responda ao que se pede.

a) O Tratado de Tordesilhas foi assinado em 1494, mas os portugueses só chegaram oficialmente ao Brasil em 1500. O que isso sugere?

b) Compare o mapa do Tratado de Tordesilhas com o mapa político do Brasil atual. Houve mudanças no território brasileiro? O que ocorreu?

c) Debata com seus colegas os motivos da expansão do território brasileiro.

Como o grande interesse da elite portuguesa na época era o comércio de especiarias, os portugueses não se interessaram de imediato pelas terras sul-americanas.

Nas décadas que se seguiram à chegada de Cabral à América do Sul, os colonizadores iniciaram a extração do pau-brasil nas matas litorâneas e criaram feitorias ao longo da costa. Nesse período, mantinham uma relação amistosa com a população nativa, baseada no escambo. Os indígenas trabalhavam na derrubada das árvores e no carregamento das toras até os navios em troca de objetos que não possuíam, como pentes, espelhos, ferramentas de metal, entre outros.

Feitoria: entreposto comercial, geralmente próximo aos portos.

Choque entre culturas

▲ **Elevação da Cruz**, tela de Pedro Perez, elaborada em 1879. Representa a elevação da cruz usada em missa, realizada em 1º de maio de 1500 em Porto Seguro, Bahia.

> **Pajerama**
> Direção de Leonardo Cadaval. Brasil: Glaz Entretenimento, 2008. (9 min). Disponível em: <http://ftd.li/mav3tb> (acesso em: fev. 2014).
> Era para ser apenas mais um dia de caça. Mas o personagem acabou encontrando estranhas marcas de outra civilização na sua (outrora) tranquila floresta.

Quando Portugal ocupou as terras sul-americanas, diversos povos já habitavam o local havia milhares de anos. A organização social desses povos era muito diferente daquela conhecida na Europa. Os povos nativos, chamados de indígenas pelos europeus, viviam em tribos, praticavam a agricultura rudimentar, a caça, a pesca e a coleta de plantas silvestres. Eles tinham os próprios costumes, línguas, crenças e tradições, desconheciam a noção de propriedade privada e do valor do dinheiro.

Os indígenas praticavam a agricultura de subsistência, utilizando técnicas rudimentares, mas bastante eficientes na conservação e preservação das propriedades do solo. A extração de recursos da natureza era realizada de acordo com a necessidade de consumo.

Essa organização social não atendia aos interesses dos europeus, preocupados com o comércio. Assim, a produção agrícola precisava ser modificada para atender o mercado externo. Esse conflito de interesse gerou uma série de consequências para a população indígena.

> **Pense e responda**
> - Ao comparar as diferenças culturais entre europeus e indígenas, podemos inferir conflitos de diversas naturezas. Cite algum tipo de conflito relativo à utilização da terra.

Atividades

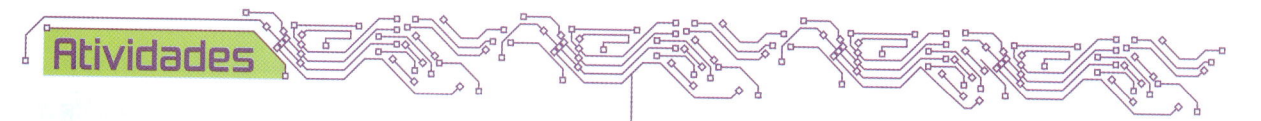

Reveja

1 De que maneira a busca por especiarias do Oriente influenciou a história europeia e, consequentemente, a nossa história?

2 Quais foram os motivos que levaram os portugueses a navegar pelo oceano Atlântico?

Explique

3 Em 22 de abril de 1500, os portugueses desembarcaram na América e fizeram os primeiros contatos com seus habitantes. Esse momento foi registrado na carta escrita por Pero Vaz de Caminha, escrivão da armada de Cabral, ao rei de Portugal. Nesse documento, diferentes visões de mundo estão expressas. Leia, a seguir, um trecho da carta.

> Senhor,
>
> Embora o capitão-mor e os outros capitães escrevam a Vossa Alteza para dar a notícia do achamento dessa vossa nova terra, não deixarei também de dar a minha versão dos fatos, fazendo o melhor que puder, ainda que saiba contar e falar pior que os outros.
>
> [...] Mostraram-lhes [aos nativos] um papagaio pardo que o capitão traz consigo e eles logo o pegaram nas mãos e acenaram para a terra, a dizer que daquele também existia lá.
>
> Mostraram-lhes um carneiro, mas não fizeram caso. Mostraram-lhes uma galinha e quase tiveram medo dela; primeiramente não queriam tocá-la, depois seguraram-na espantados.
>
> [...] E o capitão mandou que três **degredados** – entre eles Afonso Ribeiro – fossem ficar com eles [...] Eles foram para lá ficar com eles. Segundo contaram depois, andaram cerca de uma légua e meia e chegaram a uma povoação que tinha nove a dez casas tão compridas quanto a nau capitânia. As casas tinham altura razoável, estrutura de madeira e cobertura de palha. Não tinham divisão interna, rede alta, pendurada pelos cabos, nas quais eles dormiam. Debaixo das redes, para se aquecerem, faziam uma fogueira. Cada casa tinha duas pequenas portas, uma em cada extremidade. Disseram, também, que em cada casa se recolhiam trinta ou quarenta pessoas; e que lhes deram de comer daquilo que tinham, ou seja, muito inhame e sementes que há na terra e que eles comem. Mas, quando ficou tarde, eles mandaram todos embora, pois não queriam que nenhum deles permanecesse lá. Além disso, queriam vir com eles.
>
> [...] Beijo as mãos de Vossa Alteza.
>
> Deste Porto Seguro, da vossa ilha da Vera Cruz, hoje, sexta-feira, primeiro dia de maio de 1500.
>
> Pero Vaz de Caminha

Degredado: exilado, banido.

ASTURIANO, Poliana; MATIAS, Rodval. **A carta de Pero Vaz de Caminha**. São Paulo: FTD, 1999.

a) Identifique o remetente e o destinatário da carta.

b) De acordo com a carta, é possível concluir que os portugueses e os nativos tinham modos diferentes de entender o mundo? Justifique sua resposta utilizando-se de trechos do texto.

Fórum

Ao início do século XVIII, depois da descoberta do ouro na então província de Goiás, a chegada de mineradores, bandeirantes, colonos e missionários pressionou as populações indígenas locais, provocando conflitos entre elas e os novos habitantes. As populações nativas reagiram de diferentes modos às incursões dos forasteiros. Algumas recorreram à prática de ataques repentinos e à guerra; outras, ao estabelecimento na área ou à migração. Na segunda metade daquele século, vários grupos, incluindo alguns identificados como "xavante", estiveram assentados em aldeamentos patrocinados pelo governo, onde sofreram os efeitos devastadores de doenças epidêmicas.

Povos indígenas no Brasil. Xavantes. Histórico do contato. Disponível em: <http://pib.socioambiental.org/pt/povo/xavante/1645>. Acesso em: 26 dez. 2013.

▲ Casa xavante tradicional redonda em aldeia, no Mato Grosso, 2008.

1 Observe, a seguir, o desenho feito por uma criança indígena xavante hoje.

▲ Aldeia xavante Idzô'uhu, reserva indígena de Sangradouro (MT), desenhada por um de seus moradores.

a) Quais são os aspectos culturais desses povos que permanecem até hoje na cultura deles e quais foram incorporados dos povos europeus?

b) Na opinião de vocês, qual a importância, nos dias de hoje, da proteção das terras indígenas?

Capítulo 2 — O Brasil colônia

Os lucros resultantes da venda do pau-brasil na Europa chamaram a atenção de outros povos europeus, que passaram a frequentar as costas brasileiras em busca dessa madeira.

Com a ameaça de que os estrangeiros ocupassem essas terras, o rei de Portugal decidiu colonizar a América portuguesa. Como a Coroa portuguesa não tinha recursos suficientes para essa empreitada, decidiu transferir esse encargo a particulares, que deveriam produzir açúcar – um produto tão caro e raro na Europa que fazia parte do dote de princesas – e defender a terra e os interesses portugueses. Então, em 1534, a colônia foi dividida em grandes territórios, chamados de capitanias hereditárias, entregues a portugueses dispostos a colonizar a América.

Mapa de 1574, atribuído a Luís Teixeira, que mostra a primeira divisão do território brasileiro em capitanias hereditárias.

Lembre

O Tratado de Tordesilhas revela o enorme poder das monarquias portuguesa e espanhola no século XV. A formação de novas monarquias na Europa nos séculos seguintes levou à competição entre essas nações pela posse de terras na América, África e Ásia.

O Guarani

José de Alencar. Disponível em: <http://ftd.li/bt9sc4>. Acesso em: fev. 2014.

O livro é um dos clássicos da literatura brasileira de uma fase chamada de romantismo. Trata-se da relação de amizade entre um indígena e a filha de um nobre português que decide se fixar no Rio de Janeiro.

A colonização

Em 1532, começou a colonização do Brasil. Martim Afonso de Sousa, um dos novos capitães donatários, fundou a capitania de São Vicente, no atual estado de São Paulo, iniciando o cultivo de cana-de-açúcar na colônia.

Após o fracasso desse cultivo na capitania de São Vicente, a cana-de-açúcar foi plantada em vários pontos do litoral brasileiro, mas foi no Nordeste que mais se desenvolveu. As lavouras dessa planta eram cultivadas em grandes fazendas – os engenhos –, com a utilização do trabalho dos indígenas e, tempos depois, dos africanos escravizados, e toda a produção era voltada para a exportação.

Já no século XVII, a ocupação da colônia estava consolidada e a produção de cana rendia bons lucros aos portugueses. Porém, a busca por riquezas e indígenas para trabalhar nas lavouras continuava, levando muitos portugueses a se aventurarem pelo interior do território. Diversas expedições foram realizadas, saíam pelo rio Tietê, no atual estado de São Paulo, em direção ao interior, e depois seguiam por outros rios, como o Paraná e o Paraguai.

No século XVIII, os desbravadores paulistas, conhecidos posteriormente como bandeirantes, descobriram ouro na região do atual estado de Minas Gerais. A atividade mineradora atraiu milhares de pessoas para a região. Vários povoados se formaram, como Vila Rica (atual Ouro Preto), Mariana e Sabará, que posteriormente se transformaram em vilas e cidades.

Assim, o território português ia sendo demarcado à medida que as áreas indígenas eram desbravadas e dominadas. O modo de ocupação indígena foi, gradativamente, substituído pelo modo português, reconfigurando assim o espaço colonial brasileiro.

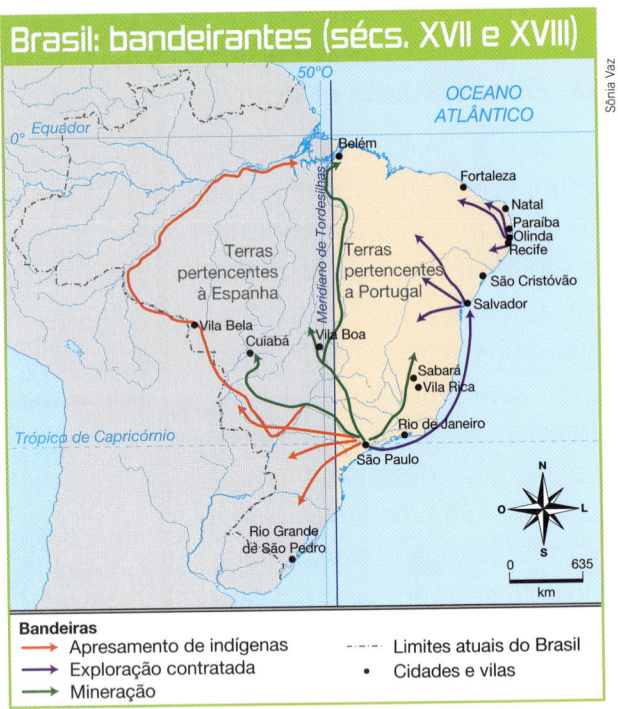

Fonte: ATLAS histórico escolar. 8. ed. Rio de Janeiro: FAE, 1986.

Óleo sobre tela, **Combate de bandeirantes de Mogi com Guaicurús**, de Maria José Botelho Egas, século XIX.

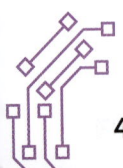

Tome nota

Nos séculos XVII e XVIII, os bandeirantes exploraram o interior do território inicialmente à procura de indígenas para escravizar e, depois, em busca de riquezas minerais. No século XVII encontraram ouro na região do atual estado de Minas Gerais.

A mineração e a pecuária

A atividade mineradora foi importante para a ocupação de outras regiões do território, que abasteciam a população das minas com alimentos e outros produtos.

Dos pampas até a região das minas, as caravanas tinham um longo caminho a percorrer e faziam muitas paradas. Nessas paradas, ou pousos, os tropeiros descansavam e se abasteciam. Ali se desenvolveram pequenos estabelecimentos comerciais, ao redor dos quais se formaram povoados.

Tropeiro: condutor de tropas (caravanas de muares e cavalos, animais de carga) entre as regiões produtoras e os centros consumidores.

Brasil: economia no século XVIII

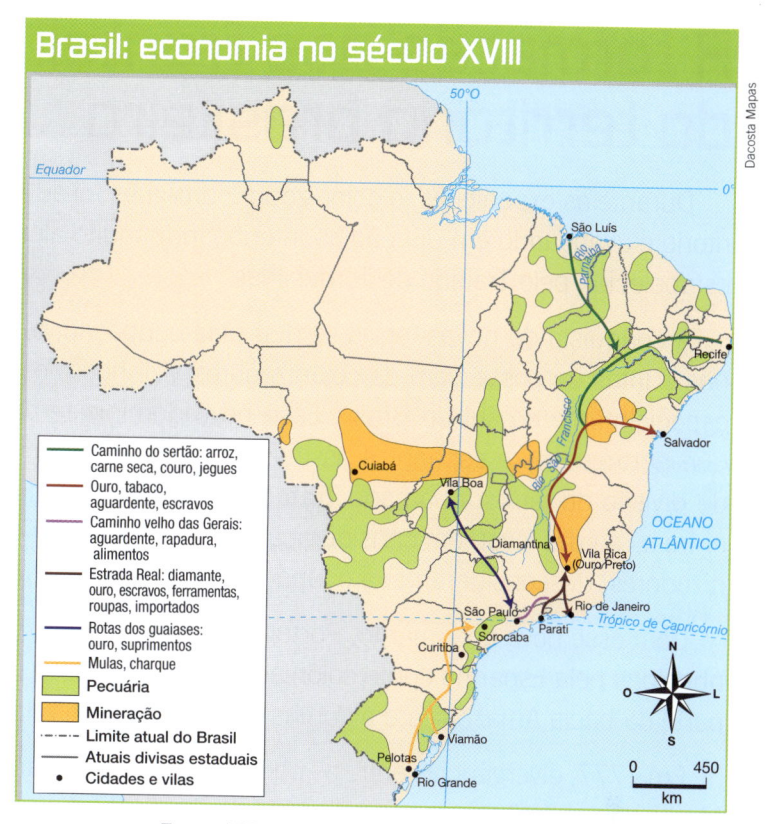

Fonte: ARRUDA, José Jobson de. **Atlas histórico básico**. 17. ed. São Paulo: Ática, 2001. p. 41.

Rede do tempo

Caminhos de tropeiros

Ligadas ao tropeirismo, ainda no século XVIII, pequenas povoações começaram a surgir ao longo do Caminho das Tropas. Nos locais em que as tropas fixavam pouso, fazendo seus pequenos ranchos para descanso, trato e engorda do rebanho, ou esperando passar as chuvas e baixar o nível dos rios, logo surgia um ou outro morador, fundando casa de comércio, interessado em atender às necessidades dos tropeiros. Dessa forma, pequenas freguesias e vilas, como o Príncipe (Lapa), Palmeira, Ponta Grossa, Piraí do Sul, Castro e Jaguariaíva, tiveram seu desenvolvimento inicial dependente das fazendas e do movimento das tropas.

PREFEITURA Municipal de Ponta Grossa. **História da cidade**. Disponível em: <www.pontagrossa.pr.gov.br/historia>. Acesso em: 29 dez. 2013.

▲ Litografia. **Acampamento noturno de viajantes**, elaborada por Jean Baptiste Debret, no século XIX.

1 O que era o tropeirismo?

2 Qual é a importância dos tropeiros na formação do território brasileiro?

A formação das fronteiras do território brasileiro

Durante as expedições, o colonizador português foi adentrando o território e avançando em direção ao interior, indo muito além da fronteira estabelecida pelo Tratado de Tordesilhas.

A conquista de novas terras se deu pela ocupação de áreas indígenas e lutas de posse com os colonizadores vizinhos – os espanhóis –, especialmente no sul do Brasil. Esse novo domínio territorial fez com que portugueses e espanhóis assinassem, em 1750, um novo acordo de divisão de terras, chamado **Tratado de Madri**. A divisão das terras entre as coroas levou em consideração a posse efetiva por um dos colonizadores, desconsiderando a ocupação pelos povos nativos.

Com esse novo documento, Portugal aumentou muito as áreas reconhecidas pela Espanha como colônias portuguesas. Isso incluiu grande parte da bacia Amazônica e algumas sub-bacias do rio da Prata.

Em 1777, divergências entre as coroas ibéricas anularam o Tratado de Madri, sendo então assinado o **Tratado de Santo Ildefonso**, que colocou os portugueses em desvantagem, ao perderem parte do atual Rio Grande do Sul. Em 1801, o **Tratado de Badajoz** devolveu a Portugal a maior parte das terras perdidas, e o Brasil passou a ter praticamente a extensão territorial que tem hoje.

No início do século XX, as fronteiras definitivas do Brasil foram traçadas após a compra do (atual) estado do Acre, que pertencia à Bolívia e ao Peru, e incorporado ao território nacional.

@ Explore

A revista **Superinteressante** produziu um curioso infográfico, em que as fronteiras brasileiras foram simuladas em uma reta, com indicação dos fatos mais significativos. Disponível em: <http://ftd.li/59jws3>.

- A mineração e a pecuária foram muito importantes para a interiorização do povoamento do território brasileiro. Explique a relação existente entre essa atividade econômica e o processo de ocupação do território brasileiro.

Pense e responda

- Observando os mapas da página ao lado, podemos afirmar que o Brasil expandiu seu território de modo internacional? Por quê?

Ocupação do território brasileiro

Legenda:
- Território ocupado no século XVI
- Território ocupado no século XVII
- Território ocupado no século XVIII
- Território ocupado no século XIX
- Território ainda não ocupado no século XVI
- ▲ Fortes portugueses
- Ganhos territoriais obtidos por arbitragem no final do século XIX e início do XX

Principais bandeiras
- → Apresamento de indígenas
- → Mineração
- → Exploração contratada

Fonte: THÉRY, Hervé; MELLO, Neli Aparecida de. **Atlas do Brasil**. 2. ed. São Paulo: Edusp; Imprensa Oficial do Estado de São Paulo, 2008.

América portuguesa (século XVI)

- Terras pertencentes a Portugal
- Terras pertencentes à Espanha
- Tratado de Tordesilhas (1494) (sem validade durante o período da União Ibérica, entre 1580 e 1640)
- Limites atuais do Brasil

América portuguesa (1713-1750)

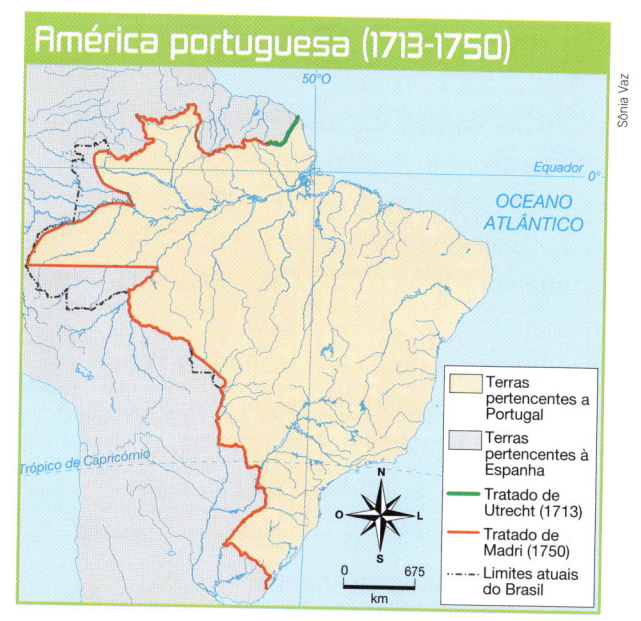

- Terras pertencentes a Portugal
- Terras pertencentes à Espanha
- Tratado de Utrecht (1713)
- Tratado de Madri (1750)
- Limites atuais do Brasil

América portuguesa (1777-1801)

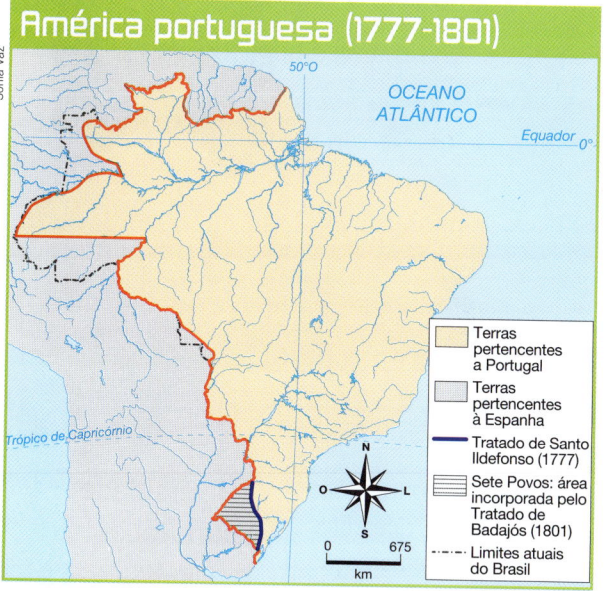

- Terras pertencentes a Portugal
- Terras pertencentes à Espanha
- Tratado de Santo Ildefonso (1777)
- Sete Povos: área incorporada pelo Tratado de Badajós (1801)
- Limites atuais do Brasil

Império do Brasil (1822-1889)

- Territórios litigiosos nas fronteiras internacionais
- Limites atuais do Brasil

Fonte dos mapas: ALBUQUERQUE, Manoel Maurício et al. **Atlas histórico escolar**. 7. ed. Rio de Janeiro: Fename, 1977.

Território brasileiro em 1895

Território disputado pela Argentina, incorporado ao Brasil

Território brasileiro em 1904

- Território incorporado ao Brasil
- Território incorporado à Guiana

Fonte dos mapas: ARRUDA, José Jobson de A. **Atlas histórico básico**. 17. ed. São Paulo: Ática, 1999.

45

Quem é o Brasil?

Todas as pessoas que vivem no Brasil e compartilham de algo em comum, como o processo histórico da formação do país e as legislações, têm construído a identidade brasileira. Cariocas, paulistas, manauaras, gaúchos, acrianos, baianos ou pernambucanos, cada um com seu jeito de ser, de trabalhar, de viver, são considerados todos brasileiros, pois partilham de costumes, crenças e valores em comum.

Nossa identidade também se expressa por particularidades físicas e culturais, herdadas de diferentes origens. Essa mistura traz ao nosso país uma enorme diversidade cultural. Em cada canto do Brasil há manifestações culturais singulares, que reúnem tradições de diversas origens.

Acesse o **objeto digital** desta unidade.

@multiletramentos

Quiz sobre a colonização portuguesa

Nesta unidade, você pode perceber que as expedições portuguesas resultaram em uma trajetória de colonização carregada por diferentes motivos de exploração e ocupação que influenciaram muito na demarcação do território brasileiro. E é diante dessa história, que nossas fronteiras são construídas e reconstruídas, que a turma está convidada a criar um *blog* para disponibilizar um acervo de *quizzes* de múltipla escolha a ser desenvolvido em grupo. Cada grupo deverá elencar um assunto desta unidade para criar seu *quiz*, que deverá ter cinco perguntas com quatro alternativas de resposta.

O Quizzes <http://ftd.li/7w5koi> é um *site* de criação de *quiz* que permite o uso de imagens tanto nas perguntas como nas respostas. Reúna-se com seu grupo, planeje as questões em cima do conteúdo estudado, busque todo o material necessário na internet (mapas, imagens, por exemplo) e mãos à obra!

Para criar e administrar o *blog*, cada grupo deverá indicar um representante, que será responsável por disponibilizar o *link* do *quiz* em uma postagem no *blog*.

Visite nosso espaço virtual **@multiletramentos** da plataforma **FTD Digital** e encontre orientações de organização e tutoriais para criar o *quiz* e o *blog*.

Bom trabalho!

Nós

Diversidade cultural

Converse com seus colegas sobre a diversidade cultural existente no Brasil: quais são as manifestações culturais existentes no seu estado? Que outras manifestações você conhece no país?

Agora explique por que essa diversidade é importante para a nossa identidade como brasileiros.

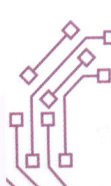

Atividades

Analise

1 Observe a charge a seguir e responda às questões.

[Charge: Ivan Cabral — Professora: "ALGUÉM SABE CANTAR O HINO NACIONAL?" Garoto cantando: "EU SOU BRASILEIRO, COM MUITO ORGULHO, COM MUITO AMOR..."]

a) Por que a resposta do garoto causa riso?
b) Qual a crítica do autor da charge à identidade dos brasileiros?

2 Observe os mapas da página 45.

a) Entre os mapas que retratam o território da América portuguesa, qual tem as fronteiras mais parecidas com o Brasil após 1904?
b) O que isso revela?

Explique

3 As terras do estado do Acre foram as últimas a serem incorporadas ao território brasileiro, em 1904. Pesquise mais sobre a Questão Acriana, mostrando como o interesse do Estado em um recurso natural de alto valor no mercado internacional influenciou o início do conflito entre Brasil e Bolívia.

4 O historiador Caio Prado Júnior, ao tratar do sentido da colonização da América portuguesa, afirma:

> A expansão marítima dos países da Europa, depois do séc. XV, [...] se origina de simples empresas comerciais levadas a efeito pelos navegadores daqueles países.
>
> PRADO JR., Caio. **Formação do Brasil contemporâneo**: colônia. 23. ed. São Paulo: Brasiliense, 2006. p. 21.

- Considerando o interesse português no cultivo de cana-de-açúcar na costa atlântica da América do Sul, podemos argumentar a favor da afirmação do historiador? Justifique sua resposta.

Cartografia

Variável visual: cor

As variáveis visuais, como o próprio nome diz, são as variações sensíveis ao olhar que o símbolo de um mapa pode assumir. Desse modo, as variáveis visuais são: a forma, o tamanho, a orientação, a cor, o valor e a granulação, que podem ser aplicadas em um mapa por meio de pontos, linhas ou áreas.

O uso adequado de uma variável visual depende da natureza do fenômeno a ser representado em um mapa. Por exemplo, para representar a diversidade dos povos indígenas que viviam no Brasil, antes do descobrimento, devemos utilizar variáveis visuais que sejam seletivas, como a cor.

A variável visual cor pode também ser utilizada para representar fenômenos que apresentam um nível de hierarquia, isto é, uma ordem. Nesse caso, a cor no mapa deverá variar em apenas uma tonalidade, do claro para o escuro.

Observe o mapa.

1 O que ele mostra?

2 Qual a variável visual utilizada no mapa? O que ela representa?

3 Com base na tabela da próxima página, elabore um mapa aplicando a variável visual cor, com a porcentagem da população indígena nas unidades federativas brasileiras, em 2010. Para isso, utilize como base um mapa da divisão política do Brasil e agrupe os dados da porcentagem da população indígena, conforme as classes da legenda: menos de 0,5%; de 0,5% a 1%; de 1% a 5%; e, mais de 5%.

Brasil: povos indígenas (1500)

Legenda:
- Tupi-Guarani
- Jê
- Aruaque
- Cariba
- Cariri
- Pano
- Tucano
- Charrua
- Outros grupos
- Limite atual dos estados brasileiros

Fonte: ATLAS histórico escolar. 8. ed. Rio de Janeiro: FAE, 1986.

▲ Esse mapa tem o objetivo de representar a distribuição e a diversidade dos povos indígenas. Para isso utiliza cores diferentes para representar povos distintos.

Unidade federativa	População total	População indígena	Porcentagem da população indígena
Acre	733 559	15 921	2,2
Alagoas	3 120 494	14 509	0,5
Amapá	669 526	7 408	1,1
Amazonas	3 483 985	168 680	4,8
Bahia	14 016 906	56 381	0,4
Ceará	8 452 381	19 336	0,2
Distrito Federal	2 570 160	6 128	0,2
Espírito Santo	3 514 952	9 160	0,3
Goiás	6 003 788	8 533	0,1
Maranhão	6 574 789	35 272	0,5
Mato Grosso	3 035 122	42 538	1,4
Mato Grosso do Sul	2 449 024	73 295	3,0
Minas Gerais	19 597 330	31 112	0,2
Pará	7 581 051	39 081	0,5
Paraíba	3 766 528	19 149	0,5
Paraná	10 444 526	25 915	0,2
Pernambuco	8 796 448	53 284	0,6
Piauí	3 118 360	2 944	0,1
Rio de Janeiro	15 989 929	15 894	0,1
Rio Grande do Norte	3 168 027	2 597	0,1
Rio Grande do Sul	10 693 929	32 989	0,3
Rondônia	1 562 409	12 015	0,8
Roraima	450 479	49 637	11,0
Santa Catarina	6 248 436	16 041	0,3
São Paulo	41 262 199	41 794	0,1
Sergipe	2 068 017	5 219	0,3
Tocantins	1 383 445	13 131	0,9

Fonte: IBGE. **Os indígenas no Censo Demográfico 2010**: primeiras considerações com base no quesito cor ou raça. Rio de Janeiro: IBGE, 2012. Disponível em: <www.ibge.gov.br>. Acesso em: 18 jul. 2014.

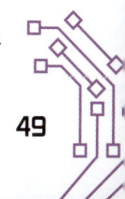

Aldeia global

Povos nativos atualmente

Riqueza cultural

Os povos nativos na maior parte do mundo trazem consigo costumes tradicionais de grande riqueza cultural e de beleza.

Na foto 1, festival hindu Chhath Puja no Nepal; na foto 2, mercado de vegetais na Guatemala.

Pobreza social

No entanto, quando se trata de aspectos socioeconômicos, a realidade desses povos é bem menos otimista. Esse fenômeno ocorre em diversas partes do mundo, pois muitos povos tradicionais trazem em sua trajetória histórias de invasões, opressão e colonização. Esses fatos históricos são perceptíveis tanto nos índices sociais como nas paisagens dos lugares.

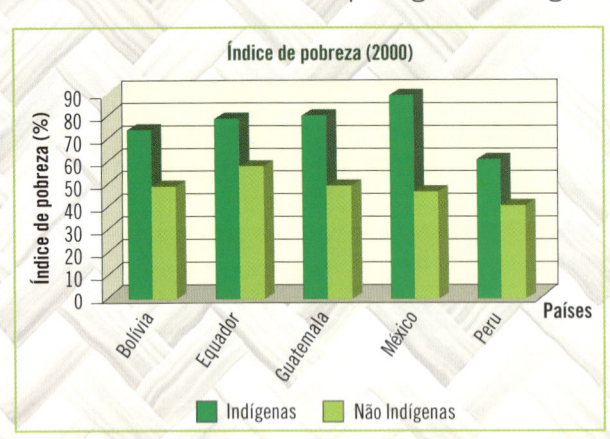

Índice de pobreza (2000)

Países: Bolívia, Equador, Guatemala, México, Peru
■ Indígenas ■ Não Indígenas

Fonte: Department of Economic & Social Affairs. **State of the world's indigenous peoples**. Nova York: ONU, 2009. p. 27-28; 159.

A foto 3 mostra uma mulher navajo em frente a uma construção indígena tradicional nos Estados Unidos. Fotos de 2013.

Diferença de expectativa de vida entre indígenas e não indígenas, em anos (2006)

Guatemala	Nepal	Austrália	Canadá	Nova Zelândia
13	20	20	7	11

Fonte: Department of Economic & Social Affairs. **State of the world's indigenous peoples**. Nova York: ONU, 2009. p. 27-28;159.

A tabela acima mostra, em anos, a diferença de quanto vive a população indígena e não indígena em alguns países. No Nepal, por exemplo, a expectativa de vida ao nascer, segundo o Relatório do Desenvolvimento Humano 2013, é de cerca de 69 anos. Podemos supor que, para os povos não indígenas, a expectativa de vida seja próximo dos 70 anos, mas a dos indígenas seja de apenas 50!

Os gráficos mostram alguns exemplos de indicadores de países latino-americanos. A comparação dos índices de pobreza e os anos de estudo entre a população indígena e não indígena possibilita-nos fazer algumas inferências em relação ao desenvolvimento humano dos povos tradicionais nesses países.

Fonte: Department of Economic & Social Affairs. **State of the world's indigenous peoples**. Nova York: ONU, 2009. p. 132.

▲ As fotos mostram famílias de povos tradicionais. A foto 4 mostra uma família Maori na Nova Zelândia, em 2011; a foto 5 mostra uma família Pigmeia em Burundi, em 2013; e a foto 6 mostra uma família na Terra Indígena Kapinawá, em Pernambuco, em 2013.

Sobre o texto

1. Quando se trata de povos tradicionais e nativos, é comum perceber a riqueza cultural. Por que quando se trata de aspectos socioeconômicos não é a riqueza que se destaca?

2. Observe as fotos e o cartograma. Cite os continentes onde se localizam os países citados.

3. Agora, observe os gráficos e a tabela. O que é possível inferir em relação aos índices de desenvolvimento humano dos povos indígenas *versus* os povos não indígenas?

Unidade 3

Nesta unidade

- Cultura brasileira e identidade nacional.
- As origens do povo brasileiro.
- As contribuições dos povos indígenas e africanos.

As origens do povo brasileiro

Tarsila do Amaral. 1940. Óleo sobre tela. Coleção particular. © Tarsila do Amaral Empreendimentos

A formação do território brasileiro teve origem no seu processo de colonização, que, por sua vez, contribuiu para a formação de uma importante característica de nossa sociedade: a diversidade cultural. A pintura **O casamento** de Tarsila do Amaral apresenta um traço importante dessa formação. Observe-o.

1 Descreva a obra de arte, ressaltando que aspectos relevantes da formação do Brasil.

2 Nessa obra de arte é representada a cena de um casamento, uma celebração bastante comum no Brasil e no mundo. Será que todas as famílias o celebram da mesma forma? E como será a comemoração de outras datas, como aniversários, festas de fim de ano? Será que todo mundo da sala realiza essas celebrações da mesma forma, comemorando com as mesmas festas e as mesmas comidas? Depois de fazer essa enquete, responda se concorda que o Brasil é muito rico e diverso culturalmente.

3 Ao observar os colegas de sua sala e de sua escola, é possível perceber a diversidade de culturas de etnias? Converse com seus colegas, pergunte a eles sobre suas origens e de que lugares do Brasil ou de que país vieram seus pais, tios, avós.

@ **mais**

O episódio Identidade da série **Além-mar** apresenta a língua portuguesa em diversos lugares do mundo. Acesse em: <http://ftd.li/cr6iem>.
1. Escutando os lusófonos de diversas partes do mundo no documentário, é possível identificar uma distinção do português brasileiro em relação aos demais sotaques dessa língua?
2. Em sua opinião, há uma identificação da cultura brasileira com as culturas lusófonas? Como isso ocorre?

Capítulo 1
Cultura brasileira e identidade nacional

A chegada dos colonizadores portugueses ao Brasil e a implantação de atividades econômicas na colônia levaram os europeus a explorar a mão de obra nativa. Anos mais tarde, escravos trazidos da África substituíram a mão de obra indígena. Assim, coabitavam em nosso território três povos distintos: os indígenas, os europeus e os africanos, compondo as principais matrizes formadoras da cultura brasileira e que influenciam nas tradições, nos valores e no modo de vida do nosso povo.

A diversidade cultural brasileira foi constituída de diferentes formas: em alguns casos, trata-se de encontros espontâneos, como as adaptações culinárias; em outros, de uma imposição, como a língua portuguesa e a religião católica; ou ainda, da resistência cultural de indígenas e africanos à dominação portuguesa.

Acesse o **objeto digital** desta unidade.

O feijão com arroz do dia a dia

Para além das diferenças regionais, o prato do cotidiano que está presente em quase todas as mesas do país é formado pelo binômio feijão com arroz, acompanhado por salada, algum tipo de carne e farinha de mandioca. [...] Trata-se de verdadeiro elemento de identidade nacional, que abarca a população de norte a sul do País.

O feijão é um alimento básico para o brasileiro. Seu cultivo já era conhecido, em suas diversas variedades, tanto no Brasil pré-Cabralino como na Europa e na África. Dessa forma, sua assimilação pela culinária brasileira teve poucos obstáculos. [...]

O arroz, por sua vez, veio a substituir a farinha de mandioca como principal acompanhante do feijão. [...] O arroz foi introduzido no Brasil nos primeiros séculos da colonização portuguesa e, paulatinamente, foi ganhando importância nos hábitos alimentares brasileiros, até tornar-se elemento essencial de nossa culinária cotidiana. [...]

BOTELHO, Adriano. Geografia dos sabores: ensaio sobre a dinâmica da cozinha brasileira. **Textos do Brasil**, n. 13. p. 65-68. Disponível em: <http://dc.itamaraty.gov.br/>. Acesso em: 31 dez. 2013.

Ao analisar isoladamente cada cultura formadora da identidade brasileira, percebemos que ainda é possível encontrar costumes e tradições tipicamente indígenas e africanas que permaneceram, garantindo a preservação de uma identidade cultural. O português, na situação de conquistador, favorecia a preservação dos próprios valores, enquanto os africanos e os indígenas escravizados tinham de lutar intensamente para manter sua identidade cultural.

@ Explore

A revista **Textos do Brasil** apresenta diversos elementos da cultura brasileira, da capoeira à culinária, em edições temáticas, compostas de textos de diferentes pesquisadores. Acesse em: <http://ftd.li/g4jhfh>.

- Você considera que seja importante preservar a cultura dos povos que formaram a população brasileira? Por quê?

Identidade nacional

A formação da cultura brasileira está relacionada à construção da nação. Alguns elementos da identidade nacional (como a língua) impulsionaram a formação do sentimento de pertencimento ao país.

No entanto, a cultura brasileira não se manifesta da mesma forma em todo o país, pois as práticas culturais são muito diversas entre si. Além disso, a cultura está sempre em transformação, recebendo novos elementos a cada geração influenciados pela chegada de pessoas de outras origens.

Atualmente as comunidades existentes no Brasil recebem influências do modo de vida da sociedade moderna, inspirando-se nos valores de culturas de vários lugares do mundo. Esses novos valores são adquiridos por intermédio dos meios de comunicação de massa (televisão, internet, rádio, revistas e jornais) ou pelo simples contato com povos que vivem em regiões de fronteira. Ao mesmo tempo que tais contatos – sejam eles mediados pela indústria cultural, sejam espontâneos – transformam as manifestações culturais, as comunidades brasileiras e as estrangeiras influenciam-se mutuamente, fazendo surgir novas manifestações.

Como resultado da história e das interações, uma das características mais evidentes da cultura brasileira é a heterogeneidade, ou seja, a diversidade de manifestações culturais que o povo brasileiro apresenta.

Pense e responda

- Que manifestações culturais inspiradas em outros lugares do mundo encontramos no Brasil?

O grafite é um elemento do *hip hop*, uma cultura urbana de rua nascida nos Estados Unidos. Ela se difundiu por todo o mundo e hoje integra manifestações artísticas locais como parte de outras culturas. Na imagem, vemos um trabalho do grafiteiro Eduardo Kobra, na cidade de São Paulo (SP), em 2012.

Comunidades tradicionais

Algumas comunidades brasileiras conseguem preservar seu modo de vida tradicional, apesar das interações com as sociedades urbano-industriais. Muitos povos indígenas, por exemplo, ainda mantêm elementos únicos de sua cultura e de sua visão de mundo, como o trabalho coletivo e o uso comunitário dos recursos naturais. Grupos remanescentes de quilombos mantêm da mesma forma traços únicos de sua cultura e de seu modo de vida. Para manter essa identidade, esses grupos contam com o isolamento geográfico e a posse de seus territórios ancestrais.

Quilombo: nome que se dá para as comunidades formadas por escravos que fugiram de seus donos.

A capacidade de preservação e de valorização de seu patrimônio cultural permite a esses grupos a manutenção de algumas características básicas que distinguem sua maneira de viver, seus valores e suas crenças.

Mesmo nas cidades, encontramos vivas manifestações culturais relacionadas a comunidades tradicionais. São, em geral, tradições com grande valor simbólico para a comunidade. Um exemplo são as manifestações religiosas em Pirenópolis, no estado de Goiás, que remontam ao período colonial e fazem da cidade um grande centro turístico.

▲ Festa do Divino, também chamada de Cavalhada, em Pirenópolis, Goiás, 2012.

Explore

Observe as imagens ao lado, que mostram festas populares no Brasil.

- Em grupo, converse com seus colegas a respeito das manifestações culturais no Brasil: ao mesmo tempo que preservam as origens de outros povos, elas também caracterizam a cultura brasileira? Justifique.

▲ Desfile na Oktoberfest, em Blumenau (SC), 2010.

▲ Apresentação na festa folclórica Maracatu rural, em Nazaré da Mata (PE), 2013.

Atividades

Reveja

1 Quais povos formaram originalmente a cultura brasileira?

2 Cite exemplos de elementos culturais africanos e indígenas que permanecem na nossa cultura atual.

Analise

3 A diversidade do povo brasileiro também se expressa na música. Leia o texto.

> O choro é filho da cidade de São Sebastião do Rio de Janeiro. Os instrumentistas populares, conhecidos como chorões, aparecem em torno de 1870. O espírito de confraternização desses músicos se revela através do "choro", música que surgiu a partir da fusão do lundu, ritmo de sotaque africano à base de percussão, com gêneros europeus.
>
> [...] O choro do século XIX surgiu como uma maneira de frasear, ou seja, um estilo de executar os gêneros europeus. A influência europeia portanto era clara, mas não foi a única. O lundu era o outro rio que iria desembocar no novo ritmo.
>
> Principal ritmo de origem africana a aportar no Brasil, o lundu, música à base de percussão, palmas e refrões, era cultivada pelos negros desde os tempos do trabalho escravo nas lavouras de açúcar da Colônia.

DIAS, André. **Almanaque do choro**: a história do chorinho, o que ouvir, o que ler, onde curtir. Rio de Janeiro: Jorge Zahar, 2008. p. 13.

a) Com base nas informações do texto e na obra de Portinari, responda às questões. Explique de que forma a origem do chorinho reflete a pluralidade cultural brasileira.

b) Pesquise em livros, revistas e na internet informações sobre outro ritmo musical brasileiro. Investigue suas origens e seus instrumentos típicos. Escreva em seu caderno as informações que obteve.

Explique

4 Leia um trecho da Constituição Brasileira, em vigor desde 1988.

> Art. 5º. Todos são iguais perante a lei, sem distinção de qualquer natureza, garantindo-se aos brasileiros e aos estrangeiros residentes no País a inviolabilidade do direito à vida, à liberdade, à igualdade, à segurança e à propriedade, nos termos seguintes: [...]
>
> VI – é inviolável a liberdade de consciência e de crença, sendo assegurado o livre exercício dos cultos religiosos e garantida, na forma da lei, a proteção aos locais de culto e a suas liturgias; [...]

Inviolabilidade: capacidade de se manter inviolado, ou seja, inatingível, intocado.

a) Esses direitos individuais e coletivos assegurados na Constituição são respeitados por todos os brasileiros e estrangeiros aqui residentes? Justifique sua resposta com base em alguma notícia de jornal ou revista, transcrevendo-a.

b) Cite exemplos de situações do cotidiano que podem ser consideradas discriminatórias em relação à religião e à cultura.

◀ **Quarteto de músicos**, obra de arte elaborada por Cândido Portinari, em 1942.

Capítulo 2 — Os povos indígenas

Os dados do censo demográfico da última década revelam que a população indígena brasileira é de, aproximadamente, 897 mil pessoas, o que corresponde a cerca de 0,47% da população brasileira.

Muitas comunidades indígenas vivem em territórios demarcados, chamados de reservas indígenas. Grande parte dessas terras se localiza na Amazônia Legal, região onde vive 60% da população indígena brasileira.

Essa população se caracteriza pela diversidade. Há, nos dias de hoje, mais de 230 povos, que falam cerca de 180 línguas. Porém, a maioria deles é composta de uma pequena população (em muitas tribos a população não chega nem a 200 pessoas). Apenas 23 povos indígenas possuem mais de 5 mil indivíduos.

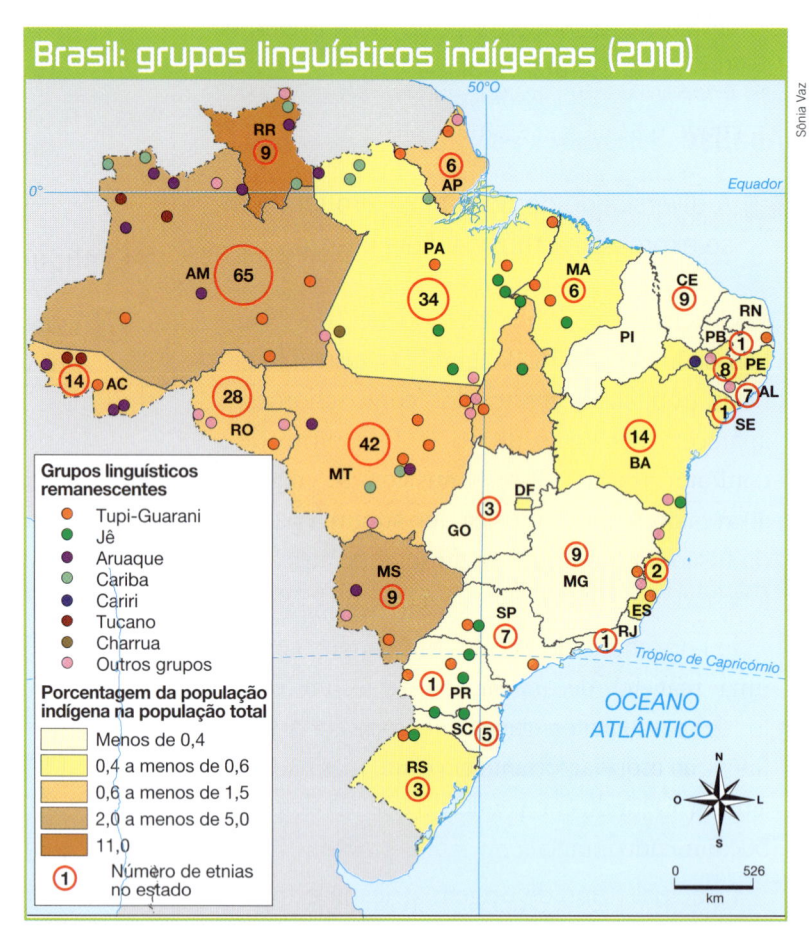

Brasil: grupos linguísticos indígenas (2010)

Grupos linguísticos remanescentes:
- Tupi-Guarani
- Jê
- Aruaque
- Cariba
- Cariri
- Tucano
- Charrua
- Outros grupos

Porcentagem da população indígena na população total:
- Menos de 0,4
- 0,4 a menos de 0,6
- 0,6 a menos de 1,5
- 2,0 a menos de 5,0
- 11,0

① Número de etnias no estado

Fonte: GIRARDI, Gisele; ROSA, Jussara V. **Atlas geográfico do estudante**. São Paulo: FTD, 2011.

Pense e responda

A diversidade do povo brasileiro está bastante relacionada ao caráter plural dos povos nativos. Muitas características singulares desses povos estão presentes na composição regional da população brasileira.

- Qual característica regional da população brasileira é de origem indígena?

Amazônia Legal: área formada por nove estados brasileiros onde há a presença da Floresta Amazônica. Amazônia é a denominação que se dá à floresta latifoliada que ocupa parte da América do Sul.

@ Explore

O *site* dos **Povos Indígenas no Brasil Mirim** é repleto de informações sobre os indígenas brasileiros. Acesse em: <http://ftd.li/kjgy59> (acesso em: jul. 2014).

- No estado onde você vive existem comunidades indígenas? Quais?

Geografia e Direito

As terras indígenas

A Constituição Federal garante aos indígenas o direito ao usufruto das terras que tradicionalmente ocupam. Leia alguns itens do artigo 231.

[...]§ 1º – São terras tradicionalmente ocupadas pelos índios as por eles habitadas em caráter permanente, as utilizadas para suas atividades produtivas, as imprescindíveis à preservação dos recursos ambientais necessários a seu bem-estar e as necessárias a sua reprodução física e cultural, segundo seus usos, costumes e tradições.

§ 2º – As terras tradicionalmente ocupadas pelos índios destinam-se a sua posse permanente, cabendo-lhes o usufruto exclusivo das riquezas do solo, dos rios e dos lagos nelas existentes.

§ 3º – O aproveitamento dos recursos hídricos, incluídos os potenciais energéticos, a pesquisa e a lavra das riquezas minerais em terras indígenas só podem ser efetivados com autorização do Congresso Nacional, ouvidas as comunidades afetadas, ficando-lhes assegurada participação nos resultados da lavra, na forma da lei.[...]

O Estatuto do Índio, de 1973, diz:

Art. 18. As terras indígenas não poderão ser objeto de arrendamento ou de qualquer ato ou negócio jurídico que restrinja o pleno exercício da posse direta pela comunidade indígena ou pelos silvícolas.

Usufruto: direito de usar algo que não lhe pertence.
Assegurado: garantido.
Silvícola: comunidade que vive nas matas e interior do Brasil.

Fonte: IBGE. **Atlas geográfico escolar**. Rio de Janeiro. IBGE, 2012.

Apesar de assegurados na Constituição, na prática vemos constantemente os direitos indígenas serem desrespeitados. Por isso, foi criada no final da década de 1960 a Fundação Nacional do Índio (Funai) que substituiu o Serviço de Proteção aos Índios (SPI), o primeiro órgão do país criado com o objetivo de solucionar os problemas das comunidades nativas. Além do amparo de organismos estatais, diversas comunidades indígenas contam ainda com a organização em associações como o Conselho Indigenista Missionário (Cimi), fundado em 1972, e a União das Nações Indígenas (UNI), criada em 1980.

Apesar das políticas oficiais dos diferentes governos brasileiros e da criação de instituições oficiais de apoio aos indígenas, a situação de algumas comunidades ainda é precária. Seus direitos mais elementares, como o de sobrevivência física e cultural, o de autonomia para governar o próprio destino e o de manter ou recuperar suas terras, são frequentemente negligenciados.

- Em sua opinião, qual a importância do reconhecimento do direito dos povos indígenas de permanecer em suas terras ancestrais?

Conflitos em terras indígenas

Apesar do reconhecimento legal, a demarcação, a regularização e o registro das terras indígenas têm sido um processo lento, levando muitas comunidades a enfrentar dificuldades para permanência em seus territórios mesmo após o reconhecimento oficial do Estado.

Muitas terras indígenas são invadidas por madeireiros, posseiros, grileiros, garimpeiros, pescadores e caçadores. Essas invasões geram muitos conflitos, que podem levar a violência armada e mortes, tanto do lado dos indígenas quanto dos invasores. Há ainda situações em que os indígenas têm de conviver com problemas ambientais como rios contaminados e desmatamentos em suas terras.

Posseiro: quem ocupa um espaço de terra sem possuir o título da propriedade.

Grileiro: pessoa que falsifica os documentos de posse de alguma terra ocupada para expulsar os ocupantes dela.

O Estado também é responsável por diversos conflitos: algumas terras indígenas são atravessadas por estradas, ferrovias e linhas de transmissão de energia. Obras de infraestrutura, principalmente a construção de usinas hidrelétricas, também têm levado à desapropriação de áreas indígenas.

Terra indígena Raposa Serra do Sol

A demarcação da terra indígena Raposa Serra do Sol, em Roraima, arrastou-se por várias décadas. Foram tantas contestações, principalmente por parte do governo de Roraima e de produtores de arroz (cujas terras ocupadas deviam compor a reserva indígena), que o processo acabou chegando ao Supremo Tribunal Federal (STF), uma das instâncias superiores do judiciário do país. Os ministros decidiram, então, que Raposa Serra do Sol deveria ser uma terra indígena contínua e que os agricultores deveriam ser retirados da área.

Fonte: Instituto Socioambiental. Disponível em: <http://socioambiental.org>. Acesso em: fev. 2014.

@ Explore

No *site* da **Funai** podemos encontrar diversas informações não só das características históricas dos indígenas, mas também sobre seu modo de vida atual. Veja mais informações na página: <http://ftd.li/4e2u8m>. Acesso em: fev. 2014.

1. Existem populações indígenas que conseguem se manter isoladas da civilização até hoje. Do que vivem essas populações?
2. Você acredita que essas populações conseguirão se manter isoladas para sempre? Por quê?

Preconceito contra o indígena

O preconceito racial contra os índios está passando por uma fase de recrudescimento, segundo o presidente da Fundação Nacional do Índio (Funai), o historiador Márcio Meira. Um dos principais fatores para a mudança seria a expansão econômica, especialmente do agronegócio, em direção às regiões do sertão brasileiro, onde vivem os índios. De acordo com Meira, ainda impera no País uma visão de progresso segundo a qual tudo que impede o seu avanço deve ser destruído. [...]

> **Recrudescimento:** tornar-se mais forte, mais intenso.

ARRUDA, Roldão. Preconceito contra índios está voltando em onda conservadora. **O Estado de S. Paulo**, São Paulo, 20 abr. 2008. Disponível em: <http://www.estadao.com.br/noticias/impresso,preconceito-contra-indios-esta-voltando-em-onda-conservadora,159947,0.htm>. Acesso em: 2 jan. 2014.

Usina de Belo Monte

Para fazer funcionar as turbinas da usina hidrelétrica de Belo Monte, será preciso alagar uma imensa área da região. Após a construção da barragem e a formação da represa, haverá uma grande diminuição do volume de água no rio desse ponto em diante. A população que vive na região está preocupada com os efeitos da construção de uma obra como essa, em especial as comunidades indígenas. Apesar do vaivém jurídico, em que se tenta mostrar a extensão dos impactos ambientais e sua legalidade, o governo federal protege os construtores de forma a garantir a inauguração da usina dentro do prazo estabelecido.

Vista aérea da comunidade indígena Bacajá, município de Altamira, Pará, em 2010. Após a construção de uma barragem para a construção da usina de Belo Monte, a área da comunidade será inundada.

Fonte: ESTUDOS etnoecológicos: avaliação ambiental. Brasília: Ibama. p. 20. Disponível em: <http://licenciamento.ibama.gov.br>. Acesso em: jan. 2014.

Tome nota

Em 2010, a população indígena brasileira era de, aproximadamente, 817 mil indivíduos, segundo o IBGE. A maior parte dessa população vive em territórios demarcados pelo governo federal. Mesmo com os direitos garantidos pela Constituição, as nações indígenas sofrem preconceitos e têm suas terras frequentemente invadidas.

A posse da terra para as sociedades indígenas

A construção da BR-174 (Manaus-Caracaraí), no início da década de 1970, invadiu territórios dos povos Waimiri-Atroari, nos estados do Amazonas e de Roraima, modificando suas terras. Anos mais tarde, nas décadas de 1970 e 1980, a construção da usina hidrelétrica de Balbina continuaria o processo de devastação desse povo.

Por volta de 1970, os territórios dos povos Parakanã e Arara, no estado do Pará, foram invadidos por homens e tratores que abriam caminho para a BR-230. A construção dessa rodovia, também conhecida como Transamazônica, expulsou os Parakanã de suas terras e cortou ao meio o território dos Arara. Os primeiros migraram para outras terras, enquanto os últimos praticamente desapareceram, pois seu modo de vida foi totalmente modificado com a construção da rodovia.

A construção da hidrovia Araguaia-Tocantins vem sendo analisada por órgãos governamentais há muito tempo. Um dos principais problemas para a viabilização de sua implantação diz respeito à necessidade de transferência de povos indígenas que habitam suas margens para outros locais.

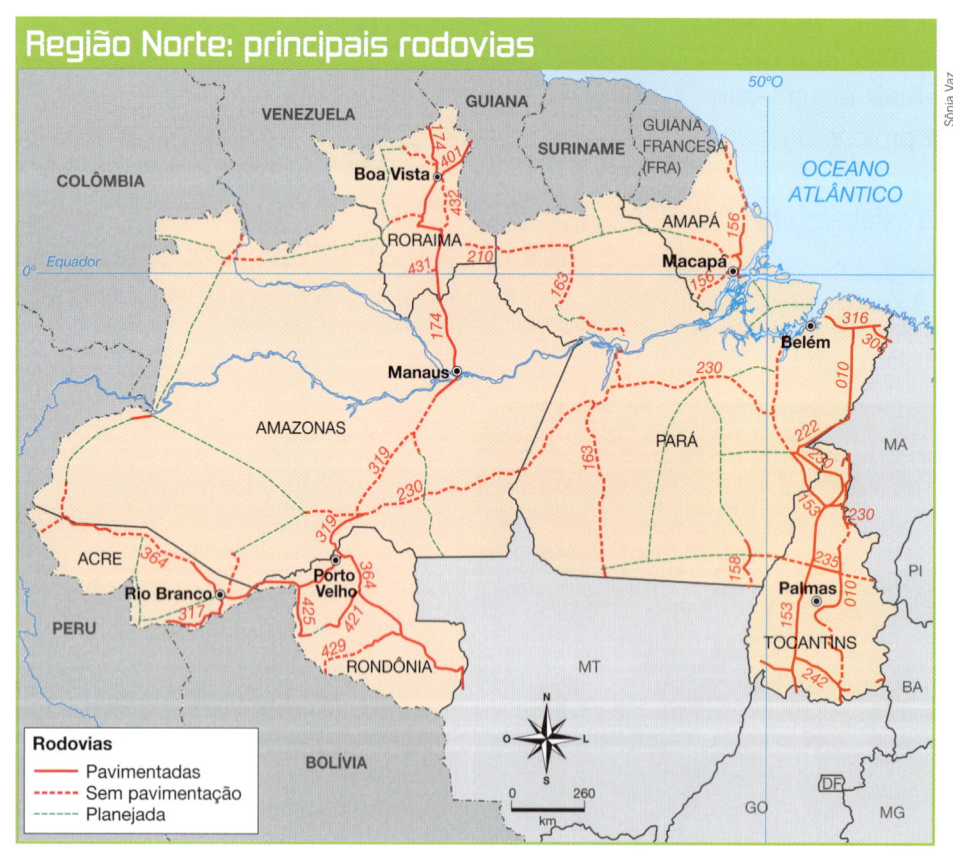

Nós

Preservação cultural

Como podemos observar, a sociedade moderna demanda a ocupação e a exploração cada vez maior de áreas que possam oferecer recursos e viabilizem o aumento dos fluxos.

- Converse com seus colegas sobre os impactos causados pelo avanço do processo econômico no território e os problemas causados às sociedades tradicionais. Reflita sobre a importância da preservação cultural e do modo de vida das populações indígenas para toda a sociedade brasileira.

Região Norte: principais rodovias

Fonte: Elaborado com base em: <www.transportes.gov.br>. Acesso em: 25 jun. 2009.

Atividades

Reveja

1 Que relações você pode estabelecer entre a ocupação do território brasileiro e a redução da população indígena?

2 Para que foi criada a Fundação Nacional do Índio?

3 Em sua opinião, por que parte da sociedade é contrária à criação da usina hidrelétrica de Belo Monte? Explique

Analise

4 Leia a letra da canção *Chegança* e responda às questões.

> Sou Pataxó,
> sou Xavante e Cariri,
> Ianomâmi, sou Tupi
> Guarani, sou Carajá.
> Sou Pancararu,
> Carijó, Tupinajé,
> Potiguar, sou Caeté,
> Ful-ni-o, Tupinambá. [...]
> Mas de repente
> me acordei com a surpresa:
> uma esquadra portuguesa
> veio na praia atracar.
> De grande-nau,
> um branco de barba escura,
> vestindo uma armadura
> me apontou pra me pegar.
> E assustado
> dei um pulo da rede,
> pressenti a fome, a sede,
> eu pensei: "vão me acabar".
> Me levantei de borduna já na mão.
> Aí, senti no coração,
> o Brasil vai começar.
>
> NÓBREGA, Antônio; FREIRE, Wilson. Chegança. In: **Pernambuco falando para o mundo**. CD. São Paulo: Brincante/Eldorado, 1999. Faixa 3.

Borduna: arma indígena feita de madeira.

a) Na canção, a chegada dos portugueses à América é narrada do ponto de vista de que povo?

b) Ao pensar que "o Brasil vai começar", por que o narrador intui mudanças negativas em sua vida?

Explique

5 É comum serem anunciadas obras de infraestrutura, como rodovias, portos e usinas de geração de energia em terras indígenas. Sabendo disso, explique como essas obras podem interferir na vida dessas populações.

Capítulo 3
A presença africana no Brasil

A contribuição africana para a cultura brasileira é muito significativa – além dos elementos mais evidentes, como as manifestações artísticas, a cultura africana se expressa em nossa forma de observar o mundo e em nossas práticas culturais mais cotidianas.

O tráfico de africanos escravizados para prover de mão de obra a colônia portuguesa na América iniciou-se em 1532, quando chegaram os primeiros navios da África, e estendeu-se até 1850. Nesse período, calcula-se que entre 3,5 milhões e 4 milhões de africanos escravizados entraram no Brasil.

As pessoas trazidas como escravas eram originárias de diversas regiões da África e pertenciam a diferentes povos, apresentando, portanto, traços culturais muito distintos. O termo genérico negro escondia uma profunda variedade de culturas.

O mapa a seguir mostra os locais de origem e de desembarque dos africanos no período escravocrata.

Principais rotas do comércio Atlântico de escravos para o Brasil (sécs. XVI ao XIX)

Fonte: SOUZA, Marina de Mello e. **África e Brasil africano**. 2 ed. São Paulo. Ática, 2007. p. 82.

Seres humanos como mercadorias

Os africanos, quando escravizados, tornavam-se "mercadoria", podendo ser comprados e vendidos, perdendo, assim, o que há de mais importante para o ser humano: a liberdade. Desse modo, além de se afastarem de suas referências culturais nativas e de seus familiares e amigos, os africanos perdiam o controle sobre a própria vida, sendo "propriedade" de quem os comprava.

Embora fossem forçados a aceitar a submissão, os cativos ofereceram resistência para preservar suas tradições culturais.

▲ Aquarela sobre papel, **Loja de Rapé**, elaborada por Jean Baptiste Debret, no século XIX.

Explore

Culturas afro-brasileiras

As origens e o desenvolvimento das culturas afro-brasileiras estão intimamente associados ao regime escravocrata, que imperou no Brasil durante mais de três séculos. Saiba mais lendo o texto a seguir.

Os povos africanos não foram responsáveis somente pelo povoamento do território brasileiro e pela mão de obra escrava, eles marcaram e marcam, decisivamente, a nossa formação social e cultural, que, ao longo desses séculos, foi preservada, recriada, mesmo com as políticas contrárias do sistema. É relevante frisar que essa bagagem cultural africana, matriz mais importante da formação do povo brasileiro, tem sido frequentemente associada, pela ideologia dominante, ao folclore, como estratégia básica para minimizar a força da presença do negro brasileiro na cultura e na formação do país.

Os africanos e seus descendentes também são os responsáveis pela adequação, nos trópicos, da tecnologia pré-capitalista brasileira, como, por exemplo: a mineração, a medicina, a nutrição, a agricultura, a arquitetura e a construção.

ANJOS, Rafael S. A. dos. **Território das comunidades remanescentes de antigos quilombos no Brasil**: primeira configuração espacial. 2. ed. Brasília: Mapas Editores & Consultoria, 2000.

1. Procure no dicionário os termos que você desconhece e escreva seu significado no caderno.

2. Qual é a posição do autor do texto com relação à cultura africana em território brasileiro: positiva ou negativa? Transcreva um trecho que justifique sua resposta.

3. O autor afirma que, frequentemente, a contribuição cultural do africano no Brasil é associada apenas ao folclore. Em sua opinião, por que isso acontece?

4. Qual a importância do africano na construção da sociedade brasileira?

📖 O amigo do rei

Ruth Rocha. São Paulo, Salamandra. O livro retrata a amizade entre dois meninos, um negro e um branco, em um período da história brasileira em que esse tipo de amizade não podia existir. Uma boa leitura para refletir sobre o significado da amizade e sobre os valores, principalmente o valor das diferenças.

As formas de resistência

A resistência dos povos africanos e afrodescendentes assumiu muitas formas: rebeliões, fugas, suicídios e recusa das escravas em engravidar e gerar filhos que seriam novos escravos. Nos momentos em que não estavam trabalhando, os africanos mantinham seus hábitos religiosos e culturais como forma de resistir ao poder dos senhores, donos das fazendas nas quais trabalhavam como escravos.

É importante não perder de vista as várias formas de resistência criadas pelos povos negros e configuradas na forma de lutas urbanas e rurais, nas quais vamos destacar os quilombos, sítio geográfico pulverizado por todo o território brasileiro e onde se agrupavam principalmente os negros escravizados que se rebelavam contra o sistema escravista.

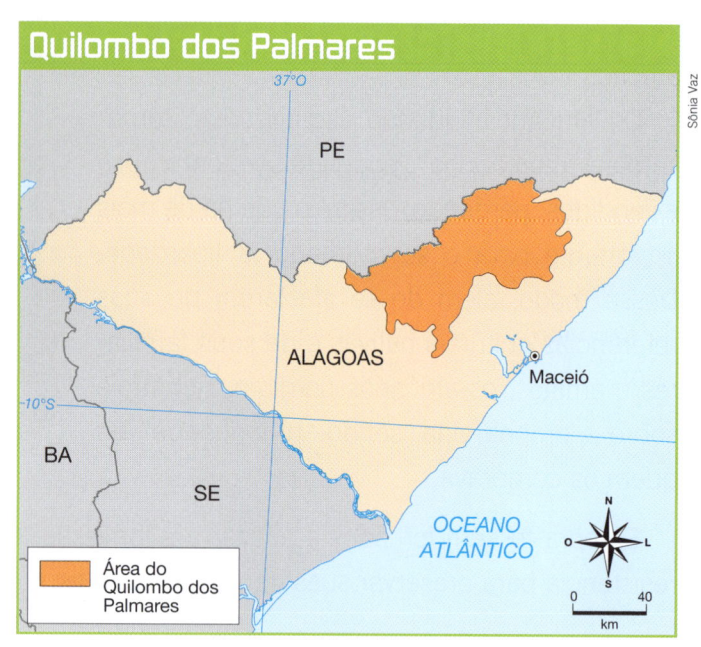

Quilombo dos Palmares

Fonte: CARNEIRO, Edison. **O Quilombo dos Palmares**. Rio de Janeiro. Civilização brasileira, 1966.

ANJOS, Rafael S. A. dos. **Território das comunidades remanescentes de antigos quilombos no Brasil**: primeira configuração espacial. 2. ed. Brasília: Mapas Editores & Consultoria, 2000.

Muitos escravos tentavam a fuga, abrigando-se em quilombos. O mais conhecido de todos os quilombos foi o de Palmares, uma sociedade multirracial que durou de 1597 a 1664. Em seu apogeu, chegou a reunir aproximadamente 30 mil pessoas espalhadas por nove povoados ou mocambos, dos quais Macaco, o mais importante, foi considerado sua capital.

@ Explore

O Instituto Nacional de Colonização e Reforma Agrária tem atuado para a regularização da posse da terra das comunidades quilombolas brasileiras. Acesse em: <http://ftd.li/6v6rci>.

1. Qual é a atuação do Incra para a regularização das terras quilombolas?

2. Você considera que a regularização dessas terras é importante para as comunidades que residem nela? Por quê?

◀ Obra de arte, **Guerra de Palmares** elaborada por Manuel Victor, no século XIX.

As manifestações culturais afrodescendentes, como a capoeira de Angola, revestiam-se de caráter libertário, mantendo, assim, um potencial revolucionário que, desde cedo, foi percebido pelo colonizador como uma séria ameaça ao regime escravocrata. Daí as proibições e as perseguições aos que delas participavam.

Para os escravos, preservar sua cultura significou uma luta diária pela sobrevivência, pois eram proibidos de praticar os seus ritos, sendo punidos com violência e separação física entre pessoas do seu grupo familiar. Embora ameaçados pelo cativeiro, eles continuaram lutando pela manutenção de seus valores culturais e, em alguns momentos, até reelaboraram esses valores para não deixá-los perdidos para sempre. Ainda hoje, as religiões afro-brasileiras, como a umbanda e o candomblé, e seus terreiros são alvo de preconceito e discriminação.

> **Lembre**
> Ainda hoje é possível encontrar remanescentes de quilombos no Brasil, símbolos da luta do povo africano e de seus descendentes pela liberdade.

▲ Gravura de Rugendas, **Jogo de capoeira** (c. 1835). A capoeira era temida, por isso foi proibida e perseguida até mesmo depois da abolição da escravatura.

▲ Pintura **Orixás femininos do Candomblé**, elaborada por Vanice Ayres Leite.

@multiletramentos

Audiovisual sobre as origens do Brasil

Ao estudar as origens do povo brasileiro, você pôde reconhecer algumas influências, não apenas dos portugueses, mas também dos povos indígenas e africanos em nossa cultura, que resultaram na identidade nacional que temos atualmente. Partindo desse conhecimento, você deverá produzir um documentário audiovisual sobre os temas abordados em cada capítulo desta Unidade, que será postado no *blog* da turma e divulgado por meio das redes sociais.

A turma deverá se organizar em três grupos, pesquisar mais sobre o assunto, planejar um roteiro, separar materiais necessários para a filmagem e a edição do documentário, pensar no local e no cenário apropriados, avaliar a iluminação e a interferência de ruídos de áudio, além de estudar a possibilidade da participação de um convidado especial.

Após as filmagens, o grupo deverá editar a versão final do vídeo e postá-la no *YouTube* a fim de incorporá-la ao *blog* de Geografia da turma e divulgar o material nas redes sociais. Para alcançar o resultado esperado pelo grupo, é fundamental que cada integrante se responsabilize por uma tarefa.

Em nosso espaço virtual **@multiletramentos** da plataforma **FTD Digital** estão disponíveis tutoriais, dicas e mais detalhes sobre esse desafio. Vamos lá?

Câmera... Gravando!

Rede do tempo

Leis abolicionistas

Izabel de Bragança (1846-1921), Princesa Imperial do Brasil, em trajes oficiais.

Abolicionista: pessoa que era a favor da abolição da escravatura, ou seja, queria o fim da escravidão.

Reprodução da Lei Áurea, de 13 de maio de 1888.

1850 — Lei Eusébio de Queirós
Em 1850, por pressão da Inglaterra, interessada em transformar os cativos em assalariados e, assim, aumentar o mercado consumidor para seus produtos industrializados, foi proibido o tráfico negreiro. Os infratores que fossem pegos pela Marinha britânica em alto-mar seriam julgados pelas leis inglesas. Essa medida praticamente acabou com o tráfico negreiro no Brasil.

1871 — Lei Visconde do Rio Branco
As pressões pelo fim da escravidão eram também internas, organizadas pelos **abolicionistas**. Em 1871, uma lei pôs fim à escravidão das crianças nascidas de pais escravizados.

1885 — Lei Saraiva-Cotegipe
Essa lei tornava livres as pessoas escravizadas que completassem 65 anos. Apesar de contemplar poucas pessoas, já que a expectativa de vida naquela época não era elevada, a aprovação da lei do sexagenário, como ficou conhecida, foi recusada por uma parte expressiva dos legisladores e levou mais de um ano para ser aprovada.

1888 — Lei Áurea
A escravidão no Brasil foi oficialmente abolida pela Princesa Izabel, em 13 de maio de 1888. Assim, muitos libertos deixaram as fazendas e foram para as cidades, mas, apesar de livres, como não tinham qualificação profissional para os trabalhos urbanos, acabaram excluídos socialmente. Outros permaneceram no campo, exercendo as mesmas atividades que praticavam anteriormente, em um regime de submissão muito parecido com o da escravidão.

- Após a abolição da escravidão, a maioria dos libertos ficou à margem da sociedade e da economia. Apesar da luta contra a discriminação étnica e a importância dos africanos na sociedade e na economia brasileiras, ainda convivemos com o preconceito em relação aos afrodescendentes. Você seria capaz de exemplificar o preconceito vivido por essas pessoas?

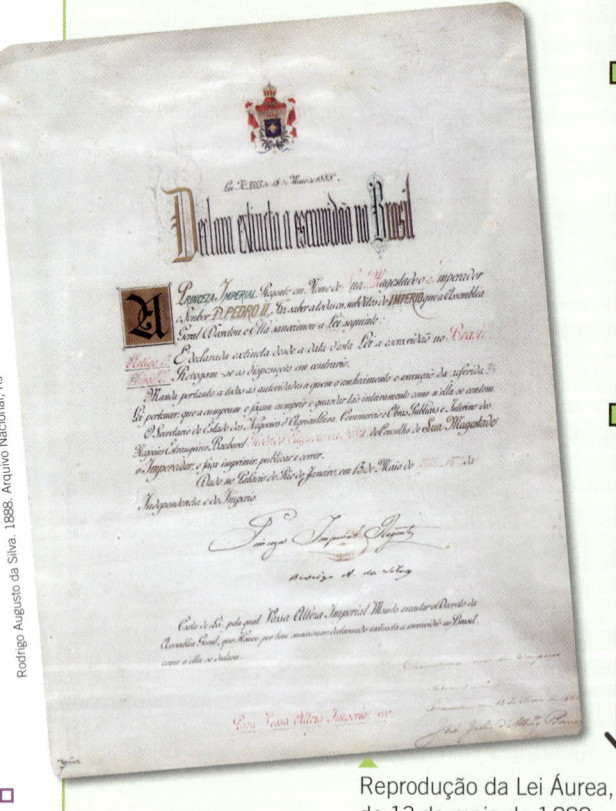

Fórum

A democracia étnica

Alguns afirmam que o Brasil é o melhor exemplo mundial de democracia étnica. No entanto, há quem não concorde com tal ideia, considerando-a um mito, o chamado "mito das três raças", que esconde as grandes desigualdades sociais e econômicas. Leia o texto a seguir e reflita sobre o assunto.

Se o racismo brasileiro é escamoteado no cotidiano de brasileiros e brasileiras, os diversos estudos e pesquisas do presente relatório revelam a existência de uma situação de desigualdade em diversos níveis: saúde, educação, emprego, habitação e renda. É nesta última que a disparidade é mais intensa. Ao longo das duas últimas décadas do século 20, a renda *per capita* dos negros representou apenas 40% da dos brancos. Os brancos em 1980 ainda teriam uma renda *per capita* 110% maior que a dos negros de 2000. O Índice de Desenvolvimento Humano Municipal (IDH-M)[...] da população branca em 2000 era melhor que o da Croácia, e o da população negra, pior que o do Paraguai.

> **Escamoteado:** disfarçado.
> **Disparidade:** diferença.

O fenômeno da desigualdade evidencia-se também nos números sobre violência, [...] As áreas de alto risco, como demonstram Nova Iguaçu e Queimados, são marcadas por ausência ou insuficiência de serviços públicos, falta de infraestrutura comercial e isolamento ou acesso difícil. Nesses lugares, a violência física é parte do cotidiano, desagregando a vida comunitária e dificultando o exercício da cidadania. Essa ausência de cidadania demonstra que à pobreza de renda somam-se a pobreza política (falta de capacidade para participar da esfera pública) e a pobreza de direitos (impossibilidade de gozar os direitos formalmente estabelecidos na lei).

O viés racial também está presente nos diversos componentes da justiça criminal: na polícia, nos juizados e tribunais e no sistema prisional. A chance de sobreviver a um confronto armado com a polícia é superior para os chamados opositores brancos do que para os negros – tanto dentro quanto fora da favela.

Em face da violência contínua (da escravidão até os dias atuais) a que está submetida a população negra, uma única abordagem não será eficaz para criar oportunidades iguais. É imprescindível que o Estado lance mão de duas formas de políticas públicas: universais, que são aplicadas sem distinção ou privilégio para o grupo beneficiário, e focalizadas, que têm como objetivo incluir os mais diversos grupos que compõem a sociedade brasileira.[...]

Três tipos principais de ação afirmativa têm sido implementados no país recentemente: bolsas de estudos para preparação ao ingresso de concursos públicos, cursos pré-vestibulares exclusivos para estudantes negros e indígenas e cotas para ingresso no serviço público e em universidades. Essas três formas não são excludentes e devem ser vistas de modo complementar, uma contribuindo para a eficácia da outra. Mas é preciso ir além. Entre as questões que o país precisa enfrentar urgentemente estão: corrigir a desigualdade dos investimentos sociais, para atingir a igualdade de oportunidades; reconhecer o direito a terra e modos de subsistência, no caso dos quilombolas, sobretudo; e agir afirmativamente em favor dos grupos prejudicados. Entre esses últimos, atenção especial deve ser dada aos jovens negros favelados – vítimas mais frequentes da violência nas grandes cidades brasileiras. É fundamental que sejam elaboradas e implementadas políticas públicas envolvendo Estado e sociedade para proteger a vida e a integridade física desses jovens e para oferecer perspectivas de plena realização de seu desenvolvimento.[...]

RELATÓRIO de Desenvolvimento Humano: racismo, pobreza e violência – Brasil 2005. Brasília: Pnud, 2005. p. 15-16. Extraído do *site*: <http://www.pnud.org.br>. Acesso em: jun. 2009.

- Reúna-se com colegas para discutir se há ou não preconceito em relação a alguns grupos étnicos ou minorias no Brasil. Em seguida apresente seus argumentos para a turma.

Atividades

Reveja

1 De que forma os africanos e os afrodescendentes resistiam à escravidão?

2 A escravidão no Brasil acabou de forma progressiva. Para isso foram assinadas diversas leis até que se abolisse a escravatura. Quais leis foram essas?

Analise

3 Cândido Portinari é um importante artista plástico brasileiro. Nasceu em 1903 em Brodósqui (SP) e estudou no Rio de Janeiro. Observe ao lado uma de suas obras mais conhecidas e leia, a seguir, algumas impressões sobre ela.

> Impressionavam-me os pés dos trabalhadores das fazendas de café. Pés disformes, pés que podem contar uma história. Confundiam-se com as pedras e os espinhos. Pés semelhantes aos mapas: com montes e vales, vincos como rios.
>
> AZEVEDO, Heloisa de A. **Cândido Portinari**: filho do Brasil, orgulho de Brodowski!. São Paulo: Educação & Cia., 2004.

▲ **Lavrador de café** (1934), tela de Cândido Portinari.

a) Relacione as condições dos pés dos lavradores, descritas no texto, aos trabalhos realizados pelos escravos.

b) Que críticas ele teria recebido na época por retratar os afrodescendentes? Qual é a sua opinião a respeito?

4 Cerca de 75% da população quilombola brasileira vive hoje em estado de extrema pobreza. Um dos grandes fatores que colaboram para essa situação é o fato de essas comunidades não possuírem o título de posse das terras que ocupam, o que os impossibilita de participarem de programas de incentivo à agricultura familiar.

a) Por que essas comunidades não possuem o título das terras que ocupam?

b) Você considera que essa população deveria receber do governo a posse dessas terras? Por quê?

Explique

5 Leia com atenção um trecho da Constituição Brasileira e faça o que se pede.

TÍTULO I – Dos Princípios Fundamentais

Art. 1º A República Federativa do Brasil, formada pela união indissolúvel dos Estados e Municípios e do Distrito Federal, constitui-se em Estado Democrático de Direito e tem como fundamentos:

I – a soberania;

II – a cidadania;

III – a dignidade da pessoa humana;

IV – os valores sociais do trabalho e da livre iniciativa;

V – o pluralismo político.

Parágrafo único. Todo o poder emana do povo, que o exerce por meio de representantes eleitos ou diretamente, nos termos desta Constituição.

Art. 2º São Poderes da União, independentes e harmônicos entre si, o Legislativo, o Executivo e o Judiciário.

Art. 3º Constituem objetivos fundamentais da República Federativa do Brasil:

I – construir uma sociedade livre, justa e solidária;

II – garantir o desenvolvimento nacional;

III – erradicar a pobreza e a marginalização e reduzir as desigualdades sociais e regionais;

IV – promover o bem de todos, sem preconceitos de origem, raça, sexo, cor, idade e quaisquer outras formas de discriminação.[...]

a) Com base no texto apresentado, explique as contradições que existem entre a realidade brasileira e o trecho "erradicar a pobreza e a marginalização e reduzir as desigualdades sociais e regionais".

Contradição: oposição de ideias.

b) Quais seriam as soluções para erradicar a pobreza?

6 Observe o mapa ao lado, que apresenta a distribuição das comunidades quilombolas pelo Brasil. Despois responda às questões:

a) Faça um breve resumo sobre a distribuição das comunidades quilombolas no Brasil.

b) Qual região concentra maior quantidade de comunidades quilombolas no Brasil? Por quê?

c) Quais são as origens dessas comunidades?

Brasil: principais sítios quilombolas

Fonte: ANJOS, Rafael S. A. dos. Cartografia da diáspora África – Brasil. Revista da **ANPEGE**, v. 7, n. 1, número especial, p. 261-274, out. 2011. Disponível em: <http://anpege.org.br/>. Acesso em: mar. 2014.

Cartografia

Leitura de mapas

Os mapas são o principal instrumento que o geógrafo utiliza para a representação do espaço e dos fenômenos que nele ocorrem. Representar fenômenos estatísticos, com a quantidade de indivíduos de uma população, pode ser considerado uma tarefa simples de ser realizada. Observe o mapa **A**.

Em relação ao mapa **A**, responda.

1 O que o mapa representa?

2 Quais estados apresentam a maior quantidade de população escrava?

No mapa **A**, o fenômeno foi representado em áreas (atuais estados brasileiros) por meio de uma ordem visual entre as cores (das mais claras às mais escuras). Mapas como esse são bastante comuns e de fácil leitura.

Mas, e se quiséssemos representar fenômenos dinâmicos, como o deslocamento populacional, como faríamos? Observe o mapa **B**.

A Brasil: população africana escravizada (século XIX)

Fonte: GIRARDI, Gisele; ROSA, Jussara Vaz. **Atlas geográfico do estudante.** São Paulo: FTD, 2011.

B Brasil: população africana escravizada e principais rotas de comercialização de escravos

Fonte: GIRARDI, Gisele; ROSA, Jussara Vaz. **Atlas geográfico do estudante.** São Paulo: FTD, 2011.

3 Como são representados os fluxos no mapa **B**?

4 Qual fluxo está representado no mapa **B**?

Para representar fluxos, deslocamentos, os geógrafos costumam utilizar flechas. Por meio delas podemos representar inclusive fluxos com diferentes intensidades e direções no mesmo mapa. Observe os fluxos representados no mapa **C**.

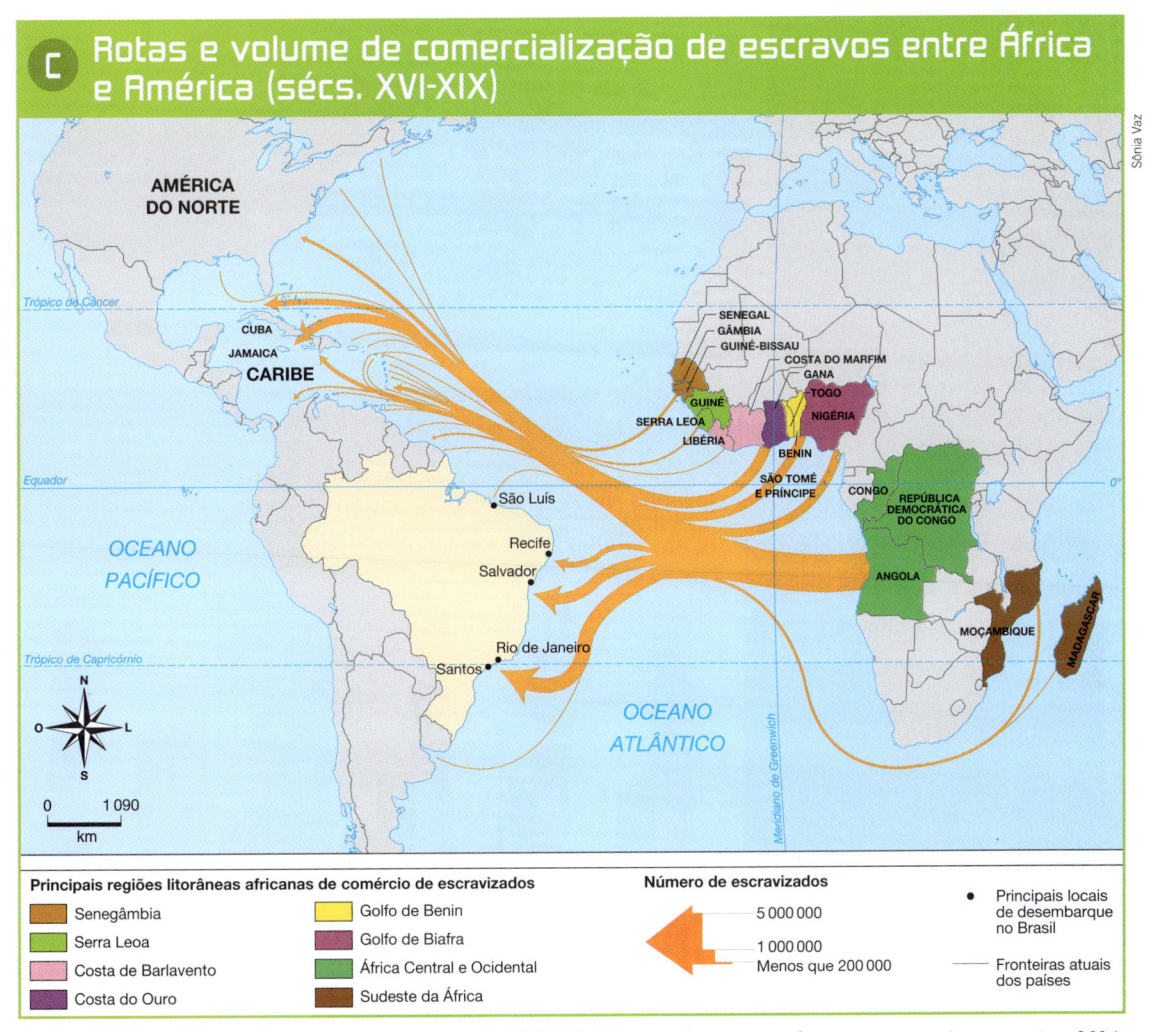

C Rotas e volume de comercialização de escravos entre África e América (sécs. XVI-XIX)

Principais regiões litorâneas africanas de comércio de escravizados:
- Senegâmbia
- Serra Leoa
- Costa de Barlavento
- Costa do Ouro
- Golfo de Benin
- Golfo de Biafra
- África Central e Ocidental
- Sudeste da África

Número de escravizados: 5 000 000 / 1 000 000 / Menos que 200 000

- Principais locais de desembarque no Brasil
- Fronteiras atuais dos países

Fonte: THE TRANS-ATLANTIC SLAVE TRADE DATABASE. Disponível em: <www.slavevoyages.org>. Acesso em: jun. 2014.

5 Por meio da leitura desse mapa, identifique quais estados brasileiros receberam escravos africanos.

6 Além do continente Europeu, que outras regiões receberam a mão de obra escrava africana?

Aldeia global

Escravidão moderna

Você já estudou sobre a escravidão que aconteceu no Brasil. Mas será que atualmente ainda existe escravidão no nosso país? E no restante do mundo? Infelizmente a resposta não é nada animadora. Observe os mapa ao lado.

Os países com os maiores índices de escravidão moderna são: Mauritânia (África), Haiti (América), Paquistão, Índia e Nepal (Ásia).

Esse *ranking* é feito com base em 33 indicadores quantitativos que refletem cinco dimensões-chave que, por sua vez, podem inferir o grau de risco de escravidão em cada país. Essas dimensões são:

- ineficácia das políticas nacionais antiescravidão;
- desrespeito pelos direitos humanos;
- baixo desenvolvimento socioeconômico;
- instabilidade do governo e das demais instituições do país;
- nível de discriminação à mulher no país.

Com essas dimensões é possível inferir o risco de escravidão em cada país. Observe no gráfico a posição do Brasil nessas cinco dimensões e no risco de escravidão.

Ao lado, escultura espanhola "Esclavas del siglo XXI", que significa "Escravas do século XXI".

Planisfério: escravidão moderna (2013)

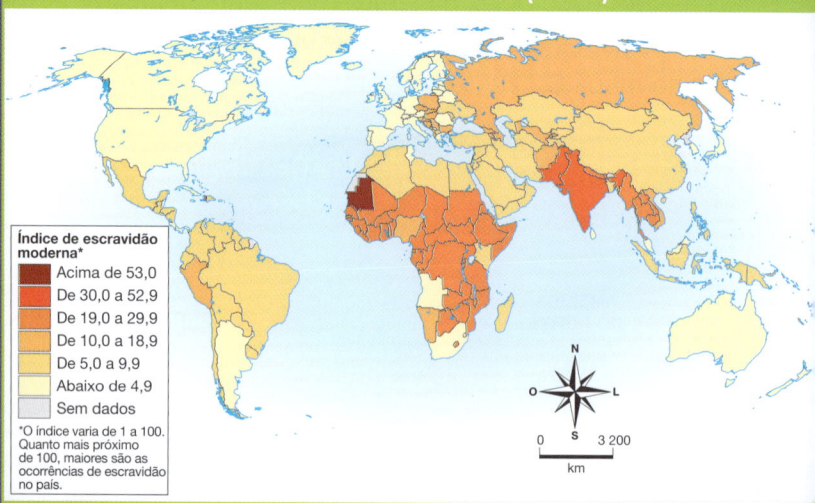

Índice de escravidão moderna*
- Acima de 53,0
- De 30,0 a 52,9
- De 19,0 a 29,9
- De 10,0 a 18,9
- De 5,0 a 9,9
- Abaixo de 4,9
- Sem dados

*O índice varia de 1 a 100. Quanto mais próximo de 100, maiores são as ocorrências de escravidão no país.

Fonte do mapa e do gráfico: The Walk Free Foundation. **The Global Slavery Index 2013**. p.16-17; 20.

Brasil: índices que compõem o *ranking* de escravidão moderna (2013)

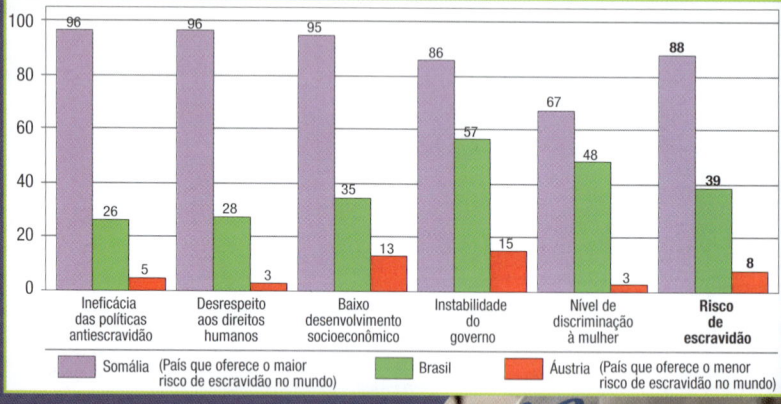

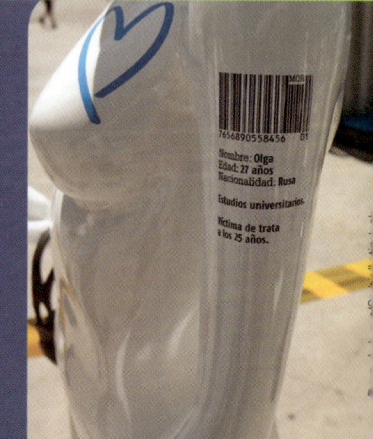

Dimensão	Somália	Brasil	Áustria
Ineficácia das políticas antiescravidão	96	26	5
Desrespeito aos direitos humanos	96	28	3
Baixo desenvolvimento socioeconômico	95	35	13
Instabilidade do governo	86	57	15
Nível de discriminação à mulher	67	48	3
Risco de escravidão	88	39	8

Somália (País que oferece o maior risco de escravidão no mundo) — Brasil — Áustria (País que oferece o menor risco de escravidão no mundo)

A situação do Brasil é ainda muito ruim se comparada à dos demais países do mundo. Isso acontece porque as políticas nacionais de antiescravidão e de respeito pelos direitos humanos são consideradas frágeis. Apesar de o Brasil ser considerado politicamente estável, ainda é um país pouco desenvolvido socioeconomicamente e a discriminação em relação às mulheres é considerada média.

Movimentos pelos direitos humanos

Apesar da difícil situação em que vivem as pessoas sob regime de escravidão, elas não estão sozinhas. Há em todo o mundo grupos, movimentos, ONGs que realizam diversos tipos de protesto para pressionar os Estados a tomar providências para impedir a escravidão e, ao mesmo tempo, investir em políticas de respeito aos direitos humanos, promover ações contra a exploração e contra o preconceito. Veja nas fotos alguns exemplos.

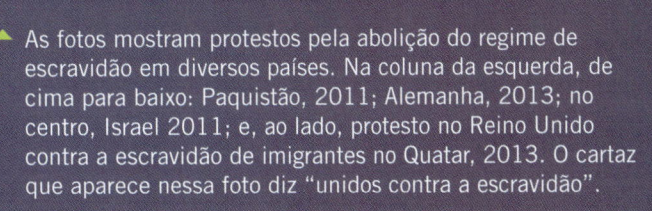

As fotos mostram protestos pela abolição do regime de escravidão em diversos países. Na coluna da esquerda, de cima para baixo: Paquistão, 2011; Alemanha, 2013; no centro, Israel 2011; e, ao lado, protesto no Reino Unido contra a escravidão de imigrantes no Quatar, 2013. O cartaz que aparece nessa foto diz "unidos contra a escravidão".

Sobre o texto

1. Com base no mapa-múndi da página anterior, elabore um texto que exponha qual é o panorama geral do risco de escravidão na América (do Norte, Central e do Sul), na Europa, na África, na Ásia e na Oceania.

2. É possível dizer que as ondas de protesto em diversas partes do mundo em favor da abolição da escravidão contribuem para que as taxas de escravidão moderna diminuam com o passar dos anos? Explique.

3. A escultura mostrada na foto ao lado localiza-se em Gâmbia e simboliza a libertação dos escravos. A escultura ficou muito famosa na década de 1970 por causa da publicação do livro **Roots**, de Alex Haley. Sua história foi adaptada para a televisão e chegou a passar no Brasil com o nome **Raízes**. Faça uma pesquisa para saber do que se trata a história do livro e faça, no caderno, uma pequena resenha sobre ele.

unidade 3

Nesta unidade

- Densidade demográfica.
- IDH.
- Indicadores socioeconômicos.
- Pirâmides etárias.
- Povoamento do território brasileiro.

População brasileira

O Brasil é um país populoso, mas com regiões pouco povoadas, isto é, a população brasileira não está distribuída de forma homogênea pelo território do país.

Há cidades com uma concentração populacional significativa, em regiões consideradas pouco povoadas. Como exemplo, a capital do Acre, Rio Branco, que abriga mais da metade da população do estado inteiro, localiza-se em uma região pouco povoada. Observe a foto para responder às questões abaixo.

1. Quais elementos mostram que Rio Branco é densamente povoada?

2. Em sua opinião, em quais aspectos o rio tem um papel importante na vida dessa cidade?

3. A população está distribuída de maneira uniforme nessa cidade? A concentração populacional intensa traz quais consequências para os moradores?

4. E a sua cidade, como é? Descreva como é a população que mora nela.

@mais

O *site* do **IBGE** disponibiliza a ferramenta *WebCart* <http://ftd.li/2isuyz>, que possibilita manipular os dados de cada estado da Federação. Siga os passos abaixo.

1. Selecione "Censo Demográfico 2010: Sinopse".
2. Marque as variáveis "População residente urbana" e "População residente rural" e clique em OK.
3. No campo fórmula, escolha o item "A+B".
4. Preencha o campo "Título" e selecione a sigla correspondente a seu estado.
5. Passe o mouse pelo mapa para ver a população de cada município.
6. Agora, que você já observou o mapa, responda:
    a. Qual é a população do seu município?
    b. Quais são as áreas mais ocupadas? Por quê?

◂ Vista aérea do município de Rio Branco, Acre, em 2009.

Capítulo 1
A estrutura da população

A população brasileira atingiu, em 2013, 200 milhões de habitantes. Assim, o Brasil configura-se como um país populoso. Apesar disso, não é muito povoado, pois a sua densidade demográfica é baixa.

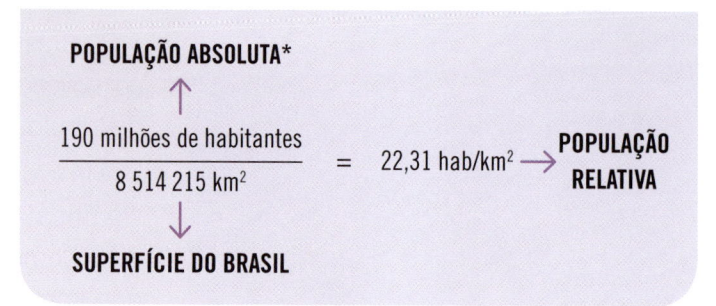

$$\text{POPULAÇÃO ABSOLUTA*} \uparrow$$
$$\frac{190 \text{ milhões de habitantes}}{8\,514\,215 \text{ km}^2} = 22{,}31 \text{ hab/km}^2 \rightarrow \text{POPULAÇÃO RELATIVA}$$
$$\downarrow \text{SUPERFÍCIE DO BRASIL}$$

A densidade demográfica é a relação entre a população e a área da superfície. O cálculo da densidade demográfica é simples: basta dividir o total de habitantes pela área ocupada. No Brasil, a densidade demográfica era, em 2012, de aproximadamente 23 habitantes por km². Ou seja, se toda a população brasileira fosse igualmente distribuída pelo território, viveriam cerca de 23 pessoas em uma área quadrada de um quilômetro de lado.

Como os habitantes não estão distribuídos de maneira igual por todo o território brasileiro, existem áreas que apresentam maior ou menor densidade demográfica. Observe o mapa a seguir.

Brasil: distribuição da população (2010)

• 10 000 habitantes

Fonte: IBGE. **Atlas geográfico escolar**. 6. ed. Rio de Janeiro: IBGE, 2012. p. 113.

A densidade demográfica revela a população relativa, ou seja, a concentração de pessoas em um espaço. Em um país povoado, a média do número de pessoas por km² é elevada.

Um país populoso tem uma grande população absoluta, que é a soma total de todos os habitantes. Para verificar se um país é populoso, deve-se estabelecer uma relação entre a sua população e a população mundial, que é de 7 bilhões de pessoas, aproximadamente.

Densidade dos países mais populosos (2010)

	População total	Área total (km²)	Densidade (habitantes por km²)
Bangladesh	148 692 131	144 000	1 033
Índia	1 224 614 327	3 287 260	373
Japão	126 535 920	377 947	335
Paquistão	173 593 383	796 100	218
Nigéria	158 423 182	923 770	172
China	1 341 335 152	9 600 001	140
Indonésia	239 870 937	1 904 570	126
Estados Unidos da América	310 383 948	9 831 510	32
Brasil	190 755 799	8 514 876	23
Rússia	142 958 164	17 098 240	8

Fonte: IBGE. **Atlas geográfico escolar**. 6. ed. Rio de Janeiro: IBGE, 2012. p. 70.

Rede do tempo

Censos demográficos

A contagem da população pode ser obtida pelos censos demográficos (ou recenseamentos).

O primeiro recenseamento brasileiro aconteceu em 1872 e foi chamado de Recenseamento da População do Império do Brasil. Em 1938, com a criação do Instituto Brasileiro de Geografia e Estatística (IBGE), os censos passaram a ser responsabilidade dessa instituição. Foi estabelecido que os censos demográficos seriam feitos de 10 em 10 anos e em anos terminados em zero.

O censo é feito com dados obtidos do trabalho de coleta direta. Os recenseadores vão de casa em casa e recolhem diversos dados dos moradores, como idade, número de homens e mulheres, estado civil e religião. Essas informações são úteis porque permitem que os governos estaduais, municipais e federal, bem como os organismos internacionais, tenham a dimensão dos problemas sociais do país e, assim, tomem as medidas necessárias para resolvê-los.

Com informações obtidas também dos cartórios de registro civil, como as de mortalidade e casamentos, é possível realizar estimativas sobre a população e fazer projeções.

- Você considera o Censo Demográfico importante? Por quê?

Pense e responda

- Com base no gráfico, responda: todo país populoso é povoado? Justifique sua afirmação.

O trabalho dos recenseadores é essencial para que os censos sejam completos. Eles vão diversas vezes aos bairros para tentar encontrar os moradores de todas as residências. Atualmente, as respostas são registradas em um computador de mão, como o que vemos na foto. Fotografia de recenseador do Censo 2010, em Itapevi (SP), 2010.

Índice de desenvolvimento humano (IDH)

Os componentes do IDH

A **educação** é medida pela escolaridade. São considerados o tempo médio de estudo da população adulta e o total de anos de escolaridade que uma criança na idade de iniciar a vida escolar pode esperar receber. Os países com IDH muito elevado apresentam em média mais de 10 anos de escolaridade. Em países da Ásia ou da África, o índice é de 4 anos em média, e no Brasil, de 7 anos.

CONHECIMENTO
- Anos esperados de escolaridade
- Anos médios de escolaridade

A **renda média** é calculada com base na Renda Nacional Bruta (RNB) *per capita*. Ou seja, é a soma de todas as riquezas produzidas no país (PIB – Produto Interno Bruto) e de todo o dinheiro enviado do exterior por familiares ou órgãos internacionais dividida pelo número de habitantes do país.

PADRÃO DE VIDA
- RNB *per capita*

IDH

O IDH, portanto, é uma média desses três componentes, que têm o mesmo peso no cálculo do índice, gerando uma "nota" para os países, que varia de 0 a 1. Quanto mais próximo a 1, mais desenvolvido é o país.

Para avaliar a qualidade de **saúde** de uma população, o indicador utilizado é a expectativa de vida. Trata-se de um cálculo estimativo do provável tempo de vida de uma pessoa, desde o nascimento até a morte. Quanto melhores são as condições de saúde, maior é a expectativa de vida.

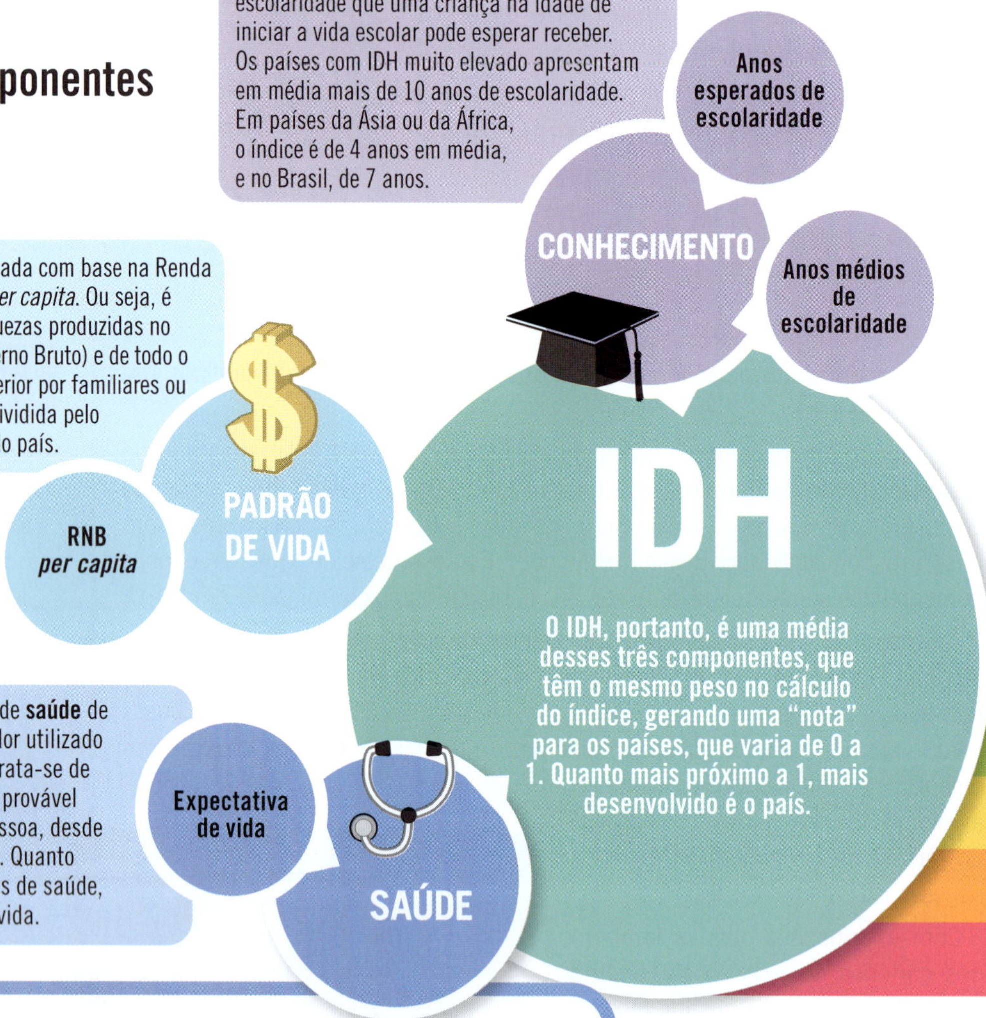

SAÚDE
- Expectativa de vida

Evolução da expectativa de vida nos continentes

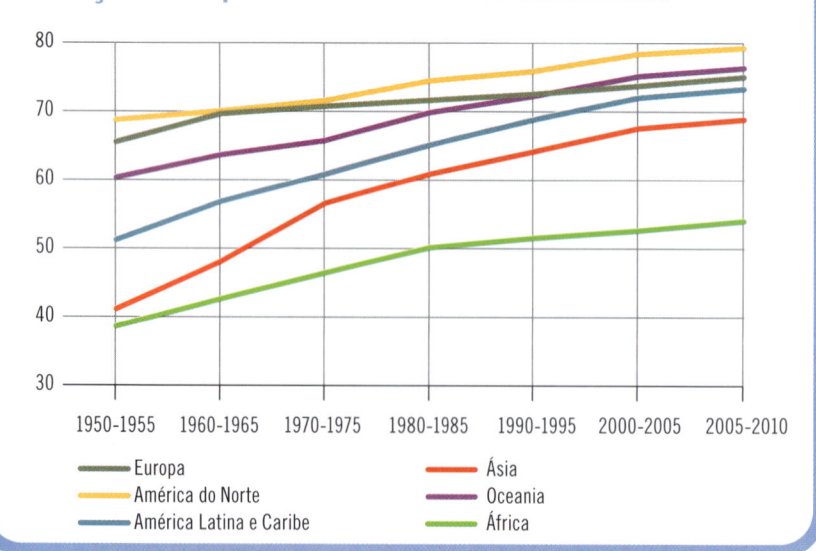

Legenda: Europa, América do Norte, América Latina e Caribe, Ásia, Oceania, África

Pense e responda

- A partir da leitura do gráfico, podemos afirmar que as condições de vida têm melhorado no Brasil? Justifique.

Fonte: UNITED NATIONS DEPARTMENT OF ECONOMIC AND SOCIAL AFFAIRS. **World Population to 2300**. Nova York: ONU, 2004.

Para avaliar a qualidade de vida da população dos países e propor políticas públicas, os governos se utilizam de indicadores socioeconômicos. Atualmente, o mais importante deles é o IDH. Essa avaliação, coordenada pelo Programa das Nações Unidas para o Desenvolvimento (Pnud), é pautada em três componentes: saúde, educação e renda. Tais componentes são mensurados pelos indicadores de expectativa de vida, média de anos de educação de adultos e expectativa de escolaridade para crianças e renda *per capita*.

Os países são divididos em quatro categorias, de acordo com seu desenvolvimento humano: baixo, médio, alto e muito alto. De acordo com o Relatório de Desenvolvimento Humano de 2012, o Brasil está entre os países de IDH alto (0,730), ocupando a 85ª posição no *ranking* mundial, entre 187 países.

@ Explore

Acesse o *site* **PNUD** <http://ftd.li/uh264k>, que apresenta os dados relativos ao IDH do Brasil de 2012. Nele, há alguns gráficos que mostram a evolução dos índices no país.

- Observe-os e responda: podemos afirmar que, ao desconsiderar a distribuição de renda e as desigualdades sociais, camuflamos o desenvolvimento social dos países? Justifique.

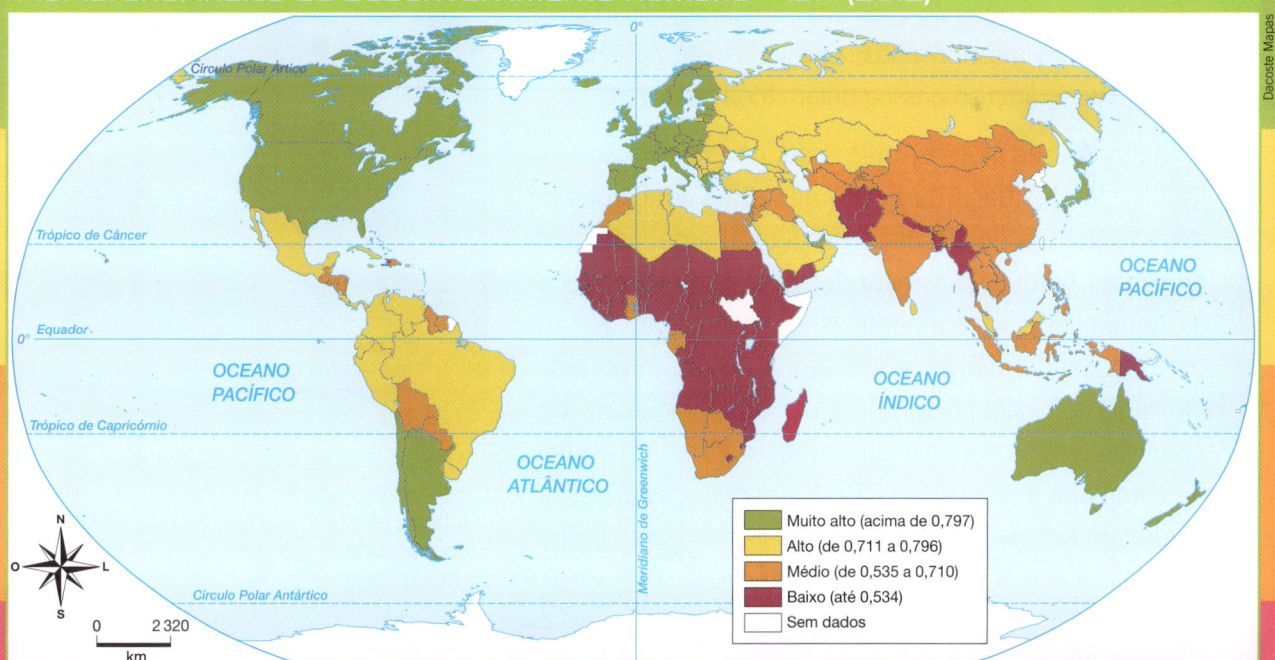

Planisfério: Índice de Desenvolvimento Humano – IDH (2012)

Legenda:
- Muito alto (acima de 0,797)
- Alto (de 0,711 a 0,796)
- Médio (de 0,535 a 0,710)
- Baixo (até 0,534)
- Sem dados

Fontes: ONU. **Relatório de Desenvolvimento Humano 2010**. A verdadeira riqueza das nações. Disponível em: <http://hdr.undp.org>. Acesso em: out. 2011; LIMA, Daniel. Os resultados do IDH 2012. **O Globo**. Disponível em: <http://oglobo.globo.com>. Acesso em: jan. 2014.

Outros indicadores

Apesar da melhoria das condições de vida de grande parte da população brasileira, ainda há desigualdades sociais no país, que podem ser medidas pelo Índice de Desenvolvimento Humano ajustado à desigualdade (IDH-D). Esse indicador considera as diferenças de rendimentos, escolaridade e saúde da população do país.

O Índice de Desenvolvimento Humano (IDH) do Brasil cai 19% se a desigualdade do país for considerada no cálculo. É o que afirma o relatório regional sobre desenvolvimento humano para a América Latina e o Caribe publicado [...] pelo Programa das Nações Unidas para o Desenvolvimento (Pnud). O estudo introduz um novo indicador, o Índice de Desenvolvimento Humano ajustado à Desigualdade (IDH-D), que, ao invés de considerar as médias nacionais como no IDH clássico, leva em conta as diferenças de rendimentos, escolaridade e saúde da população.

Desigualdade derruba IDH do Brasil. **Época**, São Paulo, 23 jul. 2010. Disponível em: <http://revistaepoca.globo.com>. Acesso em: 30 jan. 2014.

Uma das formas de comparar os países quanto à concentração de renda é utilizar o índice de Gini, criado pelo matemático Conrado Gini. Ele varia de 0 a 1. O valor zero representa a situação de igualdade, o que significaria que todos teriam a mesma renda. O valor 1 está no extremo oposto, isto é, uma só pessoa detém toda a riqueza.

Além desses índices, outros dados podem ser analisados para estudos da economia e das condições de vida da população de um país. São chamados de indicadores porque, por meio deles, podemos conhecer as condições socioeconômicas da população. A taxa de mortalidade infantil, por exemplo, é um importante indicador socioeconômico. Ela expressa o número de crianças, a cada mil nascidas vivas, que morrem antes de completar 1 ano de vida. Como as crianças até essa idade têm um nível de imunidade baixo, elas são muito sensíveis a condições de vida precárias.

▲ Moradores de rua dormindo em frente à porta de um antigo banco em São Paulo (SP), 2012.

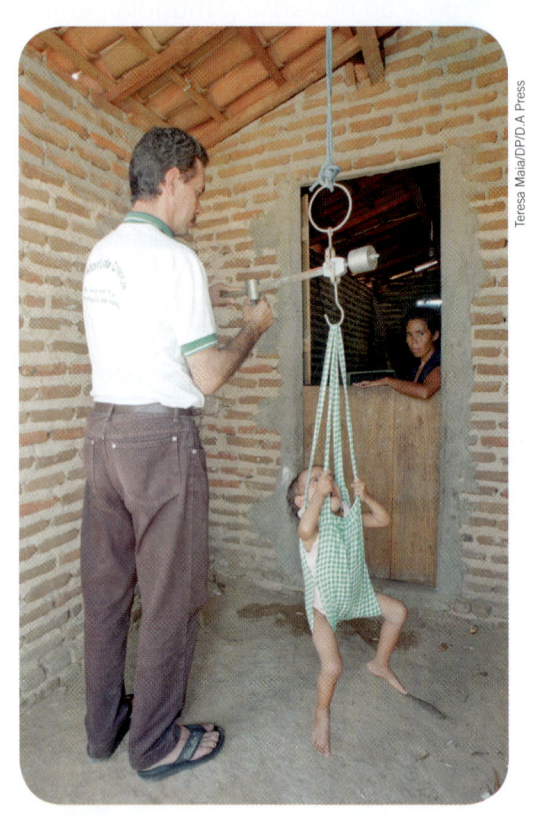

▲ A Pastoral da Criança, no Brasil, tem um excelente programa de combate à mortalidade infantil, que funciona em diversas localidades com a ajuda de voluntários. Fotografia em Inajá (PE), 1999.

Tome nota

Um dos índices que avaliam a qualidade de vida da população é o Índice de Desenvolvimento Humano (IDH), que leva em consideração a expectativa de vida, a educação e a renda da população.

A taxa de fecundidade e o acesso à informação no Brasil

A taxa de fecundidade corresponde ao número de filhos que as mulheres entre 15 e 49 anos tiveram em um período de tempo, como em um ano. No texto a seguir, vamos conhecer a evolução da taxa de fecundidade no Brasil desde a década de 1960.

Taxa de fecundidade diminuiu 20,1% na última década

[...] Os dados divulgados [...] pelo Instituto Brasileiro de Geografia e Estatística (IBGE) mostram que a taxa de fecundidade registrou uma queda de 20,1% na última década, ao passar de 2,38 filhos por mulher em 2000 para 1,9 em 2010.

O número de filhos por mulher no Brasil vem caindo gradualmente desde a década de 1960, quando o governo começou a divulgar métodos anticoncepcionais e as mulheres passaram a engrossar a força de trabalho.

A taxa caiu de 6,3 filhos por mulher em 1960 para 5,8 em 1970, 4,4 em 1980 e 2,9 em 1990. De acordo com o organismo, a taxa de 2010 está abaixo do nível que garante a substituição natural das gerações.

O Censo mostrou também que as mulheres brasileiras estão esperando um pouco mais para ter filhos, já que, apesar do aumento do número de adolescentes grávidas, a idade média de fecundidade passou de 26,3 anos em 2000 para 26,8 anos em 2010 [...]

IBGE: Taxa de fecundidade diminuiu 20,1% na última década. **Veja**, São Paulo: Abril, 27 abr. 2012. Disponível em: <http://veja.abril.com.br>. Acesso em: 30 jan. 2014.

@multiletramentos

IDH do Brasil

Até aqui seus estudos mostraram que, para avaliar a qualidade de vida da população brasileira, alguns indicadores socioeconômicos são utilizados pelo governo, sendo o Índice do Desenvolvimento Humano (IDH) o mais importante e que envolve três dimensões para análise: padrão de vida, conhecimento e saúde.

Diante desse tema, o desafio será redigir e publicar um artigo no *blog* de Geografia da turma. Analise o IDH do Brasil dos últimos anos e procure discutir questões como: o que o IDH do Brasil tem revelado? Quais são os pontos críticos que têm impedido o aumento do IDH? Que ações do Estado e da sociedade poderiam contribuir para a melhoria da qualidade de vida das pessoas?

Além do artigo, crie o avatar de um repórter para anunciar esse artigo. Faça essa atividade em grupo e conte com o auxílio de seu professor na organização e escolha das dimensões pelos grupos.

Para criar esse avatar, o grupo poderá utilizar a ferramenta *on-line*, disponível em <http://ftd.li/aghuoj>.

Para o artigo, é fundamental que o grupo aprofunde suas pesquisas sobre as dimensões de IDH, com o objetivo de garantir um conteúdo verdadeiro e atualizado. O uso de imagens, tabelas e gráficos nesse artigo será um recurso valioso por facilitar a compreensão do leitor. Portanto, use-os para enriquecer seu artigo.

Tutoriais e detalhes sobre este desafio estão disponíveis no espaço virtual **@multiletramentos** da plataforma **FTD Digital**.

As pirâmides etárias

As pirâmides etárias são uma ferramenta importante para análise da população de um país. Os dados registrados informam sobre a estrutura da população, mostrando os percentuais de jovens, adultos e idosos, mulheres ou homens, que a compõem.

A comparação de pirâmides de uma população em diferentes datas possibilita identificar transformações demográficas, como o aumento ou a diminuição do percentual de jovens e idosos no país.

Você está curioso para conhecer algumas mudanças na estrutura da população brasileira? Vamos observar as pirâmides etárias de nosso país em três períodos distintos.

Observe que a pirâmide etária do Brasil em 1980 representa um país de jovens. As barras relativas a crianças e adolescentes são muito maiores que as correspondentes a adultos e idosos.

É importante perceber que a pirâmide etária de um país está em constante mudança, revelando o quanto a população é dinâmica. Na pirâmide de 2000, percebe-se que as faixas que representam a população adulta superam ligeiramente as faixas que representam as crianças e os adolescentes. Isso é explicado pela redução da taxa de natalidade e pelo aumento da expectativa de vida.

Em 2010, já vemos importantes indícios do envelhecimento da população brasileira: a proporção de idosos cresceu e a de crianças e adolescentes diminuiu bastante. Essa rápida transformação da estrutura demográfica brasileira implicou novas demandas nos serviços públicos, especialmente para a população idosa. Também, a chegada de um enorme contingente de jovens à vida adulta pressionou os serviços de educação técnica e universitária e o mercado de trabalho.

> **@ Explore**
>
> O **IBGE** preparou uma animação com pirâmides etárias do Brasil, de 1980 a 2050, incluindo, portanto, projeções das possíveis transformações da estrutura demográfica do país. Acesse: <http://ftd.li/42pj4e> (acesso em: jan. 2014.)
>
> - Explique quais mudanças podemos evidenciar com relação à população brasileira por meio da evolução das pirâmides apresentadas.

Brasil: 1980

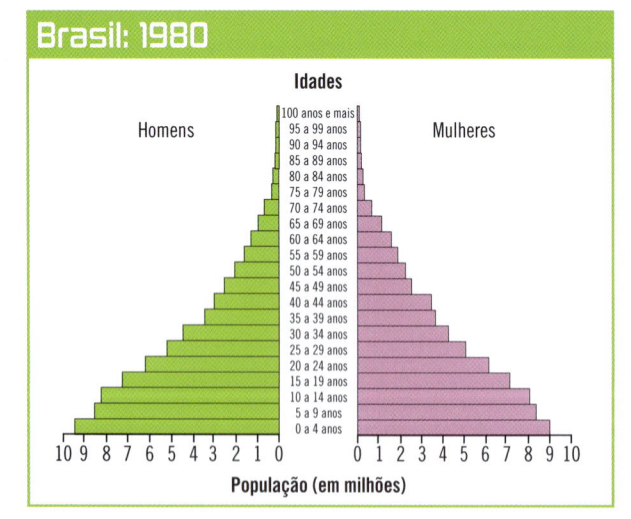

Fonte: U.S. CENSUS BUREAU. *International Data Base*. Disponível em: <http://census.gov>. Acesso em: jan. 2009.

Brasil: 2000

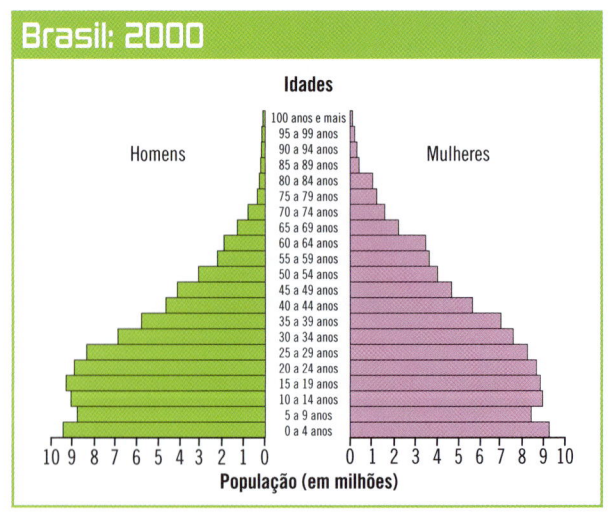

Fonte: U.S. CENSUS BUREAU. *International Data Base*. Disponível em: <http://census.gov>. Acesso em: jan. 2009.

Brasil: expectativa de vida

Ano	Idade
1980	62,57
2000	70,46

Fonte: Elaborado com dados de: **Observações sobre a evolução da mortalidade no Brasil**: o passado, o presente e perspectivas. Rio de Janeiro: IBGE, 2010. p. 7. Disponível em: <www.ibge.gov.br>. Acesso em: jan. 2014.

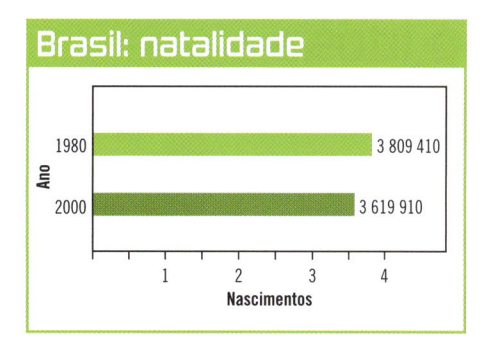

Brasil: natalidade

Ano	Nascimentos
1980	3 809 410
2000	3 619 910

Fonte: IBGE. **Projeção da população do Brasil por sexo e idade 1980-2050**: Revisão 2008. Rio de Janeiro: IBGE, 2008. p. 74. Disponível em: <www.ibge.gov.br>. Acesso em: 30 jan. 2014.

A leitura da pirâmide etária é muito simples. Os dados estão divididos em dois grupos – masculino (à esquerda) e feminino (à direita) – e distribuídos por faixas etárias. A base da pirâmide corresponde à população jovem; o centro, à população adulta; e o topo, aos idosos.

Todas as pirâmides que apresentamos indicam a população em milhões de habitantes – trata-se da População Absoluta. Também é possível elaborar uma pirâmide etária com os dados relativos, ou seja, cada barra indicaria a porcentagem de pessoas daquela faixa etária em relação ao total de população.

▲ Idoso praticando atividade física em Curitiba (PR), 2011.

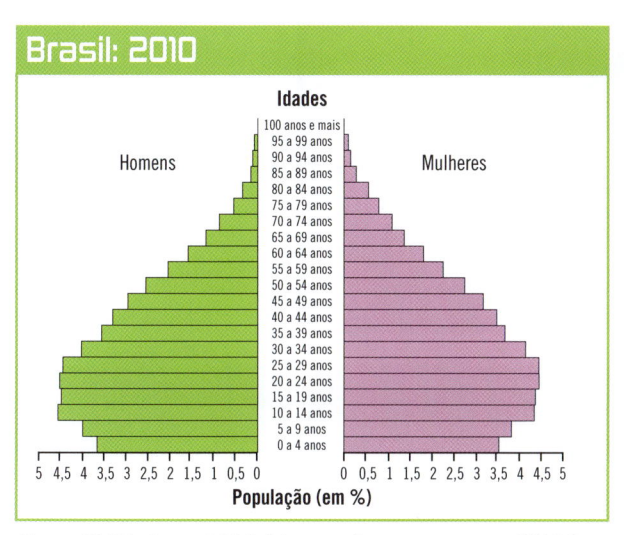

Brasil: 2010

Pirâmide etária — Homens (à esquerda) e Mulheres (à direita), por faixas de idade: 0 a 4 anos, 5 a 9 anos, 10 a 14 anos, 15 a 19 anos, 20 a 24 anos, 25 a 29 anos, 30 a 34 anos, 35 a 39 anos, 40 a 44 anos, 45 a 49 anos, 50 a 54 anos, 55 a 59 anos, 60 a 64 anos, 65 a 69 anos, 70 a 74 anos, 75 a 79 anos, 80 a 84 anos, 85 a 89 anos, 90 a 94 anos, 95 a 99 anos, 100 anos e mais.

População (em %)

Fonte: IBGE. **Censo 2010**. Disponível em: <www.censo2010.ibge.gov.br>. Acesso em: mar. 2012.

Pense e responda

- Observe as pirâmides etárias do Brasil de 1980, 2000 e 2010. Quais são as principais diferenças entre elas? Por que ocorreram mudanças nas pirâmides ao longo dos anos?

Lembre

Com base nas informações obtidas nos censos, os órgãos governamentais e não governamentais podem analisar as condições de vida da população e propor ações para melhorá-las.

A população idosa

Japão: 2010

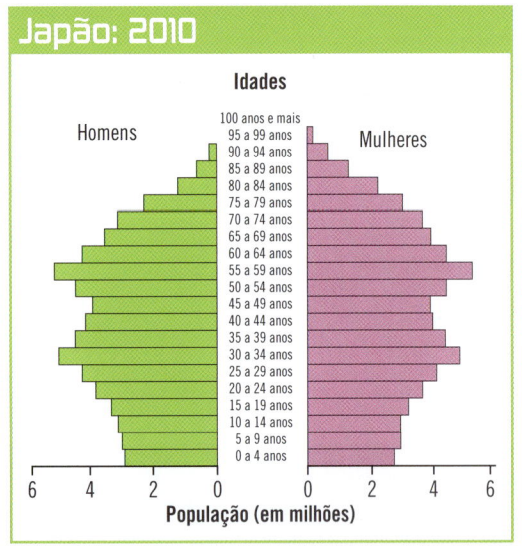

Pirâmide etária do Japão em 2010, com dados de população (em milhões) por faixas etárias de 0 a 4 anos até 100 anos e mais, separados entre Homens e Mulheres.

Fonte: NATIONAL Institute of Population and Social Security Research. Disponível em: <www.ipss.go.jp>. Acesso em: jan. 2014.

▲ Idoso de 78 anos trabalha em uma horta, na cidade de Kashiwa, Japão, 2012.

Mesmo com as rápidas transformações ocorridas no Brasil, a nossa pirâmide etária ainda se aproxima da forma triangular, com o topo muito mais estreito que o centro e a base. Nos países desenvolvidos, como o Japão, a tendência é que a base seja muito estreita, em razão da queda nas taxas de natalidade, e o topo relativamente largo, em consequência do aumento da expectativa de vida.

A população idosa no Brasil vem aumentando muito nas últimas décadas. Frequentemente, essa mudança é associada ao aumento da pressão sobre os serviços públicos, em especial os de saúde. No entanto, há outras implicações dessa transformação demográfica que também são significativas. Em vez de enfatizar as limitações do corpo ao envelhecer, podemos integrar a população de mais de 60 anos em diversas atividades nas quais a experiência de vida é essencial.

Idosa produzindo chocolate, São Paulo, SP, 2013. ▶

Nós

População idosa

1. Observe a pirâmide etária do Japão e compare-a com a do Brasil na mesma data. Que diferenças há entre elas?

2. Converse com seus colegas sobre a contribuição dos idosos em nossas atividades cotidianas.

3. Cite ações de política pública voltadas a idosos em seu município. O que pode melhorar?

📖 **A avó come muito queijo, é o que é!**
Manuela Leite e Gabriela Sotto Mayor. Porto: Trinta Por Uma Linha, 2011.
As autoras usam este livro como uma metáfora para tratar de forma poética a doença de Alzheimer, um mal que, segundo dados da Associação Brasileira de Alzheimer (ABRAz), aflige 15 milhões de pessoas em todo o mundo.

Atividades

Reveja

1 A distribuição da população brasileira no território é homogênea? Justifique.

2 Explique o que é IDH e como ele é calculado.

3 Por que as taxas de mortalidade infantil são utilizadas como indicadores socioeconômicos? Que outros indicadores você conhece?

4 Observe e compare as pirâmides etárias do Brasil de 1980, 2000 e 2010 (páginas 84 e 85). Em seguida responda:

a) Quais as principais diferenças entre as pirâmides de 1980 e 2010?

b) O que se observa com relação à expectativa de vida da população? O que esse dado nos revela?

Analise

5 Observe com atenção as pirâmides etárias a seguir.

- É possível identificar diferenças na estrutura da população desses países? E no desenvolvimento social de cada um? Justifique.

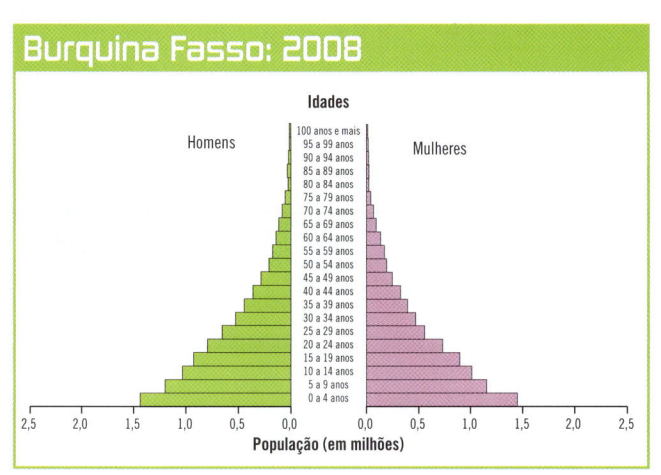

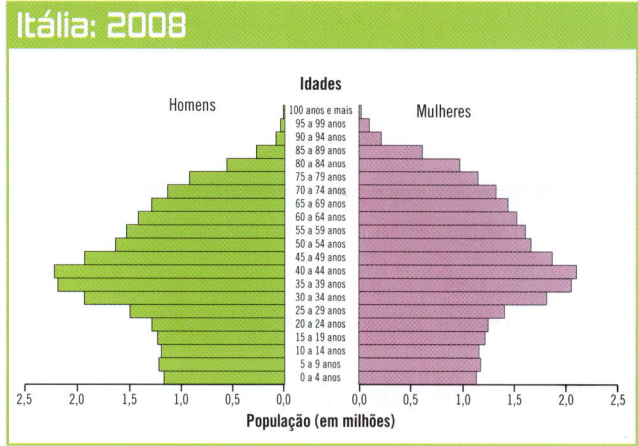

Burquina Fasso: 2008

Fonte: U.S. CENSUS BUREAU. **International Data Base**. Disponível em: <http://census.gov>. Acesso em: jan. 2014.

Itália: 2008

Fonte: U.S. CENSUS BUREAU. **International Data Base**. Disponível em: <http://census.gov>. Acesso em: jan. 2014.

Explique

6 Leia a manchete a seguir.

> O Programa das Nações Unidas para o Desenvolvimento (Pnud) divulgou [...] a renda *per capita* mensal das cidades brasileiras. A cidade de São Caetano (SP) lidera o *ranking*, com R$ 2.043,74 de renda *per capita* mensal. [...]
>
> Confira as cidades com as 10 maiores e 10 menores rendas do País. **Terra**, São Paulo, 29 jul. 2013. Disponível em: <http://economia.terra.com.br>. Acesso em: fev. 2014.

- A renda *per capita* reflete a realidade de vida da população brasileira? Explique.

Capítulo 2 — A distribuição espacial da população

Evolução da ocupação do território brasileiro

A ocupação pelos portugueses das terras que hoje compõem o Brasil seguiu os interesses econômicos daquela nação. Para compreender a distribuição da população brasileira pelo território, temos de entender como as áreas foram ocupadas historicamente.

As atividades econômicas desenvolvidas ao longo dos séculos XVI a XIX foram responsáveis pela posse portuguesa desse território ao longo do período colonial. Elas também explicam, em parte, a atual distribuição espacial da população pelo país.

▲ Desenho **Moagem de canas**, elaborado por José Joaquim Freire, em 1784.

América portuguesa no século XVI

Fonte: ALBUQUERQUE, Manoel Maurício de et al. **Atlas histórico escolar**. 7. ed. Brasília: Ministério da Educação e Cultura, 1977. p. 17.

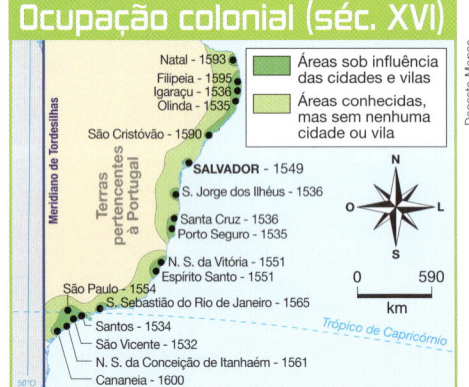

Fonte: ARRUDA, José Jobson de A. **Atlas histórico básico**. 17. ed. São Paulo: Ática, 2001. p. 36.

▲ Observando os mapas, percebemos que a ocupação portuguesa iniciou-se no litoral, especialmente na atual região Nordeste, em razão, principalmente, do cultivo da cana-de-açúcar. Esse cultivo se estabeleceu no litoral com base no sistema de *plantation*. Portanto, a exploração das terras coloniais ocorreu em grandes propriedades, com a utilização da mão de obra escrava e tendo o engenho como o centro da produção.

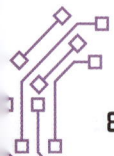

América portuguesa no século XVII

Economia no século XVII

- Área de ocorrência do pau-brasil
- Cana-de-açúcar
- Pecuária
- Mineração
- Drogas do sertão
- Limite atual do Brasil
- Cidades e vilas

Ocupação colonial (séc. XVII)

- Áreas sob influência das cidades e vilas
- Áreas conhecidas, mas sem nenhuma cidade ou vila

Fonte: ARRUDA, José Jobson de A. **Atlas histórico básico.** 17. ed. São Paulo: Ática, 2001. p. 38.

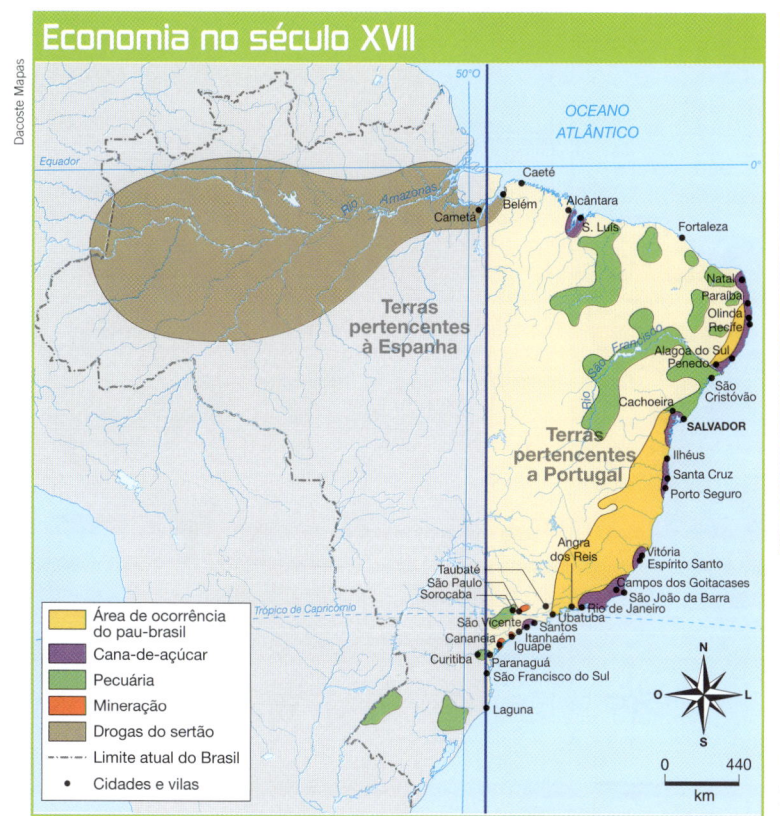

Fonte: ALBUQUERQUE, Manoel Maurício de et al. **Atlas histórico escolar.** 7. ed. Brasília: Ministério da Educação e Cultura, 1977. p. 23.

▲ No século XVII, a base econômica da colônia portuguesa ainda era a cana-de-açúcar, cultivada, principalmente, no Nordeste. A pecuária, atividade que teve início em torno dos engenhos, expandiu-se para o interior, seguindo o curso dos rios, exemplo do rio São Francisco, que ficou conhecido como o "rio dos currais". Algumas cidades da região tornaram-se centros de irradiação do comércio de subsistência.

▲ Olinda exerceu o papel de centro da vida política de Pernambuco por mais de dois séculos. Na imagem, folheto holandês elaborado em 1630.

América portuguesa no século XVIII

Economia no século XVIII

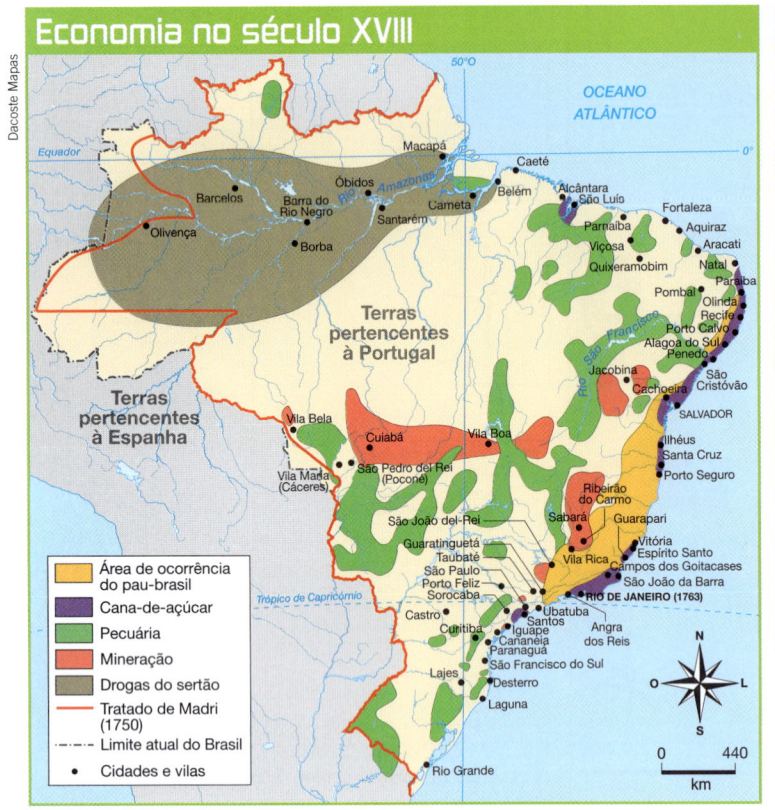

Legenda:
- Área de ocorrência do pau-brasil
- Cana-de-açúcar
- Pecuária
- Mineração
- Drogas do sertão
- Tratado de Madri (1750)
- Limite atual do Brasil
- Cidades e vilas

Fonte: ALBUQUERQUE, Manoel Maurício de et al. **Atlas histórico escolar.** 7. ed. Brasília: Ministério da Educação e Cultura, 1977. p. 27.

Ocupação colonial (séc. XVIII)

Legenda:
- Áreas sob influência das cidades e vilas
- Áreas conhecidas, mas sem nenhuma cidade ou vila
- Tratado de Madri (1750)
- Limite atual do Brasil

Fonte: ARRUDA, José Jobson de A. **Atlas histórico básico.** 17. ed. São Paulo: Ática, 2001. p. 4.

▲ No final do século XVII e no século XVIII, a ocupação do território expandiu-se para o interior, com a extração de ouro e diamante em Minas Gerais, que se tornou a mais importante atividade econômica da colônia. Essa atividade atraiu milhares de pessoas para a região. A extração das drogas do Sertão, na Amazônia, também levou à ocupação de vastas áreas, especialmente das margens de rios.

Drogas do Sertão: nome dado a especiarias, como o cacau, o cravo, o guaraná, a baunilha etc.

▲ Vista de São Luís, Maranhão, em 1665. Obra de arte elaborada por John Vingboons.

▲ Vila Rica, atual Ouro Preto, Minas Gerais, foi um importante centro urbano no século XVIII. Na imagem, Igreja de São Francisco de Assis, em 2013.

90

O Brasil do século XIX

O século XIX foi um período de muitas transformações nas paisagens brasileiras. Nessa época, a ocupação, apesar de esparsa, já atingia grande parte das regiões que hoje integram o país.

No final do século XVIII, o principal produtor de café nas Américas, o Haiti, enfrentou uma longa guerra pela independência com a França. Com isto, a plantação do café no Brasil ganhou impulso para aumentar a produção e atender ao mercado exterior, começando um novo ciclo econômico no país.

Menos de um século depois, o café passou a ser o principal produto de exportação brasileiro, levando milhares de pessoas – brasileiros e estrangeiros – a migrar para as principais regiões produtoras. O acúmulo de capital levou à modificação intensa das paisagens, principalmente no estado de São Paulo no século XX. Foram construídas ferrovias, novas cidades foram criadas e o desenvolvimento da indústria.

Sobre o mapa

Pela leitura dos mapas, é possível notar que o processo de ocupação do território brasileiro foi lento e desigual e as atividades econômicas foram determinantes na distribuição e concentração da população pelo território.

Economia brasileira no século XIX

Fonte: ALBUQUERQUE, Manoel Maurício de et al. **Atlas histórico escolar.** 7. ed. Brasília: Ministério da Educação e Cultura, 1977.

Ocupação do território (séc. XIX)

Fonte: ARRUDA, José Jobson de A. **Atlas histórico básico.** 17. ed. São Paulo: Ática, 2001.

O avanço do café em São Paulo

Fonte: ARRUDA, José Jobson de A. **Atlas histórico básico.** 17. ed. São Paulo: Ática, 2001.

O Brasil atual

Nos mapas que mostram o Produto Interno Bruto (PIB) e a urbanização do Brasil em 2010, é possível verificar a relação que se estabelece entre as atividades produtivas e a concentração da população hoje em dia.

Observe que, mesmo em estados como os das regiões Norte e Centro-Oeste, que apresentam baixa densidade populacional, há áreas com mais de 100 habitantes por km². As metrópoles ou cidades grandes situam-se nessas áreas.

Se compararmos os mapas de PIB e de urbanização, notaremos que há relação entre a localização das atividades produtivas e o número de habitantes por km².

Atualmente ocorre uma inversão: as atividades econômicas, como indústrias e serviços, dirigem-se para outras cidades do interior do Brasil e de forma desconcentrada. Isso significa que novos centros urbanos estão surgindo, principalmente em áreas de fronteira agrícola e de mineração, no Norte e no Centro-Oeste. Por isso, observamos que os estados dessas duas regiões possuem algumas áreas com alta densidade demográfica.

Desconcentrada: dispersa, distribuída.

Fronteira agrícola: áreas-limite de produção agrícola.

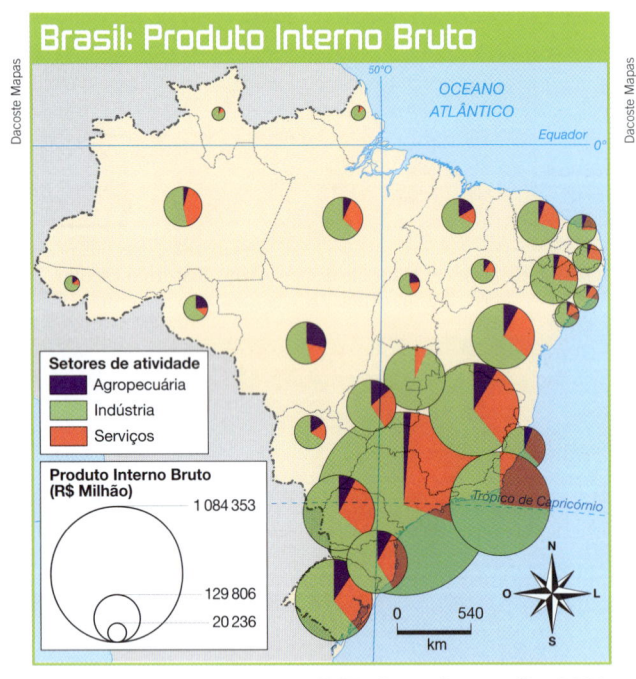

Fonte: IBGE. **Censo demográfico 2010.** Rio de Janeiro: IBGE, 2010.

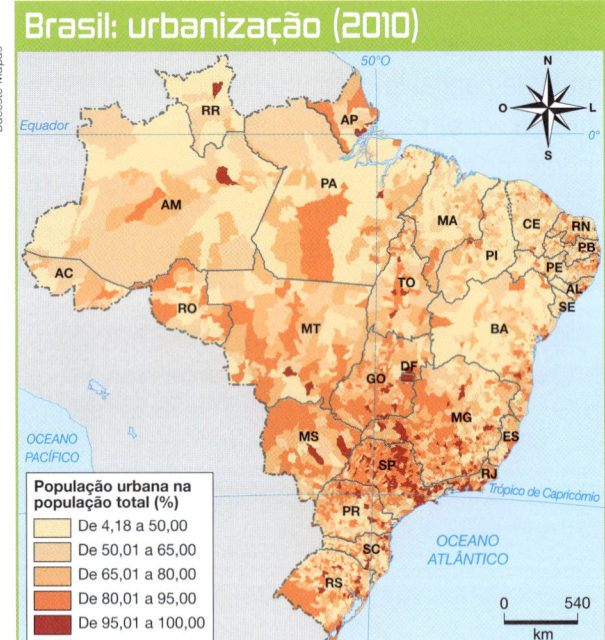

Fonte: Fonte: IBGE. **Censo demográfico 2010.** Rio de Janeiro: IBGE, 2010.

Pense e responda

- Retorne ao mapa de distribuição da população da página 78 e verifique a relação entre a geração de riqueza e a concentração da população. Veja se há relação entre a localização das metrópoles – em que os círculos são maiores – e a produção de riqueza e quantidade de população urbana.

População rural e urbana

Segundo dados do Censo 2010 (IBGE), na atualidade a maioria da população brasileira vive nas cidades. Nem sempre foi assim. Por muitos séculos, a população rural brasileira foi maior que a população urbana.

Essa mudança se deveu principalmente à industrialização, que estimulou o êxodo rural. As pessoas saíam do campo para a cidade em busca de empregos nas fábricas, fugindo das dificuldades de aquisição de terras e da falta de emprego no campo. A mecanização crescente da agricultura, ou seja, o uso de máquinas agrícolas, a partir da década de 1980, reduziu a necessidade de mão de obra rural. Sem trabalho no campo, um grande número de trabalhadores mudou-se para os centros urbanos em busca de meios de sobrevivência.

> **Êxodo:** saída.
> **Êxodo rural:** migração da população do campo para a cidade.

O gráfico ao lado mostra a porcentagem da população urbana e rural do Brasil de 1950 a 2010. Observe.

Na segunda metade do século XX, a população urbana ultrapassou, pela primeira vez, a população rural no Brasil. O crescimento populacional das cidades pode ser verificado década a década.

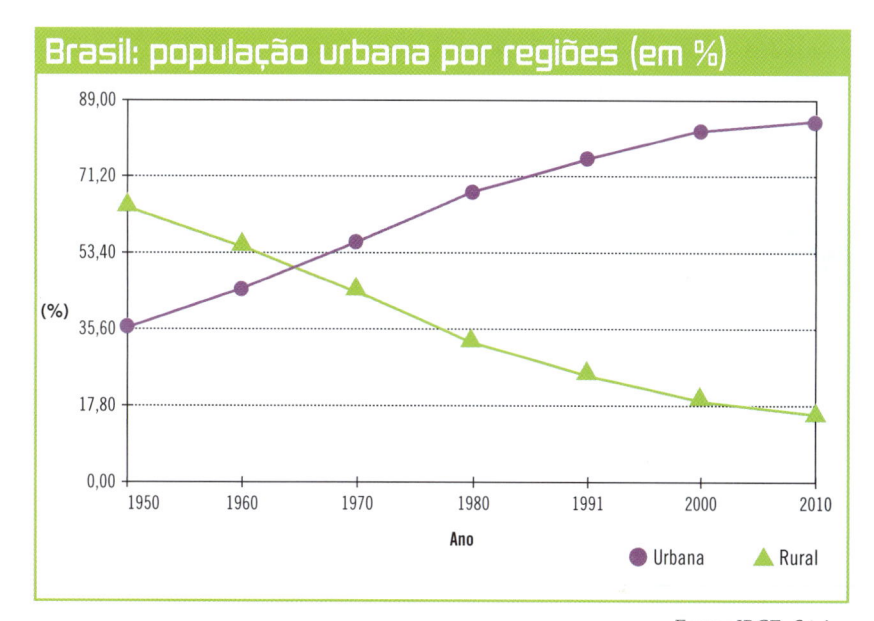

Brasil: população urbana por regiões (em %)

Fonte: IBGE. **Séries estatísticas**. Disponível em: <http://seriesestatisticas.ibge.gov.br>. Acesso em: fev. 2014.

◀ O principal fluxo de migração interna no século XX foi de nordestinos para São Paulo e Rio de Janeiro. Grande parte desses migrantes saiu de áreas rurais rumo às cidades do Sudeste. Na fotografia, migrantes provenientes de diversas partes da região Nordeste chegando a São Paulo, em 1974.

Geografia e políticas públicas

Descentralização do povoamento

Várias ações do Governo Federal procuraram distribuir melhor a população pelo território e, assim, desviar o fluxo de pessoas para outras cidades.

Uma dessas ações foi a transferência da capital do Brasil do Rio de Janeiro para Brasília, na década de 1960. Essa transferência fazia parte de uma política de desenvolvimento econômico e de expansão das fronteiras agrícolas. Assim, a criação de novas estradas significou o crescimento de cidades e das atividades econômicas no Centro-Oeste, o que gerou empregos e atraiu grande número de pessoas.

▲ Obras da construção da Rodovia Belém-Brasília (BR-010), em trecho próximo à cidade de Belém (PA), em 1959.

Fórum

Observe os mapas a seguir, que trazem dados sobre a agropecuária e a indústria no Brasil.

Brasil: ocupação da terra pela agropecuária (2006)

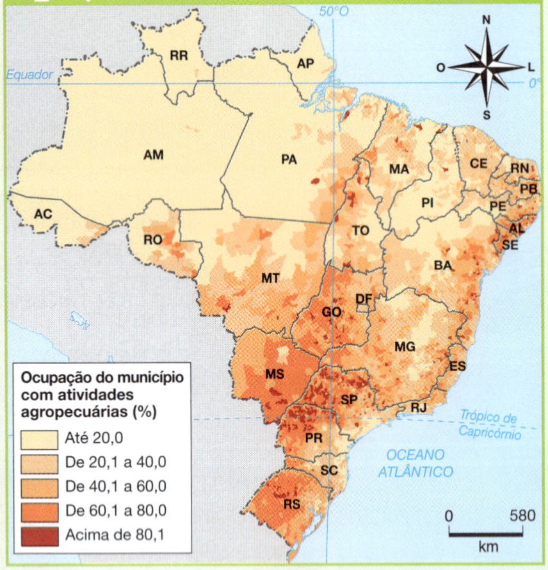

Ocupação do município com atividades agropecuárias (%)
- Até 20,0
- De 20,1 a 40,0
- De 40,1 a 60,0
- De 60,1 a 80,0
- Acima de 80,1

Fonte: IBGE. **Atlas geográfico escolar**. 6. ed. Rio de Janeiro: IBGE, 2012. p. 126.

Brasil: distribuição espacial da indústria (2009)

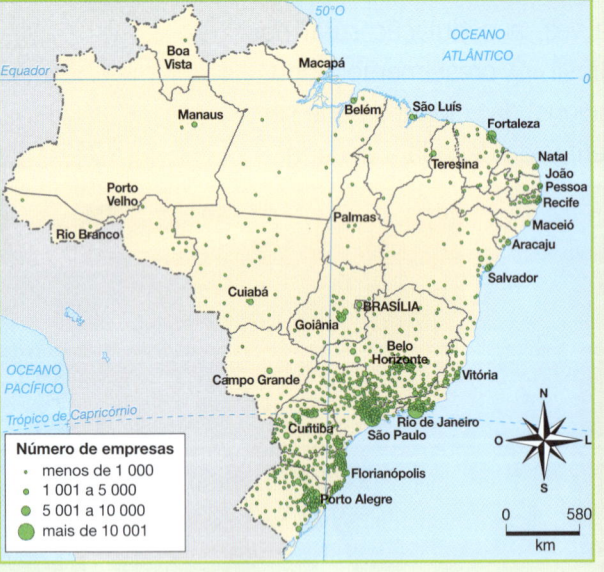

Número de empresas
- menos de 1 000
- 1 001 a 5 000
- 5 001 a 10 000
- mais de 10 001

Fonte: IBGE. **Atlas geográfico escolar**. 6. ed. Rio de Janeiro: IBGE, 2012. p. 136.

1 Reúna-se com os colegas, comparem esses mapas com o mapa da página 78, e respondam.

   a) As áreas de maior densidade demográfica e as concentrações industriais e agrícolas coincidem? Exemplifique.

   b) O que isso indica a respeito de nosso país?

Atividades

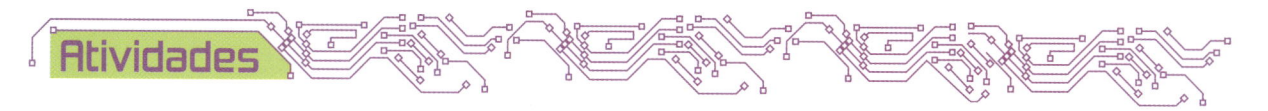

Reveja

1 Historicamente, como se deu a ocupação do território brasileiro?

2 Justifique a frase: "o processo de urbanização intensificou a ocupação de determinadas áreas do território brasileiro".

3 Que fator provocou a mudança do Brasil de um país rural para um país urbano?

4 Por que o governo transferiu a capital do país do Rio de Janeiro para Brasília?

Analise

5 Observe o mapa a seguir e responda.

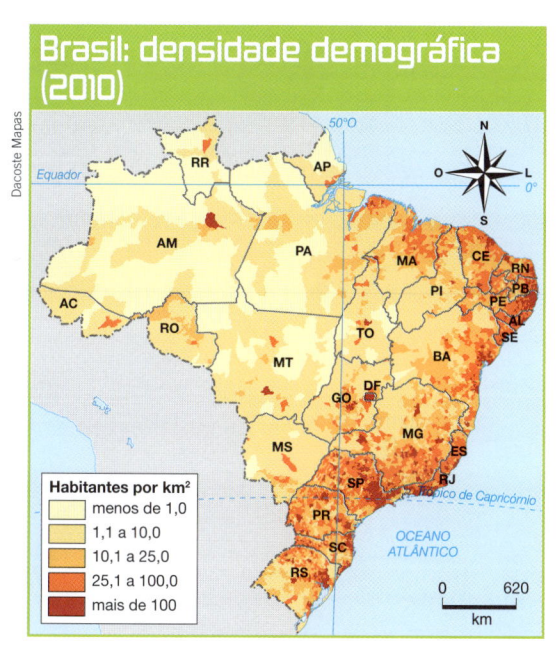

Brasil: densidade demográfica (2010)

Habitantes por km²
- menos de 1,0
- 1,1 a 10,0
- 10,1 a 25,0
- 25,1 a 100,0
- mais de 100

Fonte: CENSO Demográfico 2010. **Sinopse do Censo e Resultados Preliminares do Universo**. Rio de Janeiro: IBGE, 2011.

a) O objetivo do governo em redistribuir a população no interior do país foi cumprido?

b) Quais regiões precisariam atrair pessoas para que a população de fato estivesse mais bem distribuída?

Explique

6 Leia o texto a seguir e responda às questões.

> Até a eclosão da 1ª Grande Guerra, em 1914, o Brasil viveu acomodado à condição de exportador agrícola, sobretudo de café. [...] Houve tempos nos quais a renda do café suportou praticamente todos os investimentos de São Paulo, a ponto de as taxas incidentes sobre o produto dispensarem qualquer imposto estadual.
>
> A indústria, ainda incipiente, desenvolvia-se lentamente à sombra dos recursos que brotavam dos cafezais. Pode-se ter, então, uma boa ideia do que significou a brusca retração do mercado do café, repentinamente levado à categoria de supérfluo nos anos de 1915 a 1918.
>
> É justamente nesse período que alguns autores – historiadores e economistas – pensam ter detectado um vigoroso crescimento industrial, num movimento rápido de substituição de importações escassas mais imprescindíveis, como as das máquinas agrícolas e industriais, os combustíveis, os produtos químicos e outros artigos necessários à produção nacional de bens.
>
> MANERA, Roberto. São Paulo: 110 anos de industrialização. **ISTOÉ Senhor**, São Paulo, 1990. p. 28.

a) Como era a economia brasileira até o início do século XX? Observe novamente os mapas das páginas 88 a 91 para justificar sua resposta.

b) De acordo com o texto, que grande transformação ocorreu na economia brasileira a partir do século XX? Qual a relação entre essa nova atividade econômica e a produção cafeeira?

Cartografia

Variável visual: tamanho

Como mencionamos anteriormente, para cada tipo de fenômeno a ser representado em um mapa, existe uma variável visual adequada. Por exemplo, para representar a população absoluta das regiões brasileiras em um mapa, devemos escolher uma variável visual que reflita essas quantidades, portanto devemos optar pela variável visual tamanho. Nesse caso, o tamanho do símbolo deve variar conforme a quantidade de pessoas que vivem na região. Observe o mapa da **população por regiões**, em 2010.

Os mapas com círculos proporcionais revelam de imediato a relação entre as quantidades. No mapa da população por regiões, podemos observar à primeira vista, as regiões com mais ou com menos pessoas.

Na representação da população absoluta por círculos proporcionais, podemos acrescentar outras informações complementares sobre a população brasileira. Observe o mapa da **população rural e urbana**.

Nele, os círculos proporcionais revelam as regiões com mais e menos pessoas, assim como a proporção entre a população rural e a urbana.

Fonte dos mapas: IBGE. **Censo demográfico 2010**. Rio de Janeiro: IBGE, 2010.

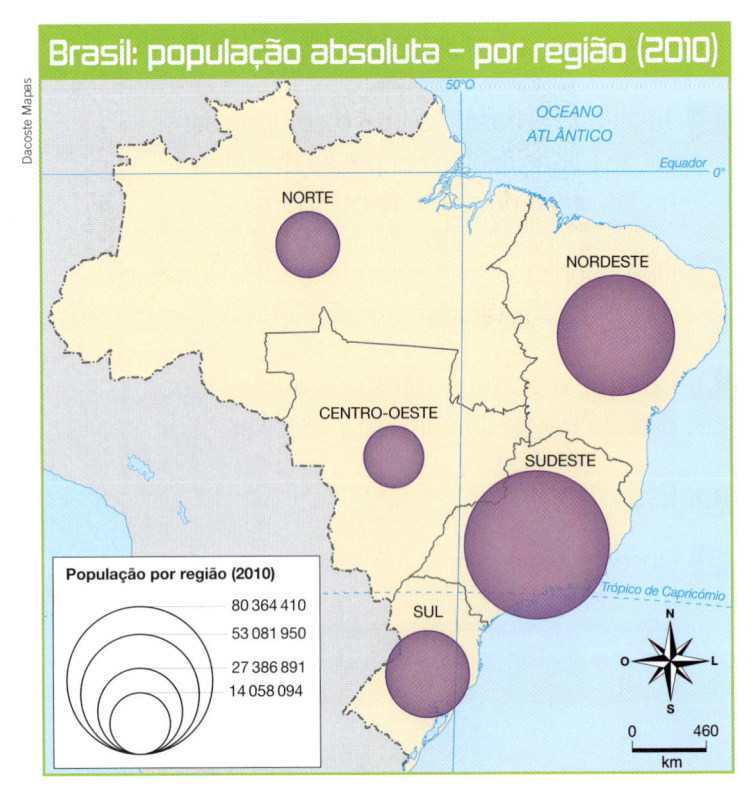

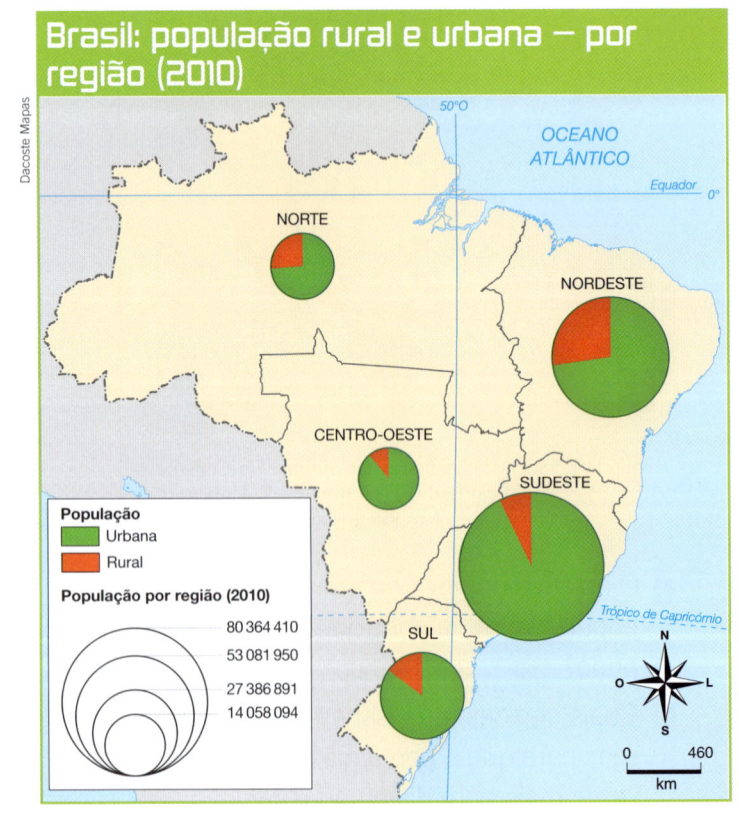

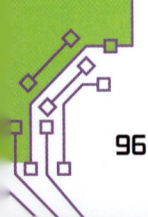

Brasil: população absoluta – por região (2010)

População por região (2010)
- 80 364 410
- 53 081 950
- 27 386 891
- 14 058 094

Brasil: população rural e urbana – por região (2010)

População
- Urbana
- Rural

População por região (2010)
- 80 364 410
- 53 081 950
- 27 386 891
- 14 058 094

1 Analise os mapas da página anterior e responda:

a) Qual região apresenta maior população absoluta? E a menor?

b) Qual região apresenta maior população urbana? E a maior população rural?

c) Qual variável visual foi usada nos círculos do segundo mapa para diferenciar a população urbana da rural?

2 Com base na tabela abaixo, elabore um mapa da população brasileira por cor ou raça. Para isso, utilize como base o mapa **Brasil: população absoluta**, da página anterior. Sobre os círculos proporcionais de cada região, represente as porcentagens da tabela, como no mapa **Brasil: população rural e urbana**, da página anterior.

Região	Porcentagem da população por cor ou raça – % (2010)				
	Branca	Preta	Amarela	Parda	Indígena
Norte	23	7	1	67	2
Nordeste	29	10	1	60	*
Sudeste	55	8	1	36	*
Sul	79	4	*	17	*
Centro-Oeste	42	7	1	49	1

* valores inferiores a 1%.

Fonte: IBGE. **Censo demográfico 2010**. Rio de Janeiro: IBGE, 2010.

- Para realizar a atividade, você vai precisar de régua e transferidor. Comece calculando, por região, os graus a que correspondem cada uma das porcentagens. Faça o cálculo utilizando a regra de três. Por exemplo, uma vez que 100% equivalem a 360° do círculo, os 67% de pardos da população, na Região Norte, correspondem a 241° do círculo dessa região.

$$360 \diagdown 100$$
$$x \diagup 67 \quad x = 241$$

- Faça o mesmo procedimento para as demais populações por raça e cor, de cada região. Depois, trace os graus correspondentes a cada porcentagem no círculo. Lembre-se de utilizar o transferidor no centro da circunferência.

3 Com base no mapa que você construiu, responda.

a) Qual região concentra maior porcentagem de população parda?

b) Qual região concentra maior porcentagem de população negra?

c) A região com maior porcentagem de população negra é a mesma que apresenta o maior contingente populacional dessa cor ou raça?

Aldeia global

O que pirâmide etária tem a ver com IDH?

Nesta unidade você estudou as pirâmides etárias e o IDH. Nesta seção, você descobrirá o que esses indicadores combinados podem nos dizer.

Alemanha

Observe a pirâmide etária da Alemanha. Ela mostra como a população está estruturada em relação às faixas etárias. Note que a maioria da população tem entre 45 e 54 anos. Veja também que esse gráfico não mostra a forma de uma pirâmide, ou melhor, de um triângulo (que é uma das faces da pirâmide): o formato dele é mais ou menos essa figura mostrada acima.

Alemanha (2013)

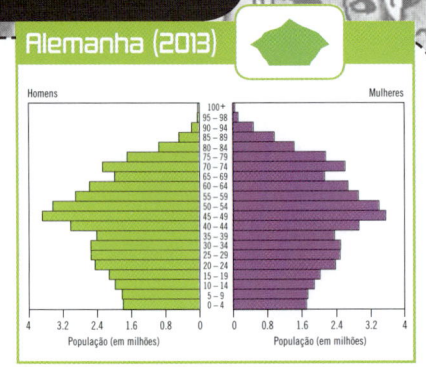

Fonte: UNITED STATES CENSUS BUREAU.

Japão

A pirâmide do Japão é parecida com a da Alemanha. Esses dois países têm desenvolvimento humano muito alto. Nesse país asiático, a faixa etária que mais se destaca é a que se encontra entre 60 e 69 anos.

O formato deste gráfico também não se parece muito com um triângulo. Observe a figura mostrada acima.

Japão (2013)

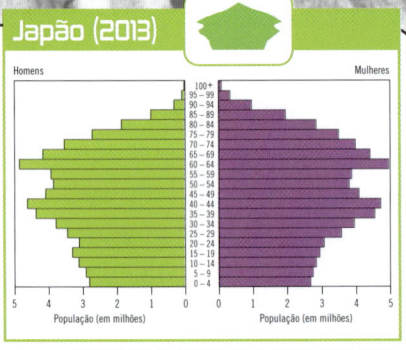

Fonte: UNITED STATES CENSUS BUREAU.

Gana

Já Gana, país de desenvolvimento humano médio a baixo apresenta uma configuração um pouco diferente.

Veja que a faixa etária mais numerosa deste país é entre 0 e 9 anos. Isso indica que há um grande número de bebês e crianças em relação aos adultos e idosos – completamente diferente da Alemanha e Japão, que os idosos são a maioria da população. Veja como é o formato do gráfico de Gana: um triângulo "magro".

Gana (2013)

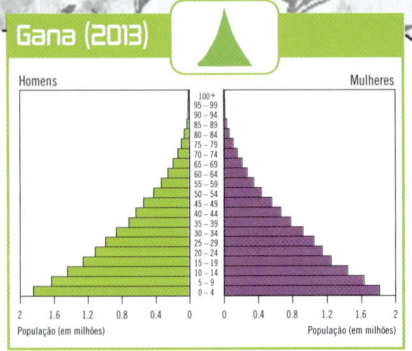

Fonte: UNITED STATES CENSUS BUREAU.

Argentina

O gráfico da Argentina, apesar de ter um formato triangular ("gordo"), mostra que a faixa etária de 0 a 9 anos não é tão maior do que a de 25 a 34 anos, de modo que podemos dizer que a faixa de maior destaque é ampla: de 0 a 34 anos.

Note que se trata de um país com desenvolvimento humano mais próximo ao da Alemanha e do Japão.

Fonte: UNITED STATES CENSUS BUREAU.

O IDH e a estrutura etária

Veja o gráfico do IDH de alguns países. A faixa verde, onde estão os dados da Alemanha e do Japão, corresponde ao IDH muito alto. A Argentina fica no limite dessa faixa. O Brasil fica no limite entre o IDH alto e o médio. Gana fica no limite entre o IDH médio e o baixo.

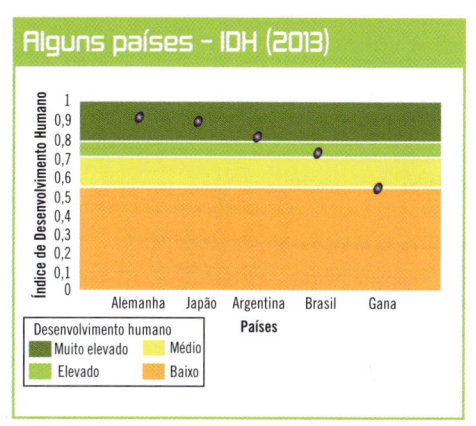

Fonte: Pnud. Relatório do Desenvolvimento Humano 2013. **A Ascensão do Sul**: Progresso Humano num Mundo Diversificado. Tabela 1.

Sobre o texto

1 Como é a faixa etária de 80 a 84 anos comparada à de 0 a 4 anos nos seguintes países:

a) Alemanha?

b) Japão?

c) Gana?

d) Argentina?

2 Compare os dados que você levantou acima com o gráfico do IDH desses países. Que inferências é possível fazer da relação entre a qualidade de vida do idoso e o Índice de Desenvolvimento Humano?

3 Agora, analise a pirâmide etária do Brasil em 2013. Com uma folha de papel transparente, trace o contorno no gráfico para descobrir o formato dele. Cole a figura feita em seu caderno e descreva a estrutura etária do Brasil em comparação à dos demais países mostrados nesta seção.

Fonte: UNITED STATES CENSUS BUREAU. **International Data Base**. Disponível em <www.census.gov>. Acesso em: jul. 2014.

Pensar, fazer, compartilhar

Brasil, mostra a sua cara!

O Brasil está em alta no cenário mundial. A Copa do Mundo de Futebol 2014 e as Olimpíadas chamaram a atenção do mundo para o país. Esses eventos atraem muitos turistas, e a maior parte deles não viria para cá sem os atrativos esportivos. Não que o país não possua seus próprios encantos, mas a verdade é que nossas qualidades são pouco divulgadas no exterior.

Os estrangeiros podem até não saber muito sobre o Brasil, mas, com certeza, já ouviram nossa música. Que tal usarmos a música para divulgar o país?

O que você vai fazer

1ª parte:

A música é uma das formas mais comuns de manifestação da arte e da cultura de um lugar. Veja trecho de duas músicas brasileiras a seguir.

> Ah! abre a cortina do passado
> Tira a mãe preta do cerrado
> Bota o rei congo no congado
> Brasil! Pra mim!
>
> BARROSO, Ary. Aquarela do Brasil. In: COSTA, Gal. **Aquarela do Brasil**. São Paulo. Universal Music, 1980.

▲ Gal Costa.

> Moro num país tropical, abençoado por Deus
> E bonito por natureza, mas que beleza
> Em fevereiro
> Tem carnaval
>
> JOR, Jorge Ben. País Tropical. In: **País Tropical**. São Paulo. Universal Music, 2006.

▲ Jorge Ben.

- Quais características do Brasil são divulgadas nesses trechos?
- Qual característica do clima do país é apresentado nos trechos acima?
- Há alguma menção sobre os tipos de vegetação do Brasil? Qual?

- Com relação à história do Brasil, há algum traço dos povos que formaram a população do nosso país nesses trechos? Qual?

Você percebe que, mesmo em pequenos trechos de músicas, podemos conhecer bastante sobre o país? Pesquise e descubra o que mais é cantado pelo mundo afora sobre o Brasil. Para isso, use a internet, livros e revistas. Selecione diferentes músicas a respeito do Brasil e destaque em cada uma quais características podemos identificar do país.

2ª parte:

As músicas encontradas são bem diferentes uma das outras, porém apresentam algumas características comuns: todas possuem ritmo, melodia e harmonia. Essa é a combinação que faz com que uma música tenha sucesso e seja gostosa de ser escutada.

Agora que você já está mais familiarizado com a música, chegou a sua vez de cantar o Brasil! Em grupos, selecionem quais aspectos do país seria interessante divulgar para o mundo para que as pessoas conhecessem melhor a nossa realidade.

Depois escolham um ritmo musical e escrevam a letra de uma música contemplando todos os aspectos selecionados. Sua música deverá falar sobre a natureza, a população e a história do Brasil. Além do ritmo, não se esqueçam da melodia e da harmonia!

Ensaiem com os seus colegas e, no dia escolhido pelo professor, apresentem a sua música para o restante da sala. Para enriquecer a apresentação, vocês poderão fazer uso de outra arte: a dança.

Avaliação

Reflita e responda:

- Você considera que a música é um bom meio de divulgar nosso país?
- Por meio da pesquisa e da identificação das características do Brasil, você conseguiu aprender coisas novas? O quê?
- Quais foram as maiores dificuldades encontradas na elaboração da letra da música apresentada pelo seu grupo?
- Que outras ferramentas poderiam ser usadas para a divulgação do nosso país no cenário mundial?

unidade 5

Nesta unidade
- Migrações externas.
- Migrações internas.

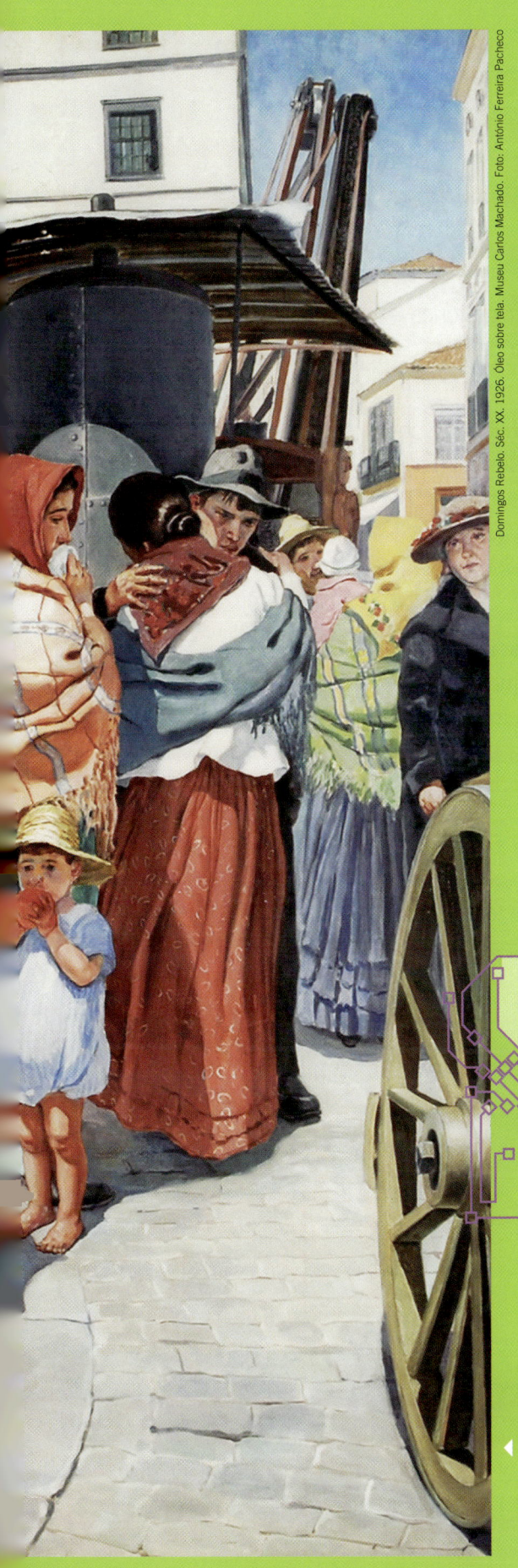

Migrações

Em todo o mundo, as pessoas se deslocam: mudam de cidades, estados e até mesmo de países. Grande parcela delas parte de seus lugares de origem em busca de uma nova perspectiva e de melhores condições de vida, às vezes fugindo de guerras, de conflitos político-sociais, da fome, de fenômenos naturais intensos ou à procura de emprego.

1 Que elementos presentes na obra de Domingos Rebelo mostram que as pessoas retratadas estão de partida?

2 Na sua opinião, por que essas pessoas saem de seus países, deixam seus familiares e amigos para ir a um outro lugar que não conhecem? O que elas buscam?

3 Pergunte a seus pais, avós e a pessoas mais velhas de seu convívio se elas já precisaram mudar dos seus lugares de origem e por quais motivos.

@ **mais**

No infográfico **República imigrante do Brasil**, disponível em <http://ftd.li/rfg5zo> (acesso em: fev. 2014), podemos verificar os países de onde provieram emigrantes para o Brasil. Clicando na linha do tempo, é possível saber as motivações desse contingente de pessoas.
1. Quais foram os povos que mais chegaram ao Brasil entre os anos de 2000 e 2011?
2. Nos últimos anos, temos visto uma significativa imigração boliviana. Acesse a guia **Documentário**, assista ao depoimento e escreva o que levou as pessoas a saírem de seus países.
3. Acesse a guia **Dados gerais**, que mostra o gráfico das imigrações para o Brasil desde o ano de 1890, e constate qual foi o país que teve o maior número de emigrantes para o Brasil até hoje.

Domingos Rebelo. Séc. XX. 1926. Óleo sobre tela. Museu Carlos Machado. Foto: António Ferreira Pacheco

◀ O arquipélago de Açores, em Portugal, assistiu, ao longo de muitos anos e em vários momentos de sua história, à partida de diversos moradores, à procura de melhores condições de vida. Isso inspirou muitos artistas portugueses a retratarem o fato, entre eles Domingos Rebelo, que pintou o quadro **Os emigrantes**, em 1926.

103

Capítulo 1 — As migrações internacionais

Os deslocamentos populacionais – ou movimentos migratórios – não são fatos recentes: ocorrem desde o aparecimento da espécie humana na Terra.

Nas últimas décadas, verificam-se significativos fluxos de população partindo de países subdesenvolvidos para países com alto desenvolvimento, ou seja, o fenômeno das migrações internacionais se intensificou.

O significado de emigração

A classificação de um país como "de emigração" ou "de imigração" costuma se associar a um diagnóstico que, por simplista que seja, possui grande força: o de que as nações receptoras de imigrantes teriam atrativos derivados da qualidade de vida disponível à sua população, enquanto as terras "expulsoras" de imigrantes apresentariam graves problemas de ordem social, política e econômica.

PÓVOA NETO, Helion. A imagem da imprensa sobre a emigração brasileira. **Estudos avançados**, São Paulo, v. 50, n. 57, 2006. Dossiê Migrações.

Pense e responda

1. Que países e regiões mais atraem migrantes?
2. Que regiões apresentam forte movimento de emigrantes?
3. O texto ao lado afirma que "as nações receptoras de imigrantes teriam atrativos derivados da qualidade de vida disponível à sua população". Identifique no mapa exemplos de países que comprovem essa afirmação e exemplos que a neguem.

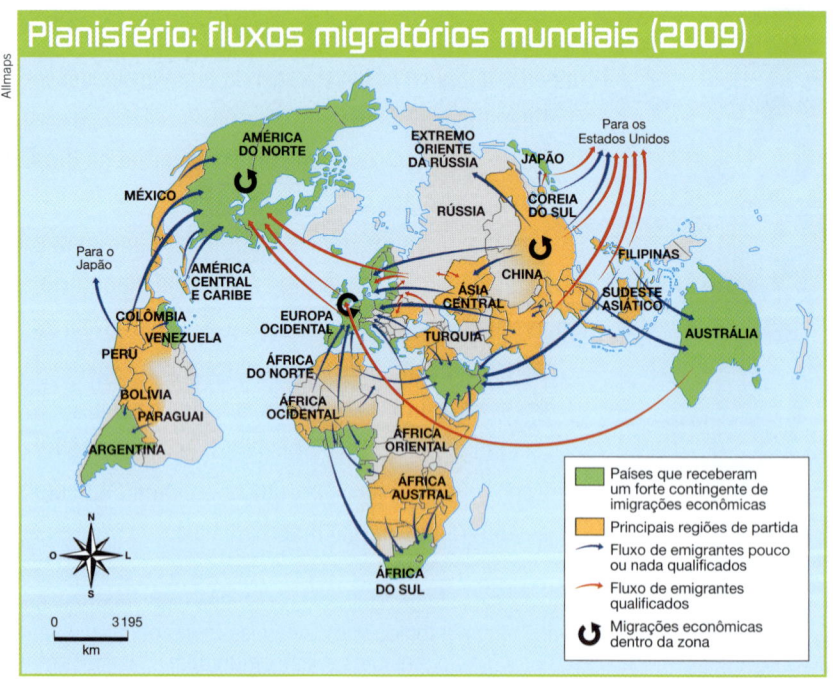

Planisfério: fluxos migratórios mundiais (2009)

Fonte: LE MONDE DIPLOMATIQUE. **El atlas III**: un mundo al revés: de la hegemonía occidental al policentrismo. Buenos Aires: Capital Intelectual, 2009. p. 17.

Tome nota

Migração é a mudança de pessoas de um lugar para o outro. No país de onde uma pessoa sai, ela é considerada uma **e**migrante, pois praticou a **e**migração. No país que recebe essa pessoa, ela é considerada uma **i**migrante, pois praticou a **i**migração.

As imigrações para o Brasil

Ao longo de sua história, o Brasil recebeu um contingente muito grande de pessoas de outros países – os imigrantes. Os hábitos, costumes e outros elementos da cultura desses grupos podem ser percebidos de diversas maneiras nas paisagens brasileiras.

Especialmente a partir da metade do século XIX até as primeiras décadas do século XX, os migrantes foram atraídos para o Brasil para trabalhar como lavradores, operários, comerciantes e artesãos. A forma como viviam veio somar-se à dos povos que já se encontravam no Brasil, como os índios, e resultou em uma identidade nacional com características multiculturais.

Contingente: número, porção, quantidade.

▲ Primeira sinagoga do Brasil, fundada no século XVII. Recife (PE), 2013.

▲ Exemplo de arquitetura trazida pelos alemães. Casa enxaimel, em Blumenau (SC), 2011.

▲ Os serviços e comércios foram adaptados às necessidades das comunidades orientais que se concentraram no bairro da Liberdade, em São Paulo (SP), 2014.

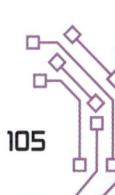

Rede do tempo

De acordo com o antropólogo Darcy Ribeiro, o número de imigrantes que chegou ao Brasil entre 1851 e 1960 é de cerca de 4,5 milhões de pessoas. Veja o gráfico.

Os principais fluxos de imigração para o Brasil

Contingente imigratório no Brasil: principais nacionalidades 1851-1960 (em milhares)

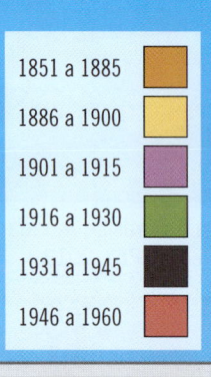

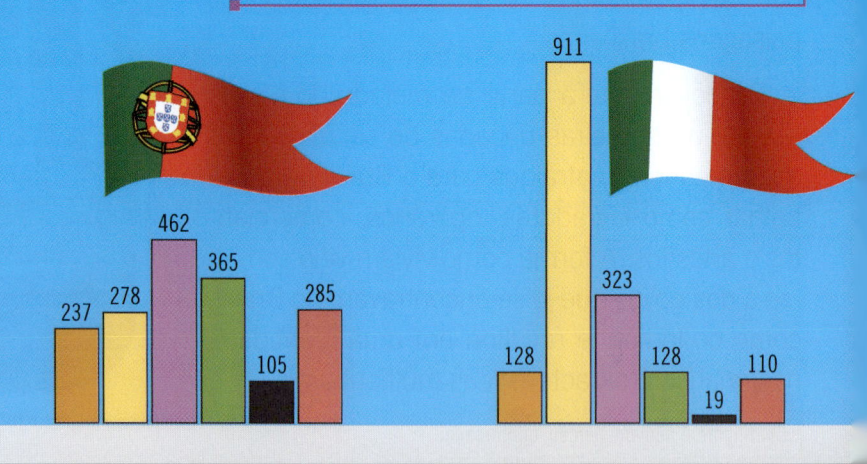

- 1851 a 1885
- 1886 a 1900
- 1901 a 1915
- 1916 a 1930
- 1931 a 1945
- 1946 a 1960

Portugueses: 237 | 278 | 462 | 365 | 105 | 285

Italianos: 128 | 911 | 323 | 128 | 19 | 110

Fonte: RIBEIRO, Darcy. **O povo brasileiro**: a formação e o sentido do Brasil. São Paulo: Companhia das Letras, 1995.

Pense e responda

- Com base na análise dos fluxos migratórios para o Brasil apresentados no infográfico, podemos afirmar que geralmente as pessoas migram em busca de uma melhoria de vida? Exemplifique com as motivações, ao longo do tempo, alguns povos que resolveram mudar de país.

As companhias colonizadoras e o governo brasileiro (final do séc. XIX-início do séc. XX) incentivaram a imigração para o Brasil. As companhias elaboravam propagandas que mostravam o Brasil como o país das oportunidades, onde era fácil adquirir terras férteis e melhorar a qualidade de vida.

▲ Bar e charutaria de imigrantes portugueses em São Paulo (SP), 1928. Memorial do Imigrante, São Paulo.

▲ Núcleo italiano em Araraquara (SP), 1911. Museu da Cidade, São Paulo.

Os portugueses

Os portugueses que chegaram ao país após a independência se estabeleceram sobretudo nas cidades, dedicando-se principalmente aos trabalhos urbanos. Parte deles também se dedicou ao trabalho agrícola, mas em número menor que o de italianos, espanhóis, japoneses e alemães.

Os italianos

A grande maioria dos imigrantes italianos se estabeleceu nas fazendas de café de São Paulo para trabalhar nas lavouras de 1872 a 1972. Com o fim do ciclo cafeeiro, esses imigrantes tornaram-se a principal mão de obra nas novas fábricas. Por terem atuado como operários ou donos das indústrias paulistas, tiveram grande importância no processo de industrialização.

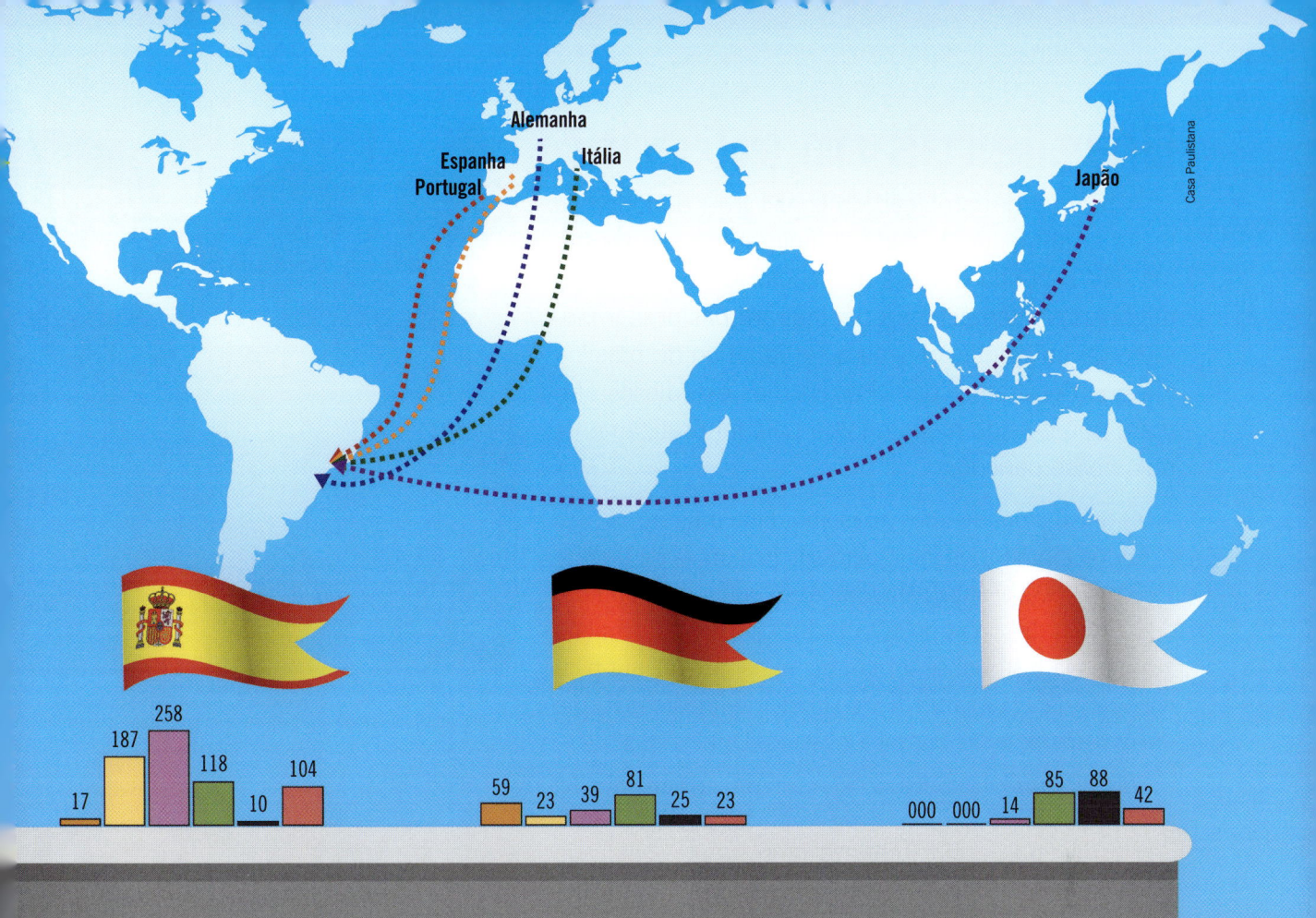

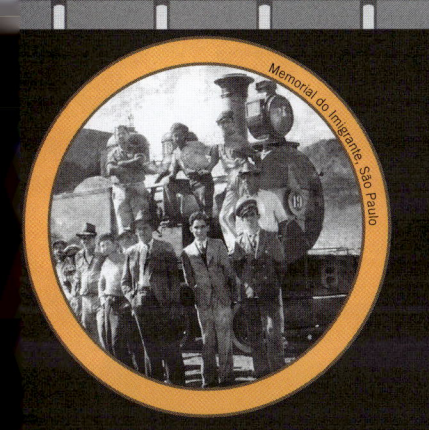

Ferroviários espanhóis em Sorocaba (SP), 1930.

Imigrantes alemães, em 1929, antepassados dos habitantes atuais da colônia Witmarsum, no Paraná.

Japoneses na colheita de algodão em fazenda paulista, c. 1940.

Os espanhóis

Os espanhóis se estabeleceram principalmente nas áreas rurais, como trabalhadores nas grandes fazendas ou como pequenos proprietários. Alguns se estabeleceram nas cidades, em especial nas pequenas, do interior. Realizavam atividades artesanais, *manufatureiras* (nas fábricas), comerciais e ferroviárias.

Os alemães

Os alemães começaram a chegar ao Brasil no início do século XIX, estabelecendo-se primeiramente em colônias no Espírito Santo e no Rio de Janeiro. No final desse século e início do XX, chegaram em grandes grupos, que se dirigiram principalmente para os estados do sul do país. As dificuldades econômicas e políticas na Alemanha foram os principais motivos para sua vinda ao Brasil.

Os japoneses

Os japoneses começaram a chegar ao Brasil em 1908. A vinda desses imigrantes foi motivada por interesses brasileiros e nipônicos: o Brasil precisava de mão de obra para as lavouras de café, e o Japão buscava na emigração uma solução para as tensões sociais do país, causadas por seu alto índice demográfico. No Brasil, muitos imigrantes japoneses formaram colônias e participaram ativamente da Marcha para o Oeste, que ocupou o oeste de São Paulo e o norte do Paraná.

107

Brasileiros no exterior

A história da formação do Brasil teve períodos de maior e de menor chegada de imigrantes a essas terras. Na segunda metade do século XX, esses fluxos migratórios internacionais diminuíram bastante: o número de imigrantes chegou a ser igual ao de brasileiros que deixaram o país. Por isso, os estudiosos afirmam que o saldo migratório do país foi praticamente nulo nesse período.

O Brasil, após 40 anos de estabilidade migratória (isto é, saldos migratórios internacionais próximos de 0 entre 1940 e 1980), avança para uma nova etapa da mobilidade espacial de sua população [...]. O país, pela primeira vez em sua história, se torna uma região expulsora para regiões bastante distantes de suas fronteiras imediatas (como são os casos de Japão, Espanha e Estados Unidos) [...].

BRASIL. Ministério do Trabalho e Emprego. **Perfil migratório do Brasil 2009**. Brasília, DF, 2010. p. 34.

▲ A partir do fim do século XX, a Europa se tornou um polo receptor de imigrantes brasileiros. Na imagem, roda de capoeira, em Estrasburgo, França, 2013.

Na década de 1980, houve uma grande saída de pessoas do Brasil em direção, principalmente, aos Estados Unidos, ao Japão e a alguns países europeus. As estimativas de emigração de brasileiros para outros países indicam que cerca de 2,3 milhões de brasileiros deixaram o país nas décadas de 1980 e 1990 (cerca de 80% na década de 1980).

Países com maior número de residentes brasileiros no mundo (estimativa de 2008)	
País	Número de brasileiros residentes
Estados Unidos	1 240 000
Paraguai	487 517
Japão	310 000
Reino Unido	150 000
Portugal	147 500
Itália	132 000
Espanha	110 000

Fonte: BRASIL. Ministério do Trabalho e Emprego. **Perfil migratório do Brasil 2009**. Brasília, DF, 2010. p. 39.

▲ A maioria dos brasileiros residentes no Japão é de origem japonesa. Eles fizeram o sentido inverso do trajeto de seus pais, avós ou bisavós, que deixaram o Japão para se estabelecer no Brasil na primeira metade do século XX. Na imagem, brasileiros em Naha, Okinawa, no Japão, em 2011.

Em 2008, o governo brasileiro estimava que pouco mais de 3 milhões de brasileiros viviam no exterior, um número muito superior ao de estrangeiros que se estabeleceram no Brasil nas três últimas décadas. Se a saída de brasileiros seguisse nesse ritmo, poderíamos nos tornar um país de emigração. No entanto, há uma tendência de retorno de emigrantes brasileiros ao país, como veremos a seguir.

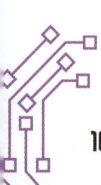

Novos fluxos de imigração para o Brasil

No censo de 2010, foram contabilizadas pouco menos de 600 mil pessoas de origem estrangeira vivendo no Brasil. A população de origem estrangeira corresponde, portanto, a cerca de 0,3% da população do país. Ainda recebemos muitos imigrantes europeus, mas atualmente os fluxos migratórios de países sul-americanos e orientais, principalmente da Coreia do Sul e da China, são muito mais significativos.

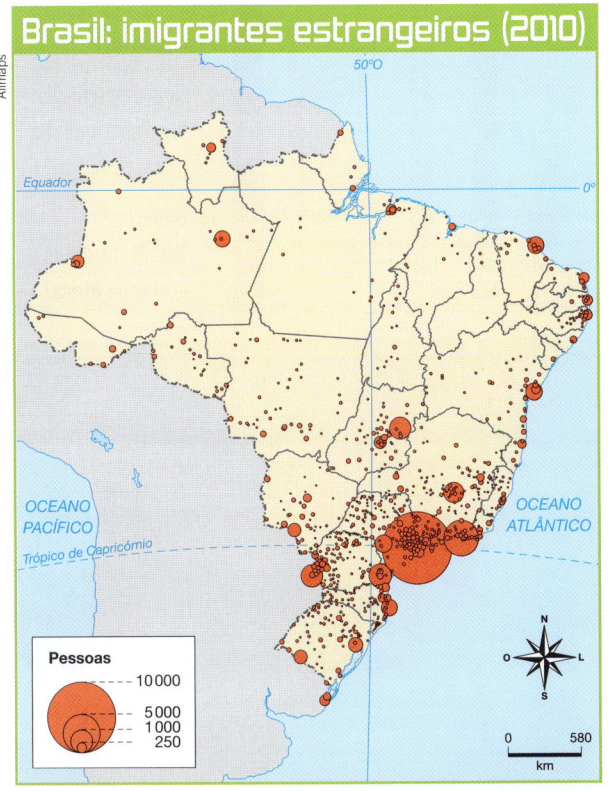

Brasil: imigrantes estrangeiros (2010)

Fonte: IBGE. **Atlas do censo demográfico 2010**. Rio de Janeiro, 2013. p. 59.

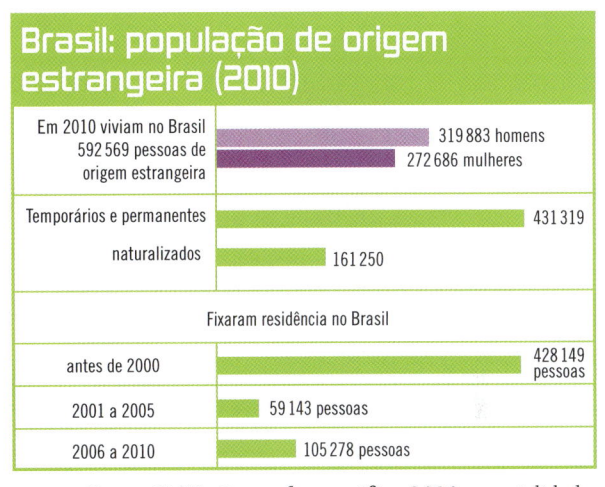

Brasil: população de origem estrangeira (2010)

Em 2010 viviam no Brasil 592 569 pessoas de origem estrangeira	319 883 homens
	272 686 mulheres
Temporários e permanentes	431 319
naturalizados	161 250
Fixaram residência no Brasil	
antes de 2000	428 149 pessoas
2001 a 2005	59 143 pessoas
2006 a 2010	105 278 pessoas

Fonte: IBGE. **Censo demográfico 2010**: nupcialidade, fecundidade e migração. Resultados da amostra. Rio de Janeiro, 2010. p. 275.

A imigração boliviana é recente, mas os bolivianos já formam uma das comunidades estrangeiras mais numerosas em São Paulo. Na imagem, celebração do dia da independência da Bolívia no Memorial da América Latina, em São Paulo (SP), 2011.

Nas estimativas recentes de imigração para o Brasil, encontramos um fenômeno muito interessante: o retorno de brasileiros ao país. Japão, Estados Unidos e Bolívia são os principais países de onde retornam esses brasileiros.

Fontes: BRASIL. Ministério do Trabalho e Emprego. **Perfil migratório do Brasil 2009**. Brasília, DF, 2010. p. 18; IBGE. **Censo demográfico 2010: resultados gerais da amostra**. Rio de Janeiro: IBGE, 2010.

Brasil: migração de retorno

Ano	Pessoas
1991	31 123
2000	87 886
2010	174 597

@ Explore

O programa **Brasileiros no mundo**: brasileiros na África, disponível em <http://ftd.li/a7k56u> (acesso em: fev. 2014), trata das ações de brasileiros que decidiram ir para o continente africano e da sua adaptação a esse novo lugar.

1. Qual é o perfil dos brasileiros que vão morar na África?
2. O que os brasileiros dizem gostar na África?

Fórum

Os refugiados

Entre os migrantes internacionais, há um grande número de pessoas fugindo de guerra e/ou de perseguição em seu país de origem. Uma convenção internacional, criada em 1951 e apoiada por diversos países, protege essas pessoas, oferecendo a elas refúgio em países estrangeiros. Há muitos tipos de perseguição abrangidos pela convenção, como origem étnica, religião e nacionalidade.

Conflitos armados e perseguições levam milhões de pessoas a buscar refúgio em países estrangeiros. Em muitos casos, são improvisados campos de refugiados nos países vizinhos, nos quais a população tem acesso a alimentação e moradia provisória (em geral, precária).

De 1994 a 2000, o fotógrafo Sebastião Salgado percorreu o mundo registrando migrantes em diversas situações, com destaque para os refugiados. Suas fotografias circularam por vários países e emocionaram muitos, promovendo um importante debate a respeito da situação dessas pessoas, principalmente daquelas que vivem em campos de refugiados.

▲ Campo de refugiados ruandeses na Tanzânia, em 1994. Nesse ano, ocorreu um dos mais graves genocídios: cerca de 800 mil pessoas foram assassinadas em um curto intervalo de tempo, a maioria de origem *tutsi*, um dos grupos étnicos que compõem a população de Ruanda. Milhões de ruandeses atravessaram as fronteiras em busca de refúgio nos países vizinhos.

- Em sua opinião, como as atividades artísticas influenciam nossa visão a respeito dos dramas vividos pelos migrantes em todo o mundo?

Atividades

Reveja

1 Cite os fatores que determinaram o grande fluxo migratório para o Brasil nos séculos XIX e XX.

2 Quais foram os maiores fluxos imigratórios para o Brasil ao longo da história?

3 No município onde você mora, existiu um fluxo migratório significativo no passado? E nos dias de hoje? Redija um pequeno texto com as informações encontradas.

4 Atualmente, quais são os principais fluxos imigratórios para o Brasil?

Analise

5 Observe o gráfico a seguir e responda às questões.

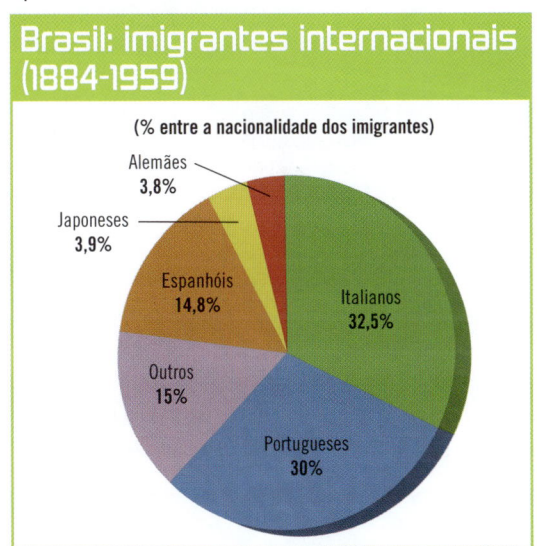

Brasil: imigrantes internacionais (1884-1959)
(% entre a nacionalidade dos imigrantes)
- Alemães 3,8%
- Japoneses 3,9%
- Espanhóis 14,8%
- Outros 15%
- Portugueses 30%
- Italianos 32,5%

Fonte: IBGE. **Brasil**: 500 anos de povoamento. Rio de Janeiro, 2000. Apêndice: Estatísticas de 500 anos de povoamento p. 226. Disponível em: <http://brasil500anos.ibge.gov.br>. Acesso em: fev. 2014.

a) Por que esse período é frequentemente destacado quando se aborda o tema da imigração para o Brasil?

b) De que região veio a maior parte dos imigrantes?

Explique

6 Observe a imagem e a tabela a seguir.

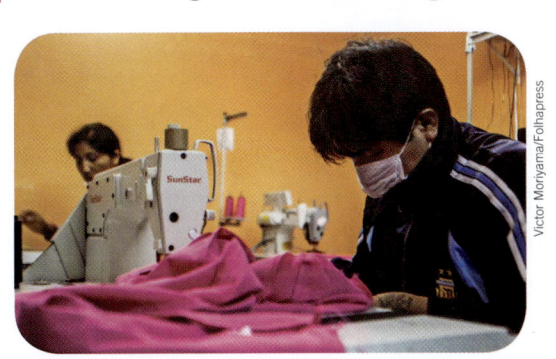

▲ Profissional boliviano em oficina de costura clandestina, em São Paulo (SP), 2013.

Índice de Desenvolvimento Humano, IDH (2012)

Ranking	País	IDH
85º	Brasil	0,730
108º	Bolívia	0,675

Fonte: PROGRAMA DAS NAÇÕES UNIDAS PARA O DESENVOLVIMENTO (PNUD). **Relatório de desenvolvimento humano global 2012**. Nova York, 2012.

- A imagem revela as péssimas condições de trabalho dos bolivianos no Brasil. Muitos são até mesmo tratados como escravos. Por que, então, os bolivianos são atraídos para o nosso país?

7 Em grupo, pesquise em jornais eletrônicos notícias sobre imigrantes ou brasileiros que voltaram ao Brasil depois de terem passado anos em outro país.

a) Organizem os motivos da ida e da volta.

b) Elaborem um mapa para localizar os países envolvidos nesse fluxo e organizem uma tabela que contenha os nomes desses países e os continentes a que pertencem.

c) Discuta em grupo que práticas cidadãs devem ser realizadas para integrar um imigrante à sociedade.

Capítulo 2 - As migrações internas

Os deslocamentos de população que ocorrem no interior dos territórios nacionais são chamados de **migrações internas**. No Brasil, o número de migrantes internos compõe uma parcela significativa da população. Isso ocorre desde o período colonial, ao longo do qual a população se deslocou pelo território de acordo com as atividades econômicas desenvolvidas em cada região.

Acesse o **objeto digital** desta unidade.

século XVIII

século XIX

Ciclo do ouro – As minas geraes

Quando ouro e diamantes foram descobertos na região do atual estado de Minas Gerais, no fim do **século XVII**, e durante todo o período de intensa extração mineral naquela região (**século XVIII**), houve grande deslocamento de pessoas para o local, inclusive de escravos dos decadentes engenhos de açúcar do Nordeste.

Pense e responda

- Como os fluxos migratórios são influenciados pelas atividades econômicas desenvolvidas no território?

Litografia **Lavagem do minério de ouro**, retratando as proximidades do pico Itacolomi em Vila Rica (atual Ouro Preto - MG), elaborada por Johann Moritz Rugendas em 1835.

112

Ciclo do café – O café paulista

A partir de meados do **século XIX**, o café, que ocupava áreas do Rio de Janeiro, de São Paulo, do sul de Minas Gerais, de parte do Espírito Santo e do Paraná, atraiu mão de obra estrangeira. Quando a imigração externa diminuiu, mineiros e nordestinos deslocaram-se para essas áreas.

▲ A produção cafeeira paulista começou com a mão de obra negra, que era escravizada. Rio de Janeiro, 1882.

século XX

Ciclo da borracha – A borracha na Amazônia

No final do **século XIX**, a exploração da borracha na Amazônia, associada à crescente demanda da indústria automobilística estadunidense para confecção de pneus, atraiu milhares de trabalhadores nordestinos para lá, expulsos de suas terras pelo latifúndio e pelas secas. A Amazônia foi se povoando e passou de 337 mil habitantes (não incluindo os indígenas), em 1872, para cerca de 1,1 milhão em 1906.

Até 1912, quando a produção brasileira de borracha chegou ao seu ponto máximo (42 mil toneladas por ano), a região amazônica recebeu aproximadamente 500 mil nordestinos, com destaque para os cearenses, que ficaram conhecidos como "soldados da borracha".

▲ Trabalhadores encarregados de derrubar a floresta, em Fordlândia, em junho de 1934.

Latifúndio grande propriedade de terra, em que, em geral, ocorre produção monocultora.

FREITAS, Sônia Maria de. **O café e a imigração**. São Paulo: Saraiva, 2003.
Por meio deste livro, você conhecerá a história das mudanças na sociedade e na economia brasileiras a partir da segunda metade do século XIX, depois da transformação do café no principal produto de exportação brasileiro.

Os fluxos recentes de migração

Da década de 1930 à década de 1970

As décadas de 1930 e 1940 marcaram uma intensificação das migrações internas. Nesse período, o governo brasileiro, em especial o de Getúlio Vargas, elaborou políticas de incentivo à industrialização do país.

A industrialização do Centro-Sul, ao longo das décadas seguintes, dirigiu os principais fluxos migratórios para as cidades do Rio de Janeiro e de São Paulo, como se observa no mapa a seguir.

▲ Pessoas próximas ao ônibus que transportava operários durante a construção de Brasília (DF), 1959.

Brasil: principais fluxos migratórios (1950-1970)

1. A espessura da seta indica o volume de pessoas que se deslocaram dos estados nordestinos em direção a diversas regiões do país, especialmente São Paulo. Eles foram a grande área expulsora de pessoas nesse período.

2. Dos estados nordestinos partiram muitas pessoas também para a região Norte, pois começava o período de grandes intervenções na Amazônia, com a construção de obras de infraestrutura e a exploração de recursos do subsolo.

3. Do sul do país também se formou um fluxo de migração em direção à fronteira agrícola do sudoeste amazônico, em especial para os chamados projetos de colonização em Rondônia.

4. Entre 1956 e 1960 ocorreu um fluxo migratório para o Brasil central por causa da construção de Brasília e das estradas Belém-Brasília e Cuiabá-Santarém.

SIMIELLI, Maria Elena. **Geoatlas**. São Paulo: Ática, 2013. p. 135.

@ Explore

Morte e vida severina, obra de João Cabral de Melo Neto, mostra de forma poética a saga de um migrante que sai do sertão para o litoral nordestino em busca de melhores condições de vida. Assista à adaptação do texto literário em desenho animado em <http://ftd.li/6y3poa> (acesso em: jan. 2014).

1. Quais foram os aspectos naturais do sertão nordestino que contribuíram para a emigração de Severino?
2. Quais são as características sociais do lugar de origem de Severino?
3. Em sua opinião, Severino conseguiu a tão desejada melhoria de vida? Justifique-se.

As décadas de 1970 e 1980

A migração de nordestinos para as metrópoles da região Sudeste e para a região Norte do país seguiu pelas décadas de 1970 e 1980. No entanto, migrantes também se dirigiram a outros estados cuja economia apresentava forte dinamismo.

Na década de 1970, intensificou-se o fluxo migratório do Sul para o Centro-Oeste e para o Norte. Esses migrantes se estabeleceram em médias e grandes propriedades, tendo sido responsáveis pela forte expansão da fronteira agrícola brasileira. Essas regiões atraíram pessoas de outras partes do país, formando pequenos fluxos migratórios de diversas origens.

Parte da população que migrou para a Amazônia foi atraída pelos empregos nas obras de infraestrutura, como a Transamazônica, e pelos projetos de ocupação do governo federal, que prometiam o acesso à terra e o incentivo à produção agrícola. Leia o texto a seguir.

> [...] A Transamazônica foi uma das três maiores obras de infraestrutura projetadas pelo regime militar na década de 1970, ao lado da Usina de Itaipu e da Ponte Rio-Niterói. [...] Nunca houve um estudo de viabilidade econômica ou de impacto ambiental para justificar a construção da rodovia e a colonização de seu entorno.
>
> Os primeiros moradores da região cortada pela Transamazônica foram festejados como exploradores de um novo eldorado – mas ficou evidente que quase 90% das terras em torno da estrada eram ruins para a agricultura. Quando o goiano Antônio Silva da Costa, 49 anos, chegou ao município de Rurópolis, a 200 quilômetros de Santarém, em 1979, já encontrou os colonos em debandada. Antônio formou uma fazenda a sete quilômetros da Transamazônica com a compra dos lotes dos assentados que desejavam ir embora. Hoje, ele é dono de 500 cabeças de gado, planta milho e arroz. Mas sua família – são onze filhos, dos quais oito ainda moram em sua casa – sofre com a mesma falta de infraestrutura que afugentou os primeiros colonos. "Passo seis meses ilhado, porque com a chuva é impossível chegar até a rodovia", diz Antônio.
>
> FAVARO, Thomaz. 40 anos de poeira. **Veja**, São Paulo, set. 2009. Edição especial Amazônia. Disponível em: <http://veja.abril.com.br/especiais/amazonia/40-anos-poeira-p-54.html>. Acesso em: 3 fev. 2014.

Fronteira agrícola: região do país onde o avanço das práticas agrícolas se dá pela devastação das florestas.

Eldorado: lugar cheio de riquezas.

Brasil: principais fluxos migratórios (1970-1990)

Fonte: SIMIELLI, Maria Elena. **Geoatlas**. São Paulo: Ática, 2013. p. 135.

▲ Trator faz terraplanagem durante a construção da Transamazônica, em Altamira, Pará, em 1972.

115

As décadas de 1990 e 2000

Observe, ao lado, as mudanças nos fluxos migratórios na década de 1990. Diversos deslocamentos, antes intensos, perderam força, como o dos sulistas em direção à Amazônia.

O Sudeste continuou sendo a área que mais recebia migrantes, no entanto São Paulo, que ainda atraía muitas pessoas, começou a perder população em grande volume. Essa é, por sinal, a grande novidade nos fluxos migratórios atuais: as metrópoles perdem população para cidades médias.

O mapa abaixo, resultado do censo de 2010, confirma essa tendência de perda de população nas metrópoles e capitais de estado. Observe que algumas áreas metropolitanas apresentam saldos migratórios negativos, ou seja, perdem mais pessoas do que recebem.

Nordeste e Sul são as regiões que se destacam na migração de retorno – esse é o nome dado ao fenômeno da volta de migrantes a seus locais de origem. Observe o gráfico ao lado, que indica a porcentagem de pessoas de volta a seu estado de origem em relação ao total de migrantes.

Brasil: principais fluxos migratórios (1995-2000)

Fonte: INSTITUTO BRASILEIRO DE GEOGRAFIA E ESTATÍSTICA (IBGE). **Atlas do censo demográfico 2000**. Rio de Janeiro, 2003. p. 58.

Brasil: migração de retorno, por estado da Federação (%)*

	2004	2009
RS	24,18	23,98
PE	21,21	23,61
PR	25,49	23,44
SE	19,71	21,62
MG	18,55	21,62
RN	19,11	21,14
PB	16,34	20,95
MA	24,23	16,43
BA	21,65	15,01
AL	14,53	14,64
PI	21,83	14,6
ES	10,52	13,97
CE	19,66	13,34
MS	5,83	11,64
RO	0,96	10,63
SP	9,82	10,4
SC	11,89	9,54
TO	11,14	9,36
PA	6,56	8,97
GO	8,63	8,4
AC	4,04	6,89
RJ	7,04	5,34
AP	3,85	5,24
AM	2,87	4,11
MT	2,91	1,51
DF	0,13	0,15
RR	0,84	0

* Participação relativa dos migrantes de retorno no total de migrantes.

Fonte: NORDESTE é região com maior retorno de migrantes, segundo IBGE. **G1**, São Paulo, 15 jul. 2011. Disponível em: <http://g1.globo.com/brasil/noticia/2011/07/nordeste-e-regiao-com-maior-retorno-de-migrantes-segundo-ibge.html>. Acesso em: fev. 2014.

Brasil: saldo migratório (2010)

Fonte: INSTITUTO BRASILEIRO DE GEOGRAFIA E ESTATÍSTICA (IBGE). **Atlas do censo demográfico 2010**. Rio de Janeiro: IBGE, 2013. p. 65.

Por que as pessoas migram?

Em geral, as migrações ocorrem porque, em determinados locais, se esgotaram as condições e perspectivas de sobrevivência ou de melhoria de vida, o que obriga seus habitantes a procurar novos lugares para morar. Esse tipo de migração é, na realidade, um êxodo forçado.

A situação dos migrantes é variada. Alguns são pequenos camponeses que migram em busca de trabalho e deixam sua propriedade rural aos cuidados de sua mulher e seus filhos. Outros vendem suas terras e vão embora, sem esperança de voltar. Moradores de pequenas cidades mudam-se para cidades maiores ou para grandes centros urbanos, como São Paulo e Rio de Janeiro, em busca de trabalho no comércio e nas indústrias. Alguns acabam retornando a seus lugares de origem. Muitos se instalam definitivamente no novo lugar ou partem para lugares mais distantes ou que oferecem novas oportunidades.

Há também os que acompanham o ritmo sazonal do trabalho agrícola, estabelecendo-se temporariamente em regiões onde há necessidade de mão de obra no período da colheita, por exemplo. As áreas de chegada desses migrantes, por sua vez, apresentam, mesmo que apenas temporariamente, um aumento no número da população economicamente ativa, principalmente do sexo masculino, o que implica aumento na oferta de força de trabalho.

> **Lembre**
> As migrações internas são os deslocamentos da população em seu próprio país.

> **Caminho das nuvens**
> Direção de Vicente Amorim. Brasil. 2003 (86 min).
> Um filme para conhecer um pouco mais das paisagens brasileiras e da realidade de muitos migrantes.

Geografia e Literatura

Muitas obras literárias retratam os fluxos migratórios no Brasil. Leia a seguir um trecho do cordel "A seca do Ceará" e faça o que se pede.

A seca do Ceará

Seca as terras as folhas caem,
Morre o gado sai o povo,
O vento varre a campina,
Rebenta a seca de novo;
Cinco, seis mil emigrantes
Flagelados retirantes
Vagam mendigando o pão,
Acabam-se os animais
Ficando limpo os currais
Onde houve a criação.

BARROS, Leandro Gomes de. A seca do Ceará. **Jornal de Poesia**. Disponível em: <www.jornaldepoesia.jor.br/barros02.html>. Acesso em: 3 fev. 2014.

- Quais são os aspectos geográficos apresentados no fragmento?
- Que motivos, segundo o texto, levaram as pessoas a emigrar?

@multiletramentos

Entrevista com migrantes

Nesta unidade, além de conhecer os principais imigrantes que povoaram o Brasil e as principais migrações internas, você pôde compreender os motivos desses movimentos migratórios, bem como reconhecer influências que resultaram na diversidade cultural do nosso país.

Diante dessa diversidade, convidamos você a realizar uma entrevista em *podcast* e incorporá-la ao *blog* de Geografia da turma. *Podcast* é um arquivo digital de áudio disponibilizado na internet que pode abranger conteúdos diversos: sessões de humor, entrevistas, entretenimento, notícias, música, entre outros.

Organizados em grupos, a tarefa é entrevistar uma pessoa que tenha histórico de migração interna ou um imigrante estrangeiro. Caso o entrevistado em si não possua nenhum histórico de movimento migratório, mas tenha condições de representar alguém com esse histórico, também vale!

Elabore questões que envolvam principalmente a origem e os motivos dessa migração, bem como os aspectos positivos e negativos encontrados nesse processo. Perguntas sobre a cultura do local de origem (religião, gastronomia, por exemplo) também são interessantes.

No espaço virtual **@multiletramentos** da plataforma **FTD Digital**, você poderá saber mais sobre *podcasts* e a organização de uma entrevista. Vamos lá?

As condições de vida dos migrantes e a discriminação

Nos períodos de crescimento da economia, cresce também a oferta de trabalho, o que atrai pessoas. Em geral, os trabalhadores que migram para outra cidade, estado ou país aceitam exercer funções diferentes das que exerciam em seu local de origem. Em muitos casos, ocupam um posto de trabalho que exige poucas qualificações profissionais – realizam tarefas relativamente fáceis de serem aprendidas em um período curto de tempo.

Em todo o mundo, encontramos comunidades de imigrantes que enfrentam condições de vida mais difíceis que as dos moradores originais. No Brasil, é muito recente a formação de fluxos migratórios de trabalhadores qualificados. Assim, em todas as regiões do país, são evidentes as dificuldades socioeconômicas enfrentadas pelas famílias de migrantes.

Aqueles que migram em busca dos postos de trabalho criados em período de crescimento enfrentam outra dificuldade: os discursos de intolerância, que ganham força em momentos de crise e recessão. Aqueles que antes eram necessários para incrementar o desenvolvimento econômico deixam de ser bem-vindos e passam a ser objeto de discriminação e ações xenófobas.

Xenofobia: aversão a estrangeiros.

◀ Em São Paulo, por exemplo, é possível observar casos de discriminação contra estrangeiros e migrantes internos do país. Os migrantes vindos de estados da região Nordeste são muito numerosos na cidade e alvos constantes de preconceito e discriminação.

Nós

Imigração e preconceito

- Onde você vive, há comunidades de migrantes? Se sim, eles estão bem integrados à vida do lugar? Já houve casos de discriminação e violência contra quem vem "de fora"? Converse com seus colegas sobre os problemas do preconceito e como cada um poderia contribuir para a redução da intolerância entre as pessoas.

Atividades

Reveja

1 Por que no Brasil há um significativo número de migrantes internos?

2 Quais foram as principais atividades econômicas que atraíram migrantes ao Brasil?

3 O que atraiu a população para as regiões Norte e Centro-Oeste na década de 1970?

Analise

4 Observe a imagem a seguir. Ela representa a obra **Vidas secas**, de Graciliano Ramos.

◀ Xilografia **Os retirantes** elaborada por J. Miguel, em 2004.

a) Que tipo de migração da história do Brasil a imagem representa?

b) Quais motivos provocaram a saída das pessoas dos locais retratados?

c) Para onde essas pessoas migraram em sua grande maioria?

5 Observe o anúncio e leia parte do texto reproduzido para responder às questões.

◀ Reprodução de propaganda da revista **Realidade**, de 1971.

Vende-se um estado rico

Terra virgem.

Terra que precisa ser possuída.

Agora. Urgente.

Terra que dá arroz, algodão, soja, feijão, milho e tudo o mais.

Terra que é veio sem fim de amianto, níquel, ouro, diamante, cristal de rocha, manganês.

[...] Terra que engorda gado bom o ano inteiro.

[...] Trabalhar, ganhar e viver no conforto.

Quem busca lucro e paz o negócio agora é Goiás.

Matéria-prima farta. Mão de obra barata.

Energia elétrica à vontade. Estradas asfaltadas.

[...] Telefone pra falar por discagem direta com o Brasil e o mundo. Mercado de consumo em expansão crescente.

Incentivos de toda ordem dos governos Federal, Estadual e Municipal.

Você que é pecuarista, industrial, agricultor e comerciante, saiba:

Goiás se oferece a você com muito amor e riqueza.

[...] Traga seu capital e sua técnica para ganhar bons lucros.

Compre este Estado e ajude o Brasil a crescer nas mãos do Presidente Médici, que também preferiu morar no Planalto.

Governo de Goiás aqui, e agora, a hora de crescer.

VENDE-SE um estado rico. **Realidade/Amazônia**. São Paulo: Abril, out. 1971. p. 232.

a) Qual o assunto tratado na propaganda?
b) Quais pessoas são convidadas a viver em Goiás?
c) Por que o governo estimulou fluxos migratórios para Goiás? Quais foram os principais estímulos oferecidos?

Explique

6 Leia com atenção o texto e faça o que se pede.

> ### Fluxo migratório no Brasil caiu 37% nos últimos 15 anos, diz IBGE
>
> O número de brasileiros que mudaram de estado vem diminuindo nos últimos 15 anos, segundo dados do IBGE [...]. O levantamento mostra que, entre 1995 e 2000, cerca de 5,2 milhões de pessoas mudaram o estado de residência. Entre 2000 e 2004, o número caiu para 4,6 milhões. Os dados mais recentes indicam que, entre 2004 e 2009, pouco mais de 3,2 milhões de pessoas trocaram de estado – há um recuo de 37% na comparação entre os dados de 2000 e 2009.
>
> [...] As principais correntes migratórias observadas ao longo do século 20 estão perdendo força. Enquanto isso, está se intensificando o fluxo de migrantes para outras regiões (como Norte e Centro-Oeste), ao mesmo tempo que se observa um aumento na proporção dos migrantes de retorno.
>
> Na região Norte, Roraima, Amapá e Amazonas comportam-se como polos de atração migratória. O número de imigrantes que desembarcou em Roraima entre 2000 e 2004 foi quase o dobro do número de pessoas que deixaram o estado. Já a região Nordeste continua com alta quantidade de emigrantes, embora os números venham diminuindo pouco a pouco.
>
> Embora o Sudeste continue sendo o principal destino dos migrantes, sua diferença em relação às demais regiões está caindo. Estados como o Rio de Janeiro, que por muito tempo foi área de atração migratória, e Minas Gerais, de onde muitas pessoas se mudavam, estão se aproximando de um ponto de equilíbrio nesta balança.
>
> No sul do país, Paraná e Rio Grande do Sul percebem um considerável fluxo de migrantes de retorno, enquanto Santa Catarina é o estado que mais atrai novos migrantes – o atual saldo migratório de lá é de 80 mil imigrantes. O mesmo processo vive o Centro-Oeste, região que mais retém seus imigrantes.
>
> Segundo a PNAD 2009, em termos absolutos, São Paulo continua sendo o estado que mais recebe migrantes (535 mil), seguido de Minas Gerais (288 mil), Goiás (264 mil), Bahia e Paraná (ambos com 203 mil novos imigrantes). Por outro lado, São Paulo também é o lugar que mais gera emigrantes (588 mil), seguido de Bahia (312 mil), Minas Gerais (276 mil), Paraná (171 mil) e Rio de Janeiro (165 mil).
>
> MILAZZO, Daniel. Fluxo migratório no Brasil caiu 37% nos últimos 15 anos, diz IBGE. **Notícias UOL**, 15 jul. 2011. Disponível em: <http://noticias.uol.com.br>. Acesso em: 5 mar. 2014.

a) Qual foi a conclusão possibilitada por essa pesquisa?
b) Quem seriam os "migrantes de retorno"?
c) Na macrorregião em que você mora, quais são os dados trazidos pela pesquisa?

Cartografia

Mapas de fluxos

Já sabemos que para representar deslocamentos por meio dos mapas podemos utilizar as flechas. Elas simulam o movimento de um lugar para outro, ou seja, indicam a direção do deslocamento.

Observe o mapa a seguir que representa os principais fluxos migratórios mundiais desde o século XVI.

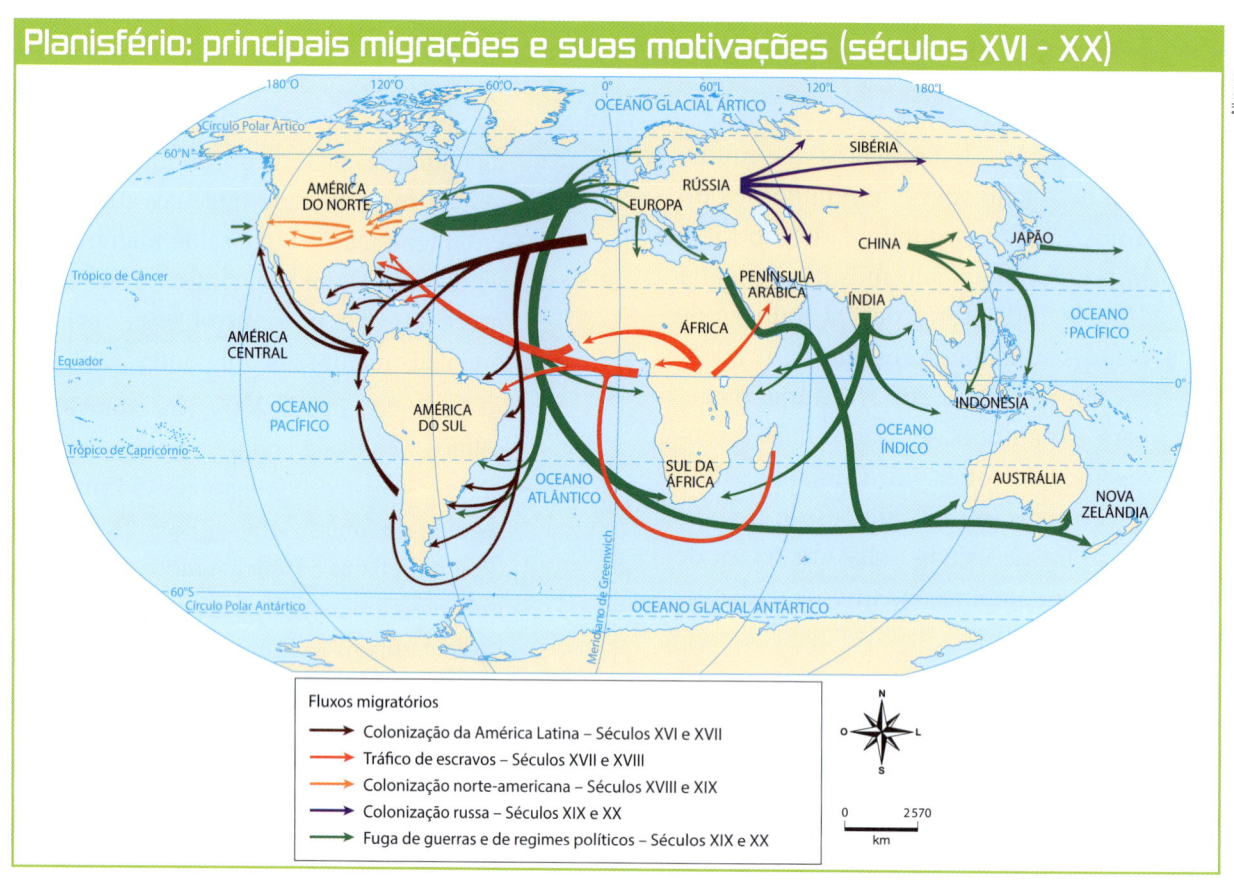

Planisfério: principais migrações e suas motivações (séculos XVI - XX)

Fluxos migratórios
- Colonização da América Latina – Séculos XVI e XVII
- Tráfico de escravos – Séculos XVII e XVIII
- Colonização norte-americana – Séculos XVIII e XIX
- Colonização russa – Séculos XIX e XX
- Fuga de guerras e de regimes políticos – Séculos XIX e XX

Fonte: GIRARDI, Gisele; ROSA, Jussara Vaz. **Atlas Geográfico do estudante**. São Paulo: FTD, 2011.

Nesse caso, as flechas indicam o sentido do deslocamento e sua espessura indica o volume de pessoas que migraram, ou seja, quanto mais larga é a seta, maior é o volume de pessoas mudando de país. Já a cor da seta faz referência ao período do movimento, explicado na legenda do mapa.

Com relação ao mapa, responda:

1 O que as cores representam?

2 De qual continente vieram os primeiros imigrantes para o Brasil?

3 Qual continente recebeu maior fluxo migratório do século XVI ao século XIX?

4 Qual foi o principal fluxo de imigrantes entre os séculos XVIII e XIX? O que justifica esse fluxo?

Observe o mapa a seguir. Nele as informações são ainda mais aprofundadas sendo possível quantificar precisamente o movimento retratado. Esse tipo de mapa nos permite saber qual a intensidade do fluxo, onde estão os maiores fluxos e como eles se articulam no espaço.

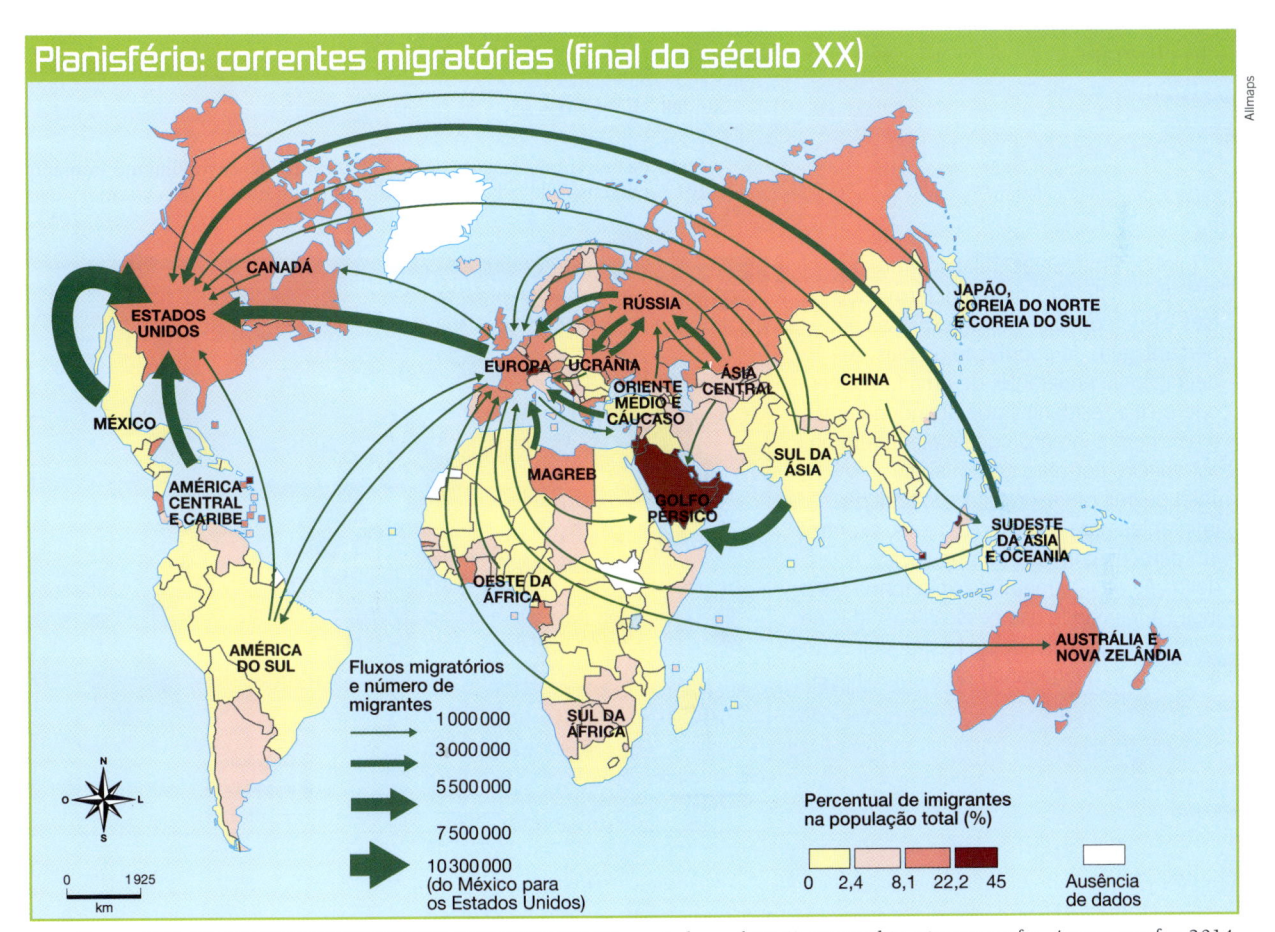

Planisfério: correntes migratórias (final do século XX)

Fonte: ATELIER DE CARTOGRAPHIE DE SCIENCES PO. Disponível em <http://cartographie.sciences-po.fr>. Acesso em: fev. 2014.

5 Por meio desse mapa, identifique qual país recebeu o maior número de imigrantes no final do século XX.

6 De qual país se origina a maior parte dos migrantes que se mudam para os Estados Unidos?

Aldeia global

Emigrantes e imigrantes do mundo

Observe a tabela e o mapa a seguir. Eles mostram os países campeões de fluxo migratório em cada continente. A tabela mostra também qual é a classificação desses países de acordo com o Índice de Desenvolvimento Humano.

Campeões de fluxo migratório, % da população total de cada país, por continente (2010)

	Emigração		Imigração	
África	Cabo Verde	37,6	Gabão	18,9
América	Dominica	104,8	Antígua	23,6
Ásia	Território da Palestina	68,4	Catar	86,5
Europa	Albânia	45,4	Andorra	64,4
Oceania	Samoa	67,3	Palau	28,1

IDH: ☐ Muito Elevado ☐ Elevado ☐ Médio

Fonte da tabela e do mapa: PNUD. **Relatório de desenvolvimento humano 2013**: a ascensão do sul: progresso humano num mundo diversificado. Nova York, 2013.

* Total de emigrantes: relação entre o total de emigrantes de um determinado país e sua população total, expressa em percentagem da população do país. A definição de emigrante, de uma forma geral, refere-se a residentes que abandonaram o país com a intenção de se manterem no estrangeiro por mais de um ano.
Total de imigrantes: relação do total de imigrantes para determinado país, expresso em percentagem da sua população. A definição de imigrante, de uma forma geral, inclui a totalidade das pessoas nascidas no exterior ou a totalidade dos estrangeiros (de acordo com a cidadania) ou a combinação das duas.

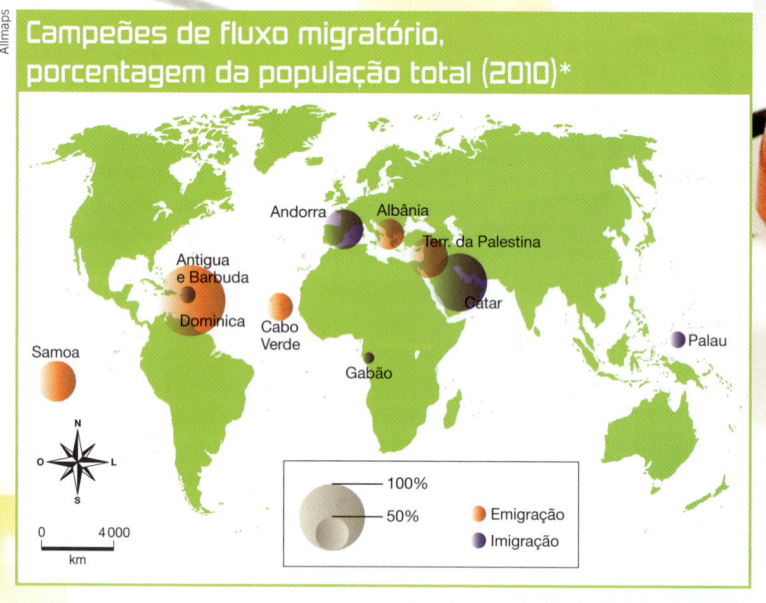

Campeões de fluxo migratório, porcentagem da população total (2010)*

A foto ao lado mostra um barco na costa italiana com refugiados palestinos que viviam na Síria, em 2013.

124

Note que na tabela aparecem apenas países com Índice de Desenvolvimento Humano muito elevado, elevado e médio. Não há nenhum país com baixo IDH. Isso acontece porque nos países de baixo IDH, a população não tem condições econômicas para buscar lugares melhores para viver. Os países campeões de emigração têm níveis de IDH de médios a elevados. Já os campeões de imigração, aqueles que mais recebem pessoas de outros países, têm, geralmente, IDH elevado ou muito elevado.

Observe as fotos. Elas mostram a paisagem de alguns países presentes no mapa e na tabela.

Lado esquerdo, acima, Doha, no Catar, 2013; abaixo, Gaza, no território palestino, 2013. Lado direito, acima, Roseau, na Dominica, em 2012; abaixo, Libreville, no Gabão, em 2012.

Sobre o texto

1. Por que as pessoas migram?

2. Qual é a diferença entre emigrante e imigrante?

3. Observe o mapa da página ao lado. Quais são os países com maior fluxo de entrada e de saída de migrantes?

4. As fotos mostram paisagens de cidades importantes de alguns países destacados no mapa. Descreva as paisagens vistas nas fotos e relacione-as ao nível de desenvolvimento humano desses países.

5. O gráfico ao lado mostra o fluxo migratório em grupos de países de acordo com o IDH. Explique-o.

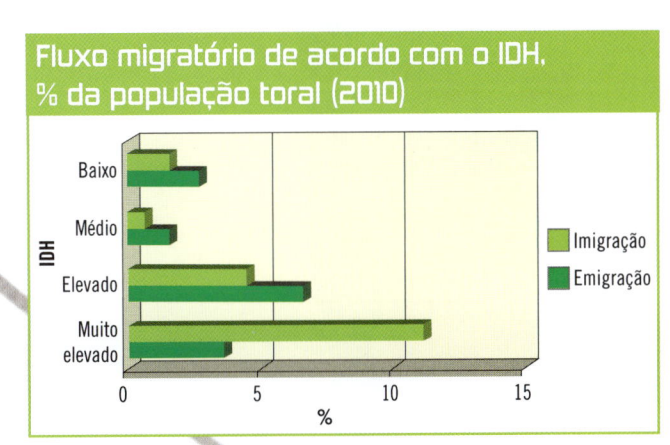

Fonte: PNUD. **Relatório de desenvolvimento humano 2013**: a ascensão do sul: progresso humano num mundo diversificado. Nova York, 2013.

125

unidade 5

Nesta unidade

- A importância de regionalizar o espaço.
- As diferentes formas de regionalização do espaço brasileiro.

Regionalização do espaço brasileiro

Um território pode ser dividido de acordo com vários critérios, entre os quais suas características naturais, econômicas, políticas e culturais. Muitas vezes, para obter uma informação sobre determinado espaço, precisamos imaginá-lo de outro modo, com outras divisões.

1 A imagem de satélite mostra o território brasileiro. Como você explicaria os diferentes tons de verde e de marrom presentes na imagem?

2 Imagine um mapa que mostre as preferências musicais dos brasileiros. Ele apresentaria poucos ou muitos detalhes?

> **@mais**
> Acesse o mapa que mostra brincadeiras regionais brasileiras, disponível em: <http://ftd.li/u2eec8> (acesso em: jan. 2014). No canto direito da página, estão as brincadeiras de cada uma das regiões do país; escolha uma delas, com exceção daquela onde você mora, e responda às questões abaixo:
> 1. Qual região você escolheu?
> 2. Você conhece alguma dessas brincadeiras?
> 3. As brincadeiras que você conhece têm o mesmo nome em sua região?

◀ Imagem de satélite de parte da América do Sul, com destaque para o território brasileiro, 2002.

Capítulo 1
Regionalizando o espaço

No cotidiano, muitas vezes utilizamos a palavra "região" para designar uma área com alguma característica marcante – a região mais quente, a região industrial, a região onde moro. Essas referências determinam uma área cujos territórios apresentam algumas semelhanças entre si.

O processo de agrupamento de áreas similares em regiões denomina-se regionalização. Agora, imagine ter a complexa tarefa de regionalizar o Brasil, com sua enorme diversidade de características naturais, humanas e econômicas. Não é tarefa fácil! Para atingir esse objetivo, é importante levar em consideração critérios objetivos, que, mesmo não sendo definitivos, devem possibilitar o entendimento do espaço brasileiro.

A formação do território brasileiro ocorreu de maneira desigual, com as terras sendo gradativamente ocupadas por diferentes atividades econômicas. Além disso, a população contava com referenciais culturais variados. Isso dificultou o estabelecimento de critérios para definir nossas regiões.

Para elaborar uma regionalização do espaço geográfico, não basta conhecer as paisagens e seus elementos estaticamente; é preciso também compreender as relações entre os lugares.

> **Lendas brasileiras**
> Luís da Camara Cascudo. São Paulo: Global, 2011.
> Esse livro faz uma descrição detalhada e abrangente do folclore no país com base em 21 histórias nas quais as referências regionais são apresentadas.

Rede do tempo

Como regionalizar um país?

Nas primeiras regionalizações do Brasil, as referências a elementos naturais das paisagens eram muito numerosas. Isso sugere que os aspectos naturais eram muito utilizados pelos estudiosos quando decidiam identificar regiões do país.

No entanto, observamos que os limites de províncias e, posteriormente, estados eram também considerados nas regionalizações. E ainda o são. Assim, podemos acrescentar aos critérios naturais pelo menos um elemento político: os limites provinciais/estaduais.

Antes mesmo da criação do IBGE, que passou a cuidar das estatísticas oficiais do país, já eram difundidas regionalizações do Brasil.

GUIMARÃES, Fábio M. S. Divisão regional do Brasil. **Revista Brasileira de Geografia**, Rio de Janeiro, p. 344, abr.-jun. 1941.

> **Lembre**
> Existem muitas maneiras de regionalizar o Brasil. No processo de regionalização são usados diversos critérios e são levados em conta aspectos comuns e similares das áreas que abrangem uma região.

André Rebouças — 1889

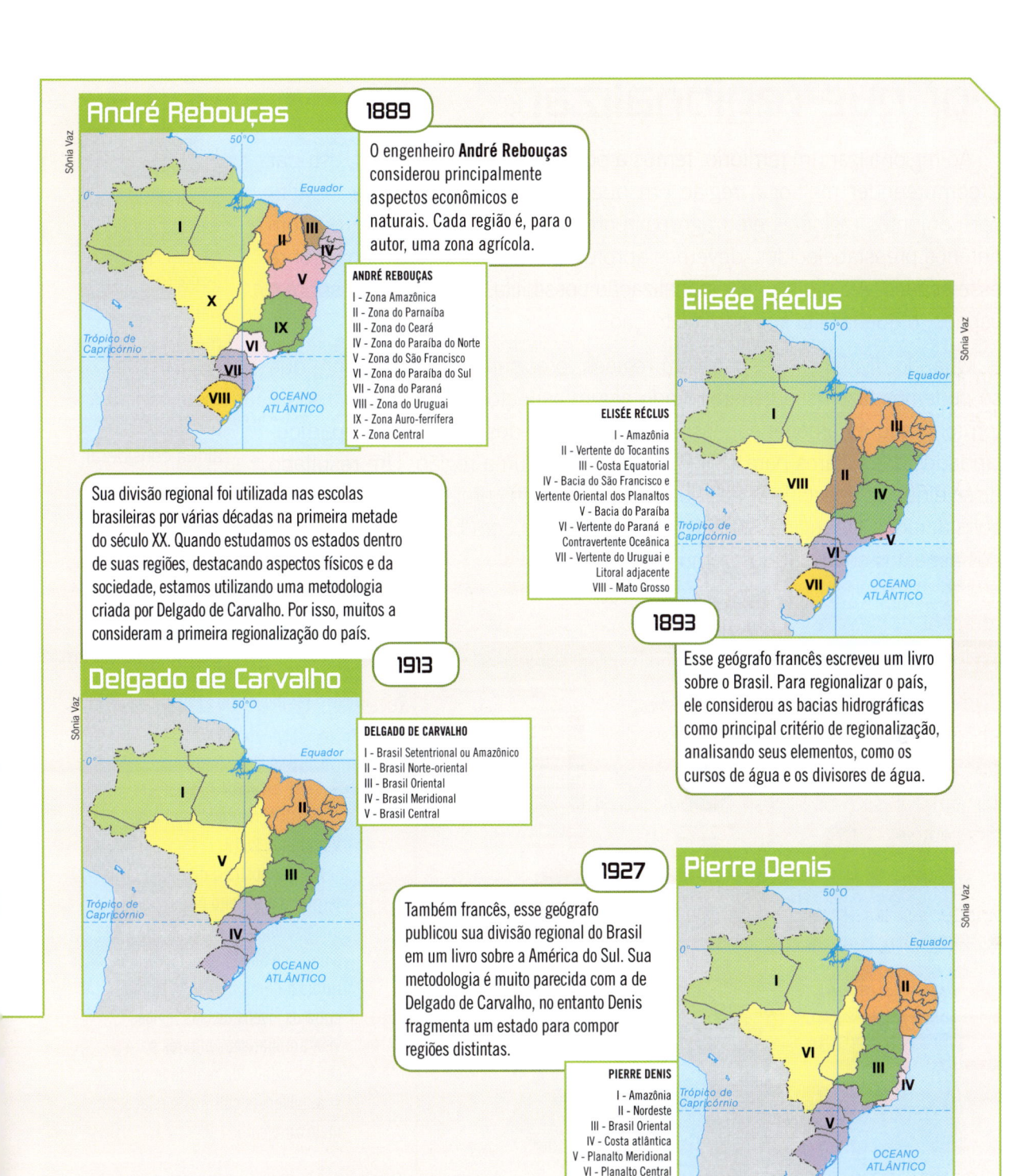

O engenheiro **André Rebouças** considerou principalmente aspectos econômicos e naturais. Cada região é, para o autor, uma zona agrícola.

ANDRÉ REBOUÇAS
- I - Zona Amazônica
- II - Zona do Parnaíba
- III - Zona do Ceará
- IV - Zona do Paraíba do Norte
- V - Zona do São Francisco
- VI - Zona do Paraíba do Sul
- VII - Zona do Paraná
- VIII - Zona do Uruguai
- IX - Zona Auro-ferrífera
- X - Zona Central

Elisée Réclus — 1893

ELISÉE RÉCLUS
- I - Amazônia
- II - Vertente do Tocantins
- III - Costa Equatorial
- IV - Bacia do São Francisco e Vertente Oriental dos Planaltos
- V - Bacia do Paraíba
- VI - Vertente do Paraná e Contravertente Oceânica
- VII - Vertente do Uruguai e Litoral adjacente
- VIII - Mato Grosso

Esse geógrafo francês escreveu um livro sobre o Brasil. Para regionalizar o país, ele considerou as bacias hidrográficas como principal critério de regionalização, analisando seus elementos, como os cursos de água e os divisores de água.

Delgado de Carvalho — 1913

Sua divisão regional foi utilizada nas escolas brasileiras por várias décadas na primeira metade do século XX. Quando estudamos os estados dentro de suas regiões, destacando aspectos físicos e da sociedade, estamos utilizando uma metodologia criada por Delgado de Carvalho. Por isso, muitos a consideram a primeira regionalização do país.

DELGADO DE CARVALHO
- I - Brasil Setentrional ou Amazônico
- II - Brasil Norte-oriental
- III - Brasil Oriental
- IV - Brasil Meridional
- V - Brasil Central

Pierre Denis — 1927

Também francês, esse geógrafo publicou sua divisão regional do Brasil em um livro sobre a América do Sul. Sua metodologia é muito parecida com a de Delgado de Carvalho, no entanto Denis fragmenta um estado para compor regiões distintas.

PIERRE DENIS
- I - Amazônia
- II - Nordeste
- III - Brasil Oriental
- IV - Costa atlântica
- V - Planalto Meridional
- VI - Planalto Central

Fonte: GUIMARÃES, Fábio M. S. Divisão regional do Brasil. **Revista Brasileira de Geografia**, Rio de Janeiro, p. 344, abr. - jun. 1941.

---

1 Você consegue imaginar quais informações foram necessárias para que esses estudiosos pudessem elaborar suas divisões regionais? Converse com seus colegas.

2 Qual dessas formas de regionalizar o país é a mais adequada para estudar a hidrografia do Brasil? Qual é a melhor para entender a sociedade?

3 Reflita: por que não podemos dizer que uma regionalização é "melhor" ou "pior"?

Por que regionalizar?

Ao regionalizar um território, temos a possibilidade de conhecer, estudar e compreender melhor a região em que ele está inserido. Para identificar conjuntos regionais e/ou agrupar porções do território de acordo com critérios preestabelecidos, devemos aprofundar nosso conhecimento sobre esse espaço. Além disso, a regionalização possibilita maior controle sobre o espaço, o que facilita sua administração.

Quando dividimos o espaço em regiões, precisamos ter em mente que só podemos fazer isso generalizando algum aspecto. Isso ocorre porque o território não é homogêneo; assim, é necessário desconsiderar as particularidades dos lugares para poder agrupá-los em uma região. Um resultado disso é que as especificidades dos lugares são, em geral, suprimidas e desconsideradas. As regiões são, portanto, formadas com base no predomínio dos aspectos considerados como critérios.

Tome nota
Se as regiões apresentam generalizações, não faz sentido pensar que todos os seus habitantes têm as mesmas tradições culturais e os mesmos pontos de vista. Vale ainda considerar, como vimos na página anterior, que um mesmo lugar pode integrar diferentes regiões, dependendo do critério utilizado em cada uma delas.

📖 Um Brasil gigante
HATOUM, Milton. São Paulo: Vagalume, 2013.

O livro mostra a diversidade do território brasileiro pelos olhos de adolescentes de escolas e ONGs da cidade de São Paulo e de comunidades rurais da Amazônia Legal. A interação entre os jovens dessas regiões visa ampliar seus olhares para a complexidade da realidade brasileira, suas diversas culturas e relações com o meio ambiente.

São Caetano (SP): zoneamento

Fonte: Prefeitura de São Caetano. **Planta do Município de São Caetano**, São Paulo.

◀ Este é o trecho de um mapa de zoneamento do município de São Caetano do Sul (SP). O zoneamento, assim como a regionalização, está relacionado a uma estratégia de organização do espaço. Neste plano, são indicadas as atividades permitidas e/ou adequadas a cada porção do território municipal. A cor vermelha, por exemplo, indica uso industrial; já a cor verde corresponde ao uso predominantemente residencial de baixa densidade, isto é, composto de casas e prédios baixos.

Regionalização pelo IBGE

É preciso ter muitos dados e informações sobre um território e sua população para elaborar uma regionalização. No Brasil, o principal instituto de pesquisas demográficas e socioeconômicas é o Instituto Brasileiro de Geografia e Estatística (IBGE).

Desde a década de 1930, o IBGE vem realizando censos demográficos e econômicos para, então, elaborar mapas do território com base nos dados obtidos. Apoiando-se nos resultados desses estudos e nas regionalizações que são feitas com base nos dados coletados, o governo pode efetuar políticas de povoamento e de desenvolvimento.

A ideia de região tem relação com o campo das discussões políticas que envolve o papel e a atuação do Estado. Levam-se em conta, nessa concepção, componentes culturais, políticos, econômicos e ambientais. O texto a seguir apresenta alguns aspectos considerados nas divisões regionais do Brasil ao longo de sua história.

Primeiramente, as regionalizações se identificaram com a administração territorial e política [estados e territórios]. Em seguida, foi o critério natural o mais relevante para a elaboração de regionalizações; buscava-se, assim, um critério considerado mais científico de regionalização. Com a percepção de que a natureza não seria a única determinante na conformação regional, foram concebidas propostas baseadas no critério econômico e em outros critérios.

LENCIONI, Sandra. **Região e geografia**. São Paulo: Edusp, 1999.

Nós

IBGE e o sigilo de informações

1. Por que todos os brasileiros são obrigados a dar informações estatísticas ao IBGE?
2. Qual é a importância de se garantir o direito de sigilo das informações prestadas pelos cidadãos?

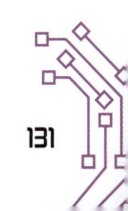

Atualmente, os funcionários do IBGE coletam dados diretamente das pessoas por meio de diversas pesquisas, como o censo. Depois, reúnem esses dados e os divulgam em diferentes publicações. Para isso, há regras rígidas a serem seguidas na manipulação das informações coletadas para que ninguém possa ser identificado e seus dados expostos.

A Lei 5.534 obriga todos os brasileiros a prestar informações aos funcionários do IBGE. Porém, os cidadãos têm a garantia de que essas informações não serão divulgadas individualmente.

A lei que rege a obrigatoriedade de prestação de informações estatísticas informa o cidadão brasileiro acerca de sua responsabilidade de ajudar o país com segurança, sabendo que toda informação fornecida terá fins exclusivamente estatísticos. Através da Lei nº 5.534 de 14 de novembro de 1968, o cidadão tem garantido seu direito de sigilo estatístico e seu dever de prestar informações estatísticas ao IBGE.

IBGE. Disponível em: <www.ibge.gov.br>. Acesso em: 8 mar. 2015.

@ Explore

Navegue pelos dados do **Censo 2010**. Disponível em: <http://ftd.li/meurne> (acesso em: abr. 2014).

Geografia e turismo

Roteiros turísticos frequentemente utilizam generalizações regionais. "Circuito das serras", "rota do Sol" e "região vinícola" são algumas das referências encontradas em descrições de roteiros. Em muitos deles, é comum encontrarmos pessoas que atribuem a uma extensa área as características que conheceram em um único lugar.

Um exemplo disso são os passeios turísticos pela orla das capitais do Nordeste. Em razão disso, muitas pessoas passam a associar a vida nessas cidades ao sossego e à tranquilidade. Mas os moradores de metrópoles como Recife, Salvador e Fortaleza não enfrentam a correria típica das grandes cidades do Sul e do Sudeste? Certamente, sim.

A regionalização do espaço é importante para a administração pública. Para o setor de turismo, por exemplo, é interessante conhecer a função turística de cada região, pois isso permite ao governo estabelecer as atividades prioritárias em cada uma delas.

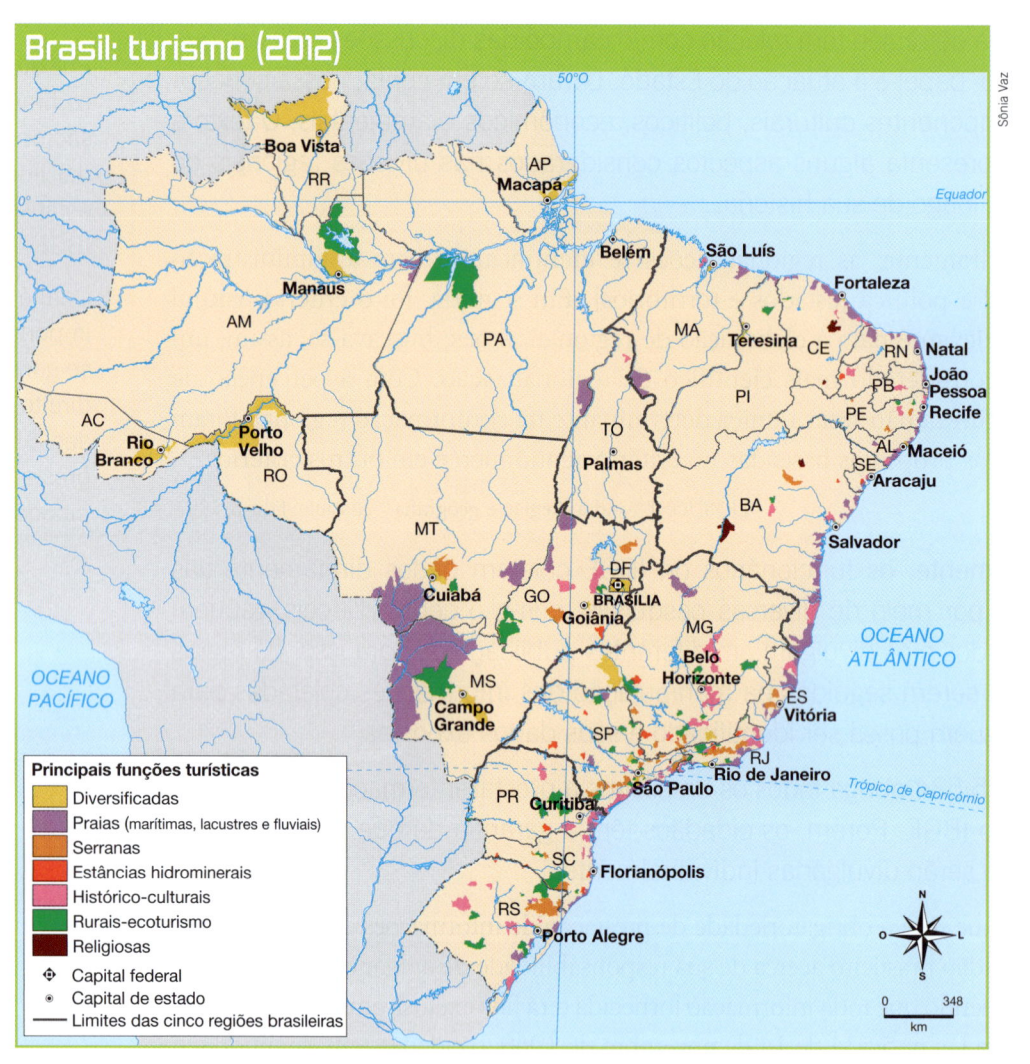

Brasil: turismo (2012)

Fonte: IBGE. **Atlas geográgico escolar**. 6. ed. Rio de Janeiro: IBGE, 2012.

Os meios de comunicação também colaboram com essas generalizações. A quantas reportagens sobre a pesca esportiva na região do Pantanal você já assistiu na televisão? E sobre os passeios de *buggy* nas dunas em Natal?

- E você, a quais atividades associa cada uma das cinco regiões brasileiras? Pesquise as principais atividades econômicas desenvolvidas em cada uma delas para verificar se suas associações estavam corretas. Depois, compare suas respostas com as dos seus colegas.

Atividades

Reveja

1 Por que, em um mesmo espaço, podemos encontrar diferentes formas de regionalizações?

2 Qual é a importância de dividir um território em regiões?

3 Neste capítulo, foram apresentadas algumas formas de regionalizar o espaço brasileiro.

   a) Explique resumidamente cada uma delas.

   b) Qual dessas formas de regionalização melhor representa a realidade brasileira? Justifique sua resposta.

Analise

4 Observe os mapas ao lado e responda às questões.

   a) Quais são as diferenças entre as duas formas de regionalização propostas?

   b) As duas formas de regionalização propostas foram elaboradas com base nos mesmos critérios? Justifique.

Explique

5 Leia atentamente os mapas abaixo.

Qual dessas duas formas de regionalizar o espaço brasileiro é a mais adequada para o estudo de políticas públicas de:

   a) incentivo à migração?

   b) expansão da agricultura de produtos tropicais?

   c) explique o porquê de suas escolhas.

Brasil: biomas continentais

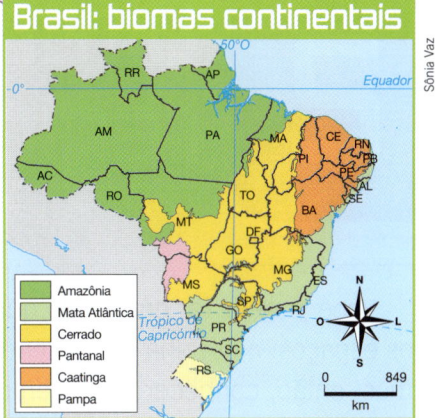

Fonte: IBGE. **Atlas geográfico escolar:** Ensino Fundamental – do 6º ao 9º ano. Rio de Janeiro: IBGE, 2010. p. 18.

Brasil: atividades econômicas (2012)

CALDINI, Vera Lucia de Moraes; ISOLA, Leda. **Atlas geográfico Saraiva.** 4. ed. São Paulo: Saraiva, 2013.

Brasil: clima

Fonte: GIRARDI, Gisele; ROSA, Jussara Vaz. **Atlas geográfico do estudante.** São Paulo: FTD, 2011.

Brasil: densidade demográfica

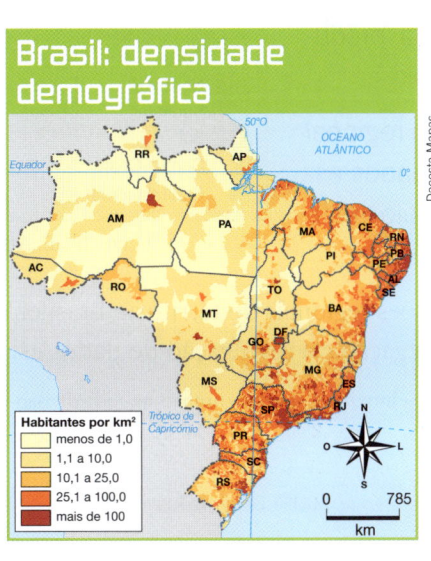

Fonte: IBGE. **Atlas geográfico escolar.** Rio de janeiro: IBGE, 2010.

Capítulo 2 — Diferentes regionalizações

Você já deve ter entendido que existem várias maneiras de regionalizar os espaços: a escolha dos critérios depende dos objetivos pretendidos. Vamos, então, conhecer três diferentes divisões regionais do Brasil adotadas nos dias de hoje.

A divisão regional do IBGE

O IBGE divide o Brasil em cinco regiões: Norte, Nordeste, Centro-Oeste, Sudeste e Sul. Observe o mapa.

Frequentemente, a divisão regional do IBGE é considerada a oficial, por ser a divisão adotada pelo governo brasileiro. No entanto, o próprio IBGE tem outras divisões regionais, em diferentes escalas, com fragmentação das cinco regiões em muitas outras. Além disso, há outros órgãos do governo, incluindo ministérios, que adotam divisões regionais baseadas em outros critérios, como a hidrografia ou a produção agrícola, por exemplo.

O objetivo da divisão regional do IBGE é agregar os dados estatísticos levantados pelo Instituto. Leia:

Brasil: divisão regional do IBGE

Fonte: IBGE. **Atlas geográfico escolar**. 4. ed. Rio de Janeiro: IBGE, 2007.

"O IBGE elabora divisões regionais do território brasileiro, com a finalidade básica de viabilizar a agregação e a divulgação de dados estatísticos."

IBGE Teen. Disponível em: <http://teen.ibge.gov.br/mao-na-roda/divisao-politico-administrativa-e-regional>. Acesso em: 6 fev. 2014.

Divisão regional atual do IBGE

A divisão regional adotada atualmente pelo IBGE é uma adaptação da regionalização feita em 1970. As principais adaptações ocorreram por causa de mudanças na Constituição de 1988, que transformou os territórios de Roraima e Amapá em estados da Federação, incorporou Fernando de Noronha ao estado de Pernambuco e desmembrou Goiás em dois estados, criando assim o estado de Tocantins. O estado de Mato Grosso do Sul já havia sido criado por decreto-lei em 1977.

Comparando essa divisão regional com as apresentadas na página 129, não é difícil enumerar algumas diferenças. Na divisão regional de Delgado de Carvalho, que é uma das mais significativas para a Geografia escolar, não existiam as regiões Sudeste nem Nordeste. Ainda que essa proposta utilizasse critérios naturais em sua formulação, seu autor não considerou o domínio das caatingas, por exemplo, como determinante para que a Bahia compusesse o mesmo conjunto regional de Pernambuco, Paraíba, Ceará e Piauí, que são estados com grandes extensões de terras marcadas por essas paisagens secas. Tais questões são interessantes porque revelam as limitações a que estão sujeitas todas as regionalizações.

Pense e responda

- Por que a divisão regional do Brasil feita pelo IBGE respeita os limites dos estados? Pense nos objetivos para os quais ela foi formulada para embasar sua resposta.

▲ Paisagem da caatinga no município de Teofelândia, Bahia, 2012.

▲ Paisagem da caatinga no município de Alagoa Grande, Paraíba, 2013.

A divisão regional do IBGE é resultado de muitas tentativas de regionalização do país. Isso explica por que se afirma que os critérios dessa divisão são naturais, políticos, econômicos e culturais: a cada reformulação da divisão regional foram sendo acrescentados critérios novos, sem que fossem desconsiderados aqueles que embasaram as divisões anteriores.

Alterações da divisão regional do Brasil

A divisão regional do IBGE nem sempre foi como a conhecemos hoje. Observe outras regionalizações feitas por esse órgão federal ao longo de sua história.

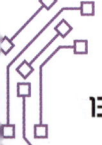

Fonte: IBGE. **Atlas geográfico escolar**. 4. ed. Rio de Janeiro: IBGE, 2007.

Fonte: IBGE. **Atlas geográfico escolar**. 4. ed. Rio de Janeiro: IBGE, 2007.

Fonte: IBGE. **Atlas geográfico escolar**. 4. ed. Rio de Janeiro: IBGE, 2007.

Fonte: IBGE. **Atlas geográfico escolar**. 4. ed. Rio de Janeiro: IBGE, 2007.

1980

Fonte: IBGE. **Atlas geográfico escolar**. 4. ed. Rio de Janeiro: IBGE, 2007.

1990

Fonte: IBGE. **Atlas geográfico escolar**. 4. ed. Rio de Janeiro: IBGE, 2007.

A leitura de mapas do território brasileiro de diferentes períodos (1945 a 1990) permite constatar algumas diferenças nas formas de divisão regional do país. Que mudanças ocorreram nas divisões regionais do território brasileiro? Descreva as principais semelhanças e diferenças existentes entre elas.

Em seguida, pesquise as razões pelas quais o estado de Tocantins passou a compor a Região Norte na regionalização feita pelo IBGE em 1990.

Jogo sobre as regiões brasileiras

No *site* do IBGE, indicado nesta unidade, você conheceu um pouco da história da regionalização no Brasil e obteve acesso ao cartograma **Características do território nacional**, que lhe permitiu aprofundar seus estudos e conhecer mais algumas características de cada uma das 27 unidades federativas.

Com esse conhecimento, você e seus colegas terão o desafio de confeccionar um jogo nos moldes do conhecido Super Trunfo.

Deverão ser confeccionadas 27 cartas, sendo uma para cada unidade da Federação. Para isso, a turma poderá se organizar em cinco grupos de trabalho, já que são cinco as regiões brasileiras, de acordo com a divisão atual. A carta de cada unidade Federativa deverá ter a foto de uma característica que o represente fortemente; acima da foto deverá estar o nome da região e abaixo da foto o nome do estado, a sigla, a capital e o gentílico. Abaixo dessas informações deverá constar uma tabela com as características que serão utilizadas na pontuação do jogo. Finalizada a confecção, é hora de imprimir as cartas e se divertir. Em nosso espaço virtual **@multiletramentos** da plataforma **FTD Digital**, você encontra tutoriais e outros detalhes que vão ajudá-lo na realização desta atividade.

@Explore

Acesse a animação do **IBGE** que mostra um pouco da história da regionalização no Brasil. Disponível em: <http://ftd.li/qyo5xb>. Acesso em: mar. 2014.

A proposta de Milton Santos

O geógrafo Milton Santos, em sua obra **O Brasil: território e sociedade no início do século XXI**, discute uma nova divisão regional, com base na desigualdade da difusão dos meios técnicos e científicos pelo território nacional. Ele considerou, ainda, a inserção das regiões nas redes de comunicação e transporte, identificando, assim, as áreas que contam com as mais modernas soluções tecnológicas.

Segundo o autor, o Brasil seria dividido nas seguintes regiões: Amazônia, Nordeste, Centro-Oeste e região Concentrada.

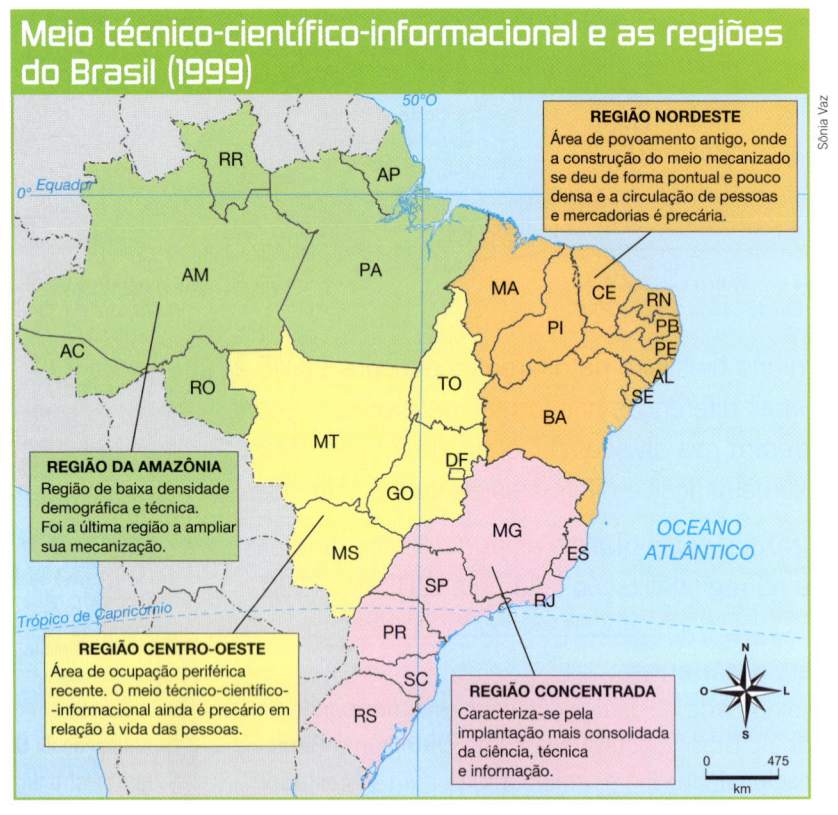

Meio técnico-científico-informacional e as regiões do Brasil (1999)

REGIÃO NORDESTE
Área de povoamento antigo, onde a construção do meio mecanizado se deu de forma pontual e pouco densa e a circulação de pessoas e mercadorias é precária.

REGIÃO DA AMAZÔNIA
Região de baixa densidade demográfica e técnica. Foi a última região a ampliar sua mecanização.

REGIÃO CENTRO-OESTE
Área de ocupação periférica recente. O meio técnico-científico-informacional ainda é precário em relação à vida das pessoas.

REGIÃO CONCENTRADA
Caracteriza-se pela implantação mais consolidada da ciência, técnica e informação.

Fonte: SANTOS, Milton; SILVEIRA, Maria Laura. **O Brasil**: território e sociedade no início do século XXI. 16. ed. Rio de Janeiro: Record, 2012. p. LXIV.

Pense e responda

1. Em sua opinião, por que ainda há tantas diferenças entre as regiões do Brasil?

2. Quais seriam as soluções para diminuir essa desigualdade?

Explore

Desde que se tornou republicano e federalista, em 1889, o Brasil tem alcançado avanços econômicos e sociais, mas ainda não foi capaz de diminuir drasticamente as diferenças inter e intrarregionais. Permanecem contrastes gritantes na provisão de bens e serviços públicos entre as Regiões Norte e Nordeste, de um lado, e o Sul-Sudeste, de outro; assim como ocorre com as capitais, se comparadas à maioria das cidades do interior de cada Estado. Algumas soluções que parecem simples e óbvias – numa visão técnica – continuam adormecidas, à espera de vontade política e de uma visão de longo prazo de vários atores do federalismo brasileiro.

MENDES, Constantino Cronemberger; LASSANCE, Antonio. Federalismo e desigualdade regional. **O Estado de S.Paulo**, São Paulo, 11 nov. 2013. Disponível em:< http://www.estadao.com.br/noticias/impresso,federalismo-e-desigualdade-regional,1095382,0.htm>. Acesso em: 6 mar. 2014.

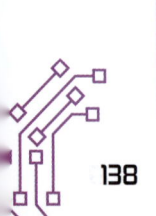

A região concentrada

A partir da década de 1930, encontra-se no Sul uma indústria importante. São Paulo tornou-se uma grande metrópole industrial, onde estavam presentes todos os tipos de fabricação. Chamado a acompanhar esse despertar industrial, o país inteiro conheceu uma quantidade de solicitações e sobretudo foi impregnado pela necessidade de concretizar a integração nacional.

[...] O Estado de São Paulo começa a atrair migrantes de todo o país, mas sobretudo do Nordeste. Entre 1935 e 1939, 37,5% dos migrantes provinham do Estado da Bahia, 23,5% de Minas Gerais, 12,7% de Pernambuco, seguidos pelos Estados nordestinos de Alagoas, Ceará e Sergipe. [...]

Criavam-se, então, as condições de formação do que é hoje a região polarizada do país. Foi um momento preliminar da integração territorial, dado por uma integração regional do Sudeste e do Sul.

SANTOS, Milton; SILVEIRA, Maria Laura. **O Brasil**: território e sociedade no início do século XXI. 16. ed. Rio de Janeiro: Record, 2012. p. 42-43.

A "região polarizadora" a que se refere o texto é a região concentrada da divisão elaborada por Milton Santos. Ela concentra grande parte das redes de comunicação e transporte, como é possível observar nos mapas desta página. Além disso, a economia dessa região influencia as atividades nas demais regiões do país – a produção agropecuária, extrativa e industrial das demais regiões está relacionada às demandas da região concentrada.

Brasil: telefones fixos instalados (1977, 1991, 1997)

Fonte: THERY, Hervé; MELLO, Neli Aparecida. **Atlas do Brasil**: disparidades e dinâmicas do território. 2. ed. São Paulo: Edusp, 2009. p. 243.

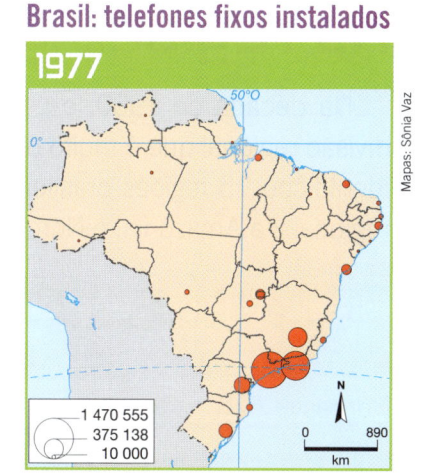

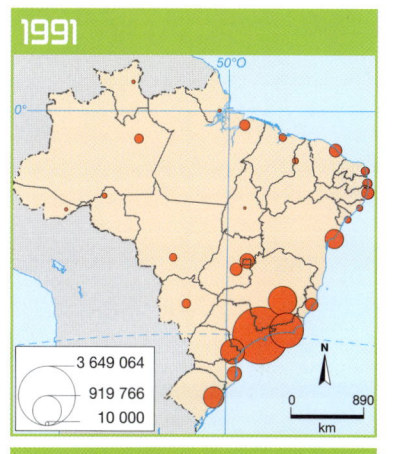

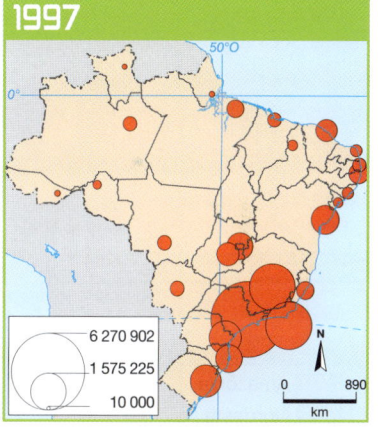

Brasil: ligações aéreas de passageiros (1975, 1995, 2005)

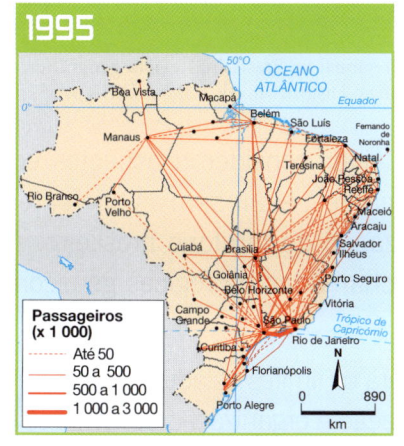

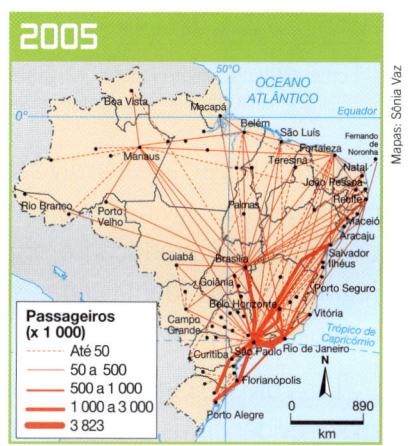

Fonte: IBGE. **Redes e fluxos do território**: ligações aéreas, 2014. Rio de Janeiro: IBGE, 2013.

As regiões geoeconômicas

Na década de 1960, o geógrafo Pedro Pinchas Geiger elaborou uma divisão regional que é muito utilizada ainda hoje nas escolas brasileiras. Ele identificou 15 regiões brasileiras e agrupou-as em três grandes conjuntos regionais: a Amazônia, o Nordeste e o Centro-Sul. Observe o mapa a seguir.

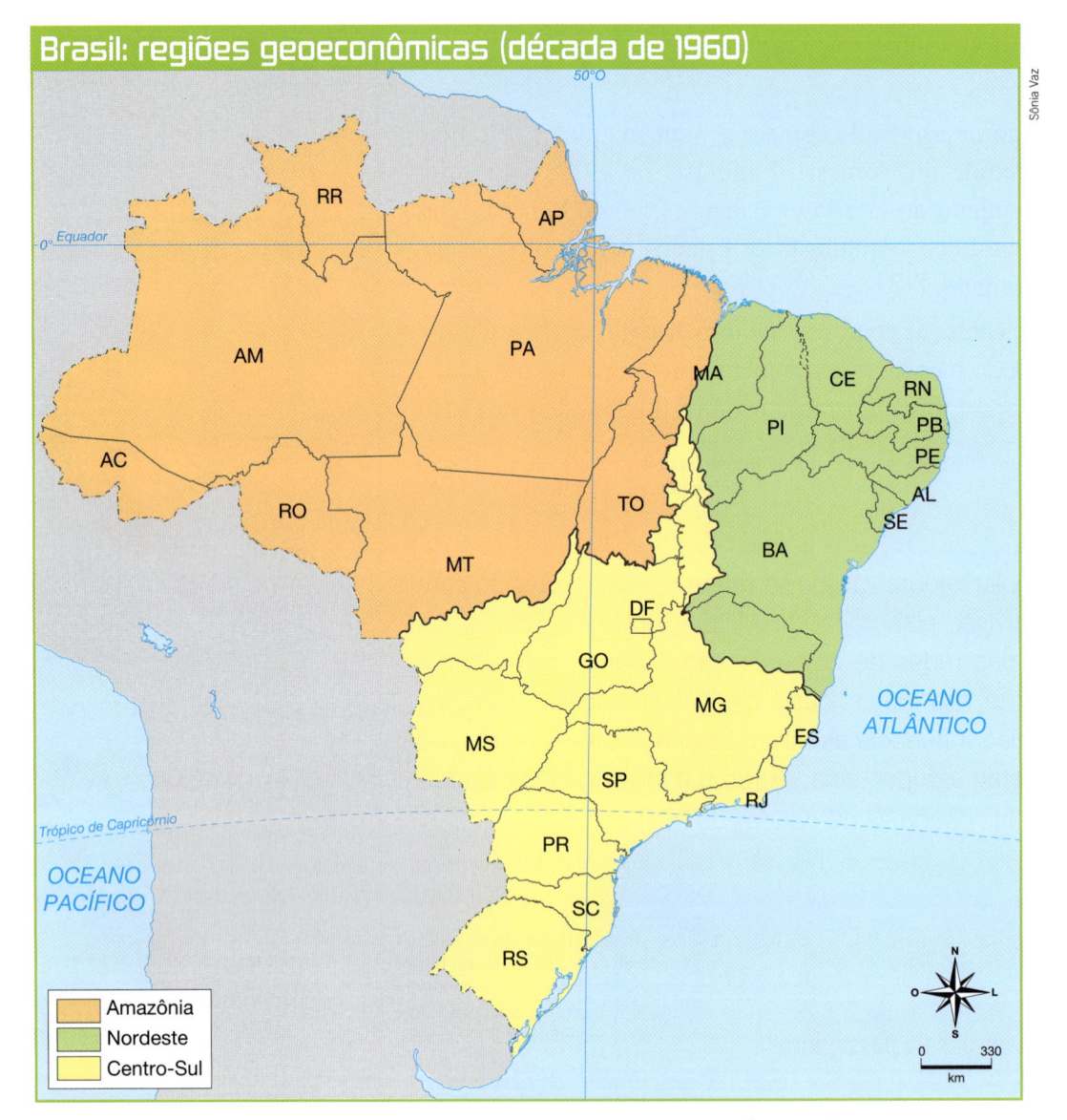

Brasil: regiões geoeconômicas (década de 1960)

Fonte: GEIGER, Pedro Pinchas. Organização regional do Brasil. In: **Revista geográfica**, Rio de Janeiro, Instituto Pan-americano de Geografia e História, n. 61, tomo XXXIII, p. 51, jul.-dez. 1964. .

Para chegar a essa divisão, Geiger considerou aspectos econômicos, com base nas atividades predominantes, e também as diferentes maneiras de ocupação, produção e organização do território brasileiro. As grandes regiões por ele identificadas são chamadas de regiões geoeconômicas ou complexos regionais.

Essa divisão regional desconsidera os limites estaduais, representando com maior evidência as formas de ocupação e organização do território brasileiro.

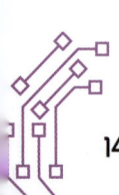

Os complexos regionais vistos por Pedro Geiger

Caracteriza-se também este período [década de 1960] pelo estabelecimento de uma hierarquia nítida entre as três grandes regiões de que se compõe o país. O conjunto é comandado pela região Centro-Sul à qual se sujeitam o Nordeste e a Amazônia, embora o primeiro apresente uma certa autonomia, um processo de desenvolvimento interior próprio. Esta hierarquia fundamenta-se, sobretudo, no processo de industrialização concentrado no Centro-Sul.

Mas esta separação entre Amazônia, Nordeste e Centro-Sul segue, também, antigas linhas de clivagem, marcadas por diferenças no processo de ocupação do território brasileiro ao longo de sua história. A Amazônia é o domínio da floresta equatorial que foi deixada de lado pela colonização europeia e que nunca dispôs de uma população indígena bastante numerosa para a sua ocupação. O Nordeste é, historicamente, a primeira região do país. Alvo das correntes mais importantes do povoamento inicial português, no entanto, mais tarde, a região não apresentaria atrativos para receber novas levas de migrantes europeus. A estreiteza de sua faixa de matas ao longo do litoral, as vastas extensões semiáridas do interior tornavam-na inferior às regiões que compõem a região Centro-Sul que, além do mais, encerrava riquezas minerais. [...]

O Centro-Sul é a região na qual, sobre uma sociedade composta de elementos de origem lusitana e negros de origem africana, se sobrepuseram, em diversos trechos, populações fixadas pela colonização europeia dos séculos 19 e 20. Nesta região, o grande incremento populacional se deve, em boa proporção, à imigração de italianos, portugueses, espanhóis, alemães e outros.

A colonização europeia teve o sentido de abrir novas regiões agrícolas, como o de influir, decisivamente, na organização de grandes cidades e no desenvolvimento de uma metrópole do porte de São Paulo.

[...] Além de elementos de população provenientes do exterior (e no século 20 conta-se também a entrada de apreciável contingente japonês), ao Centro-Sul afluíram correntes migratórias originadas de outras partes do país.

GEIGER, Pedro Pinchas. Organização regional do Brasil. In: **Revista geográfica**, Rio de Janeiro, Instituto Pan-americano de Geografia e História, n. 61, tomo XXXIII, jul.-dez. 1964. p. 37-38.

▲ Vista aérea da floresta amazônica, no Parque Nacional Montanhas do Tumucumaque, Amapá, 2012.

▲ Engenho de cana-de-açúcar, em Recife (PE), 1972.

▲ Indústria de suco de laranja, no município de Catanduva (SP), 2013.

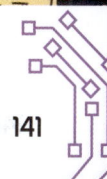

Atividades

Reveja

1 Sobre as divisões regionais do território brasileiro apresentadas nesta unidade, complete, em seu caderno, a tabela com o nome, quem a propôs e os critérios adotados para cada uma delas.

Nome	Autor	Critérios

2 Em que região do Brasil você mora segundo o IBGE? E segundo o geógrafo Pedro Pinchas Geiger? E segundo Milton Santos?

3 Por que a regionalização feita pelo IBGE é considerada a "oficial"?

4 Para Milton Santos, o que são "meios técnicos e científicos"? Como eles estão distribuídos pelo território nacional?

5 Observe o mapa da página 140 com as regiões geoeconômicas brasileiras. Nele, os estados de Minas Gerais, Mato Grosso e Maranhão integram duas regiões ao mesmo tempo.

a) Identifique as regiões das quais esses estados fazem parte.

b) Explique por que esses estados integram mais de um complexo regional.

Analise

6 O gráfico ao lado mostra o percentual da população que utiliza a internet, por região do país. Analise-o para responder às questões propostas.

a) Quais regiões têm maior percentual de usuários? Quais têm menor participação da população no uso da internet?

b) Os dados do gráfico ajudam a comprovar as ideias de Milton Santos de que existe uma "região concentrada" no Brasil? Justifique.

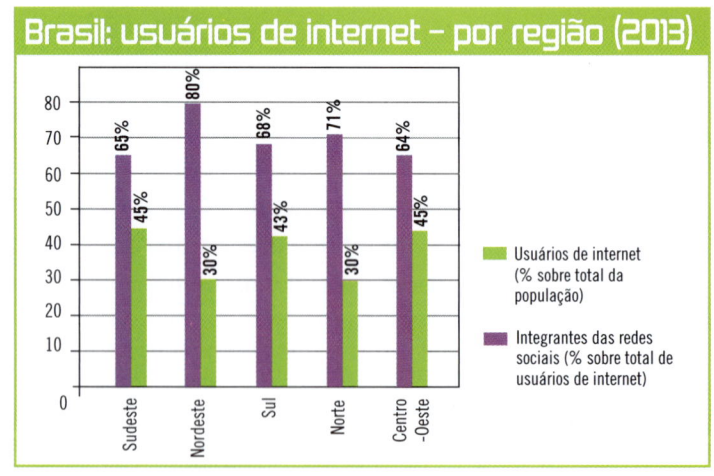

Brasil: usuários de internet – por região (2013)

Região	Usuários de internet (% sobre total da população)	Integrantes das redes sociais (% sobre total de usuários de internet)
Sudeste	45%	65%
Nordeste	30%	80%
Sul	43%	68%
Norte	30%	71%
Centro-Oeste	45%	64%

Fonte: IBGE. Disponível em: <http://www.ibge.com.br>. Acesso em: jul. 2014.

Explique

7 Observe as fotografias e responda às questões.

▲ Colheita de soja no município de Itiquira (MT), em 2001.

▲ Colheita de soja no município de Sinop (MT), em 2011.

a) Itiquira e Sinop situam-se no mesmo estado e são cidades ligadas à produção agrícola comercial, com monoculturas de soja, e outros grãos. Na primeira, há ocorrência de vegetação de cerrado e, na segunda, de floresta Amazônica. Em uma regionalização do espaço brasileiro elaborada por você, essas áreas ficariam numa mesma região ou separadas? Por quê?

b) Como os diferentes autores das regionalizações abordadas nesta unidade incluiriam esses dois municípios em suas divisões regionais?

Fórum

Leia o texto e observe o mapa ao lado, que mostra a situação do trabalho infantil no Brasil em 2011 e 2012.

Entre 2011 e 2012, a maior queda porcentual no trabalho infantil (23%) ocorreu na faixa dos 10 a 13 anos, e corresponde a 142.000 crianças. O nível de ocupação das pessoas de 5 a 17 anos no Brasil foi de 8,3% em 2012, frente a 8,6% em 2011 e 9,8% em 2009.

No entanto, as regiões Sudeste e Centro-Oeste apresentaram aumento nos índices, de 0,83% e 14,72%, respectivamente. No Sudeste, os números foram de 1,07 milhão para 1,08 milhão. No Centro-Oeste, saltaram de 231.000 para 265.000. O Nordeste foi a região com a maior queda, de 15,34% – o que significa que 197.000 crianças deixaram de trabalhar. O menor porcentual foi apontado na região Sul, com 3,71%.

Brasil: trabalho infantil

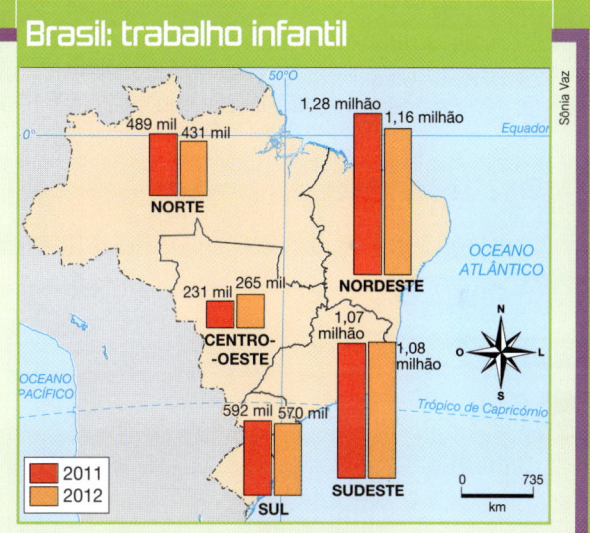

Fonte: IBGE. **Pesquisa Nacional por Amostra de Domicílios** – 2012. v. 32. Rio de Janeiro: IBGE, 2012.

TRABALHO infantil cai no país, mas cresce em duas regiões. **Veja**, 27 set. 2013. Extraído do *site*: <http://veja.abril.com.br/noticia/economia/trabalho-infantil-cai-425-no-pais-mas-aumenta-no-sudeste-e-centro-oeste>. Acesso em: 5 fev. 2014.

a) O que podemos observar no mapa?

b) Quais são as principais informações trazidas pelo texto?

c) Promova um debate com seus colegas sobre a importância do combate ao trabalho infantil nas diferentes regiões.

Cartografia

Regionalizando o Brasil

Como já vimos anteriormente, a regionalização é o agrupamento de áreas com características semelhantes entre si. Nesta seção, você irá criar a sua divisão regional do Brasil. Para isso, são apresentadas, a seguir, diversas informações sobre aspectos físicos, sociais e econômicos do Brasil. A análise desses mapas permitirá a você propor critérios para a sua regionalização. E lembre-se: para regionalizar, é preciso generalizar algumas informações.

Fonte: GIRARDI, Gisele; ROSA, Jussara Vaz. **Atlas geográfico do estudante**. São Paulo: FTD, 2011.

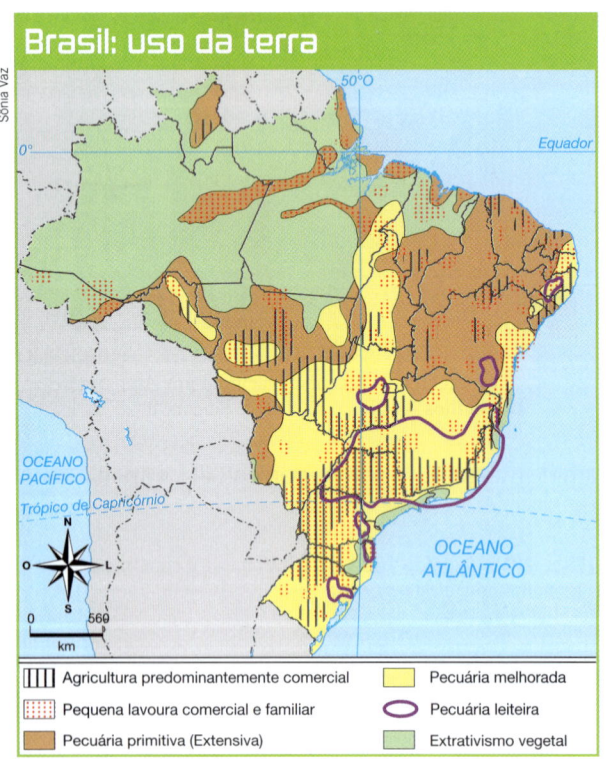

Brasil: vegetação

- Floresta Amazônica
- Mata dos Cocais
- Matas Atlânticas
- Mata de Araucárias
- Caatinga
- Cerrado
- Campos
- Campinarana (campinas do rio Negro)
- Complexo do Pantanal (cerrado e campos inundáveis)
- Vegetação litorânea (mangue, restinga, jundu)

Brasil: uso da terra

- Agricultura predominantemente comercial
- Pequena lavoura comercial e familiar
- Pecuária primitiva (Extensiva)
- Pecuária melhorada
- Pecuária leiteira
- Extrativismo vegetal

Fonte: SIMIELLI, Maria Elena. **Geoatlas**. São Paulo: Ática, 2011.

Brasil: distribuição da população

10 mil habitantes

Fonte: IBGE. **Atlas geográfico escolar**. Rio de Janeiro: IBGE

Brasil: Produto Interno Bruto (2009)

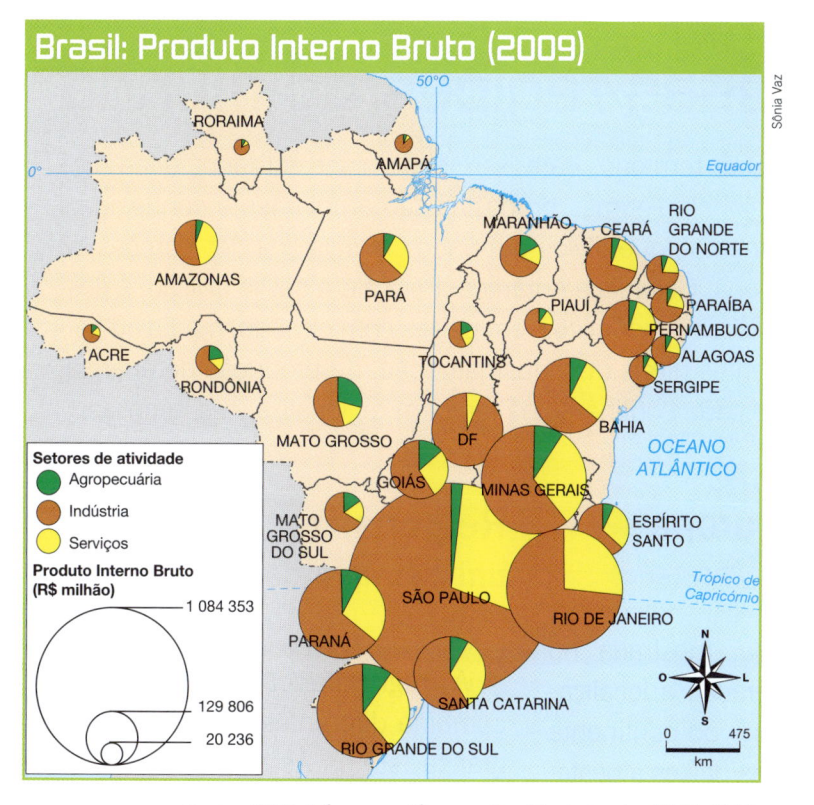

Fonte: IBGE. **Atlas geográfico escolar.** Rio de Janeiro: IBGE, 2012.

Reúna-se com alguns colegas para criar a regionalização. Siga os passos abaixo.

1 Conversem sobre os possíveis critérios de divisão regional do território brasileiro. Escolham os critérios de regionalização e redijam um texto com os argumentos utilizados na decisão do grupo.

2 Utilizando um papel vegetal, desenhem o traçado dos estados e os limites do país. Este será o mapa base da regionalização.

3 Representem, no mapa, a divisão regional que o grupo estabeleceu. Lembrem-se de que não é obrigatório levar em conta o limite dos estados. Os limites das regiões dependem apenas dos critérios escolhidos por vocês.

4 Pintem as regiões com cores diferentes e estabeleçam uma legenda indicando os nomes delas. É importante que as regiões tenham nomes relacionados ao critério de regionalização escolhido.

5 Deem um título adequado ao mapa.

Aldeia global

As mais famosas regiões do mundo

É possível regionalizar qualquer território. Para isso, podem ser utilizados diferentes critérios. De uma perspectiva global, algumas propostas são amplamente conhecidas, como a de regionalização continental, que divide o mundo em seis grandes porções de terra: África, América, Ásia, Europa, Oceania e Antártica. Para além dessa divisão, é possível regionalizar o mundo em blocos econômicos; em países com elevado, médio ou baixo desenvolvimento; com diferentes níveis de industrialização, de produção de energia; entre outros critérios. Dentro de cada continente há também regionalizações famosas.

Regionalização da Europa
um exemplo de critério

A regionalização da Europa, mostrada no mapa abaixo, leva em consideração a localização geográfica. Os países a leste do continente constituem a Europa Oriental; os países a oeste, a Ocidental; ao norte, a Setentrional. Por fim, os países ao sul e a leste formam o sudeste europeu, enquanto aqueles ao centro formam a Europa Central.

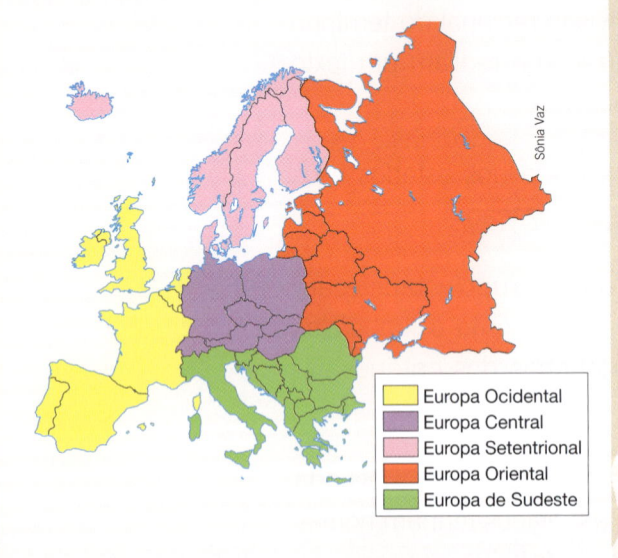

Fonte: GIRARDI, G.; ROSA, J. V. **Novo atlas geográfico do estudante**. São Paulo: FTD, 2005. p. 105.

Regionalização da Ásia
um exemplo de combinação de critérios

A regionalização apresentada a seguir combina diferentes critérios: localização geográfica (sul da Ásia, sudeste asiático e Extremo Oriente), organização política e histórica (parte asiática da Ex-União Soviética) e características culturais e de organização política (Oriente Médio).

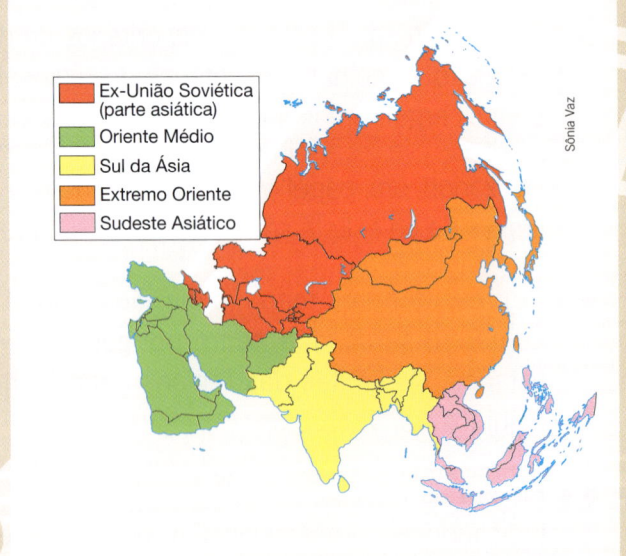

Fonte: GIRARDI, G.; ROSA, J. V. **Novo atlas geográfico do estudante**. São Paulo: FTD, 2005. p. 109.

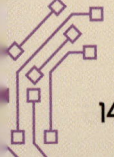

Regionalização da África
uma questão de referência política

Toda regionalização é política. As regiões não existem naturalmente no mundo; quem as nomeia são os seres humanos. Veja o caso da África.

A regionalização mostrada no mapa a seguir apresenta o norte da África (ou África Setentrional) e a África Subsaariana, cujo limite – de forma geral – é o deserto do Saara.

Você já estudou que não é geograficamente correto dizer que há "acima" ou "abaixo" em um mapa, pois a Terra é praticamente esférica, não é mesmo?

Assim, é possível inferir que a expressão "África Subsaariana", que significa "África *abaixo* do Saara", tem também uma conotação política eurocêntrica. Essa região africana é considerada mais pobre em desenvolvimento humano e econômico.

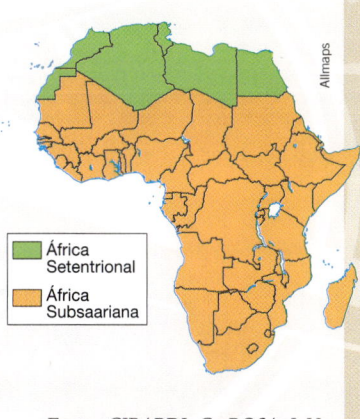

- África Setentrional
- África Subsaariana

Fonte: GIRARDI, G.; ROSA, J. V. **Novo atlas geográfico do estudante**. São Paulo: FTD, 2005. p. 101.

Regionalização da América
um exemplo de generalização

O critério utilizado para a regionalização mostrada no mapa foi cultural.

- América Latina – países de idioma e cultura latina (de origem românica, como espanhol, português e francês); países historicamente dominados pelos impérios coloniais português e espanhol.

- América Anglo-saxônica – países de idioma e cultura anglo-saxônica ou neerlandesa.

Ora, mas em boa parte do Canadá, por exemplo, se fala francês! Em Belize, se fala inglês. No Suriname, holandês. Essas são exceções que nos mostram que, para regionalizar um território, é preciso generalizar algumas informações, pois as regiões nunca são completamente uniformes.

Groenlândia (DIN)

- América Anglo-saxônica
- América Latina

Fonte: GIRARDI, G.; ROSA, J. V. **Novo atlas geográfico do estudante**. São Paulo: FTD, 2005. p. 85.

Sobre o texto

1. Cite um tipo de regionalização do mundo. Qual é o critério envolvido nela?

2. Qual é o critério que dá nome às regiões europeias mostradas no mapa da página anterior? E os critérios da regionalização da Ásia, quais são?

3. As regiões e regionalizações são naturais? Explique.

4. Além das regiões mostradas no mapa da África, existem mais duas que são bastante famosas. Faça uma pesquisa para descobrir quais são e anote seus nomes no caderno.

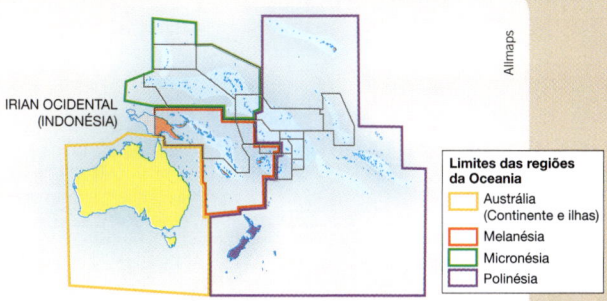

5. O que define as regiões Anglo-saxônica e Latina na América? Quais são os idiomas falados no Canadá? De que região citada esse país faz parte?

6. Observe o mapa das regiões da Oceania. Pesquise o significado de cada região e anote em seu caderno.

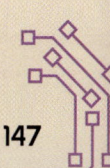

IRIAN OCIDENTAL (INDONÉSIA)

Limites das regiões da Oceania
- Austrália (Continente e ilhas)
- Melanésia
- Micronésia
- Polinésia

GIRARDI, G.; ROSA, J. V. **Novo atlas geográfico do estudante**. São Paulo: FTD, 2005. p. 113.

147

Unidade 3

Nesta unidade

- Regionalização da Amazônia.
- A biodiversidade amazônica.
- Ambiente amazônico ameaçado.
- Ocupação da Amazônia.

A Amazônia

Cada rio tem características próprias: cor das águas, curso, largura, volume, sentido, continuidade e duplicidade de correnteza. A imagem mostra o encontro de dois rios muito diferentes entre si: o rio Negro (de águas escuras) e o rio Solimões (de águas claras), localizados na Amazônia.

1 Forme uma dupla com um colega e conversem sobre quais fatores fazem que as águas do rio Solimões sejam claras e as do rio Negro sejam escuras. Elaborem uma explicação e apresentem-na aos colegas e ao professor.

2 Observe na imagem que as águas dos rios não chegam a se misturar. Por que isso acontece? Troque ideias com os colegas e com o professor.

@mais

A Amazônia apresenta uma variedade de sementes, plantas e animais – uma rica biodiversidade.

No estado do Acre, a população que vive da floresta conseguiu que o governo estadual criasse uma fundação para pesquisas relacionadas ao uso racional dos recursos naturais. Acesse: <http://ftd.li/gptb3s> (acesso em: fev. 2014).

1. Quais são os objetivos da Funtac (Fundação de Tecnologia do Estado do Acre)?
2. Qual é a importância do Laboratório de Tecnologia de Sementes?
3. Qual é a importância para o povo que trabalha com os recursos naturais da floresta de existir uma fábrica de preservativos no estado?

◀ Encontro das águas dos rios Negro e Solimões, município de Manaus, Amazonas, 2006.

Capítulo 1
Regionalização e aspectos naturais

De acordo com o aspecto escolhido, a Amazônia pode ser regionalizada de diferentes maneiras. Por exemplo, se utilizarmos apenas a extensão da floresta Amazônica como critério, haverá mais de uma área que corresponde à Amazônia, pois os limites estabelecidos podem respeitar a fronteira brasileira ou levar em conta toda a região da América do Sul que a floresta abrange.

A região Norte é uma divisão territorial proposta pelo IBGE, com características políticas baseadas nas fronteiras estaduais, que compreende, dentro de seus limites, a Amazônia brasileira.

Fonte: IBGE. **Atlas geográfico escolar**. 6. ed. Rio de Janeiro: IBGE, 2012.

Diferentes regionalizações

Conheça algumas possibilidades de regionalização da Amazônia.

A floresta Amazônica, em toda sua extensão, é usada como critério para estabelecer a chamada **Amazônia Internacional**. Estão dentro de seus limites parte dos territórios do Brasil, Bolívia, Peru, Equador, Colômbia, Venezuela, Guiana, Suriname e Guiana Francesa.

Fonte: REDE AMAZÔNICA DE INFORMAÇÃO SOCIOAMBIENTAL GEORREFERENCIAL (RAISG). **Amazônia sob pressão**. São Paulo: Instituto Socioambiental 2012. Disponível em: <http://raisg.socioambiental.org>. Acesso em: jul. 2014.

Amazônia Legal

A **Amazônia Legal** foi estabelecida pelo Governo Federal em 1953, com o objetivo de organizar os programas de incentivo ao desenvolvimento econômico e à ocupação da região. Compreende os estados do Acre, Amapá, Amazonas, Mato Grosso, Pará, Rondônia, Tocantins e parte do estado do Maranhão. Com aproximadamente 5,2 milhões km² de extensão, a Amazônia Legal equivale a cerca de 60% do território nacional.

Fonte: GIRARDI, Gisele; ROSA, Jussara Vaz. **Atlas geográfico do estudante**. São Paulo: FTD, 2011. p. 42.

A Amazônia na divisão geoeconômica

Na divisão **geoeconômica** proposta por Pedro Pinchas Geiger, a área da Amazônia é identificada por semelhanças na maneira de ocupação, de produção e de organização do território.

Fonte: GEIGER, Pedro Pinchas. Organização regional do Brasil. In: **Revista geográfica**, Rio de Janeiro, Instituto Pan-americano de Geografia e História, n. 61, tomo XXXIII, p. 51, jul.-dez. 1964.

@ Explore

No período entre 1970 e 2000, a população amazônica praticamente triplicou, passando de, aproximadamente, 7,3 milhões de habitantes para 21 milhões de habitantes. Conheça um pouco mais sobre a população que ocupa a Amazônia Legal no *site* <http://ftd.li/5zus76> (acesso em: fev. 2014).

- De acordo com as informações do *site*, onde se concentra a população da Amazônia?

Tome nota

A definição dos limites amazônicos depende do critério adotado.

Ambiente amazônico

Os dois mapas a seguir mostram a vegetação e o clima da região geoconômica da Amazônia. Observe-os e perceba a relação que existe entre essas duas características naturais.

Amazônia: vegetação

Legenda:
- Cerrado
- Floresta Amazônica
- Campos
- Mata dos Cocais
- Vegetação litorânea
- Campinarana (campinas do Rio Negro)
- Limite da região geoeconômica da Amazônia

Fonte: VASCONCELLOS, Regina; ALVES FILHO, Ailton P. **Novo atlas geográfico**: ilustrado e comentado. São Paulo: FTD, 1999.

Amazônia: clima

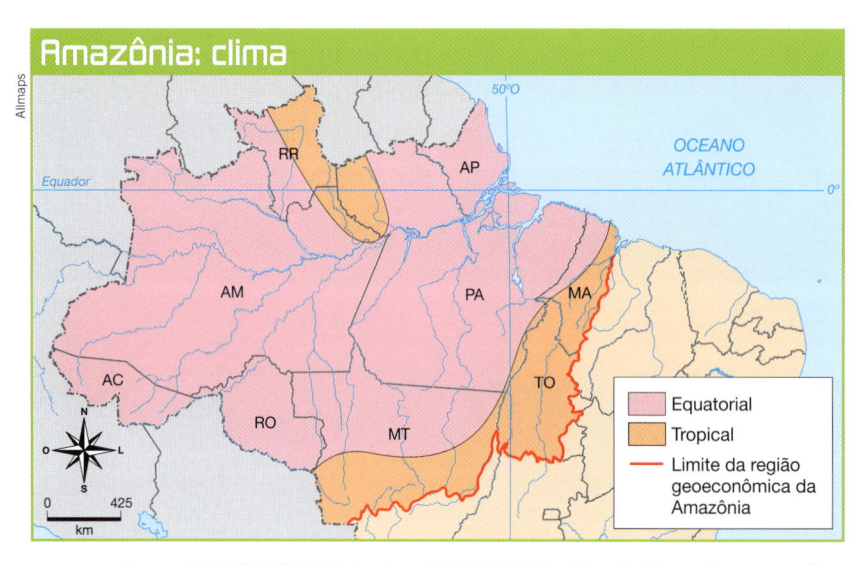

Legenda:
- Equatorial
- Tropical
- Limite da região geoeconômica da Amazônia

Fonte: VASCONCELLOS, Regina; ALVES FILHO, Ailton P. **Novo atlas geográfico**: ilustrado e comentado. São Paulo: FTD, 1999.

Sobre os mapas

Ao comparar os mapas de vegetação e de clima da Amazônia, é possível perceber que a Floresta Amazônica predomina na área de ocorrência do clima Equatorial. Os fatores climáticos, entre outros, têm grande influência na formação da vegetação.

Pense e responda

Com a observação dos mapas, podemos identificar que o clima e a vegetação estão inter-relacionados. Mais do que isso, podemos dizer que são interdependentes, ou seja, as características da flora dependem do tipo de clima e o clima amazônico depende da presença da vegetação.

- Em sua opinião, o que pode acontecer com o clima da região se a floresta for desmatada?

▲ Paisagem com vegetação nativa de cerrado, no município de Porto Nacional, Tocantins, 2013.

▲ Paisagem com vegetação nativa da Floresta Amazônica, no município de Presidente Figueiredo, Amazonas, 2013.

Ao tratar dos aspectos naturais da Amazônia, notamos a presença de diferentes áreas, como as florestas de terra firme, as de várzea e as de igapó, além das regiões de transição entre a floresta e o cerrado e entre a floresta e a caatinga.

As florestas de terra firme, como o próprio nome diz, situam-se em regiões mais altas, que nunca inundam, e cobrem 90% da Amazônia. As de várzea ocupam as planícies e sofrem a influência das cheias e vazantes dos rios. As de igapó localizam-se nas planícies de inundação periódica ou permanente e representam uma rica fonte de alimentos para a fauna aquática. A cobertura vegetal protege e nutre o solo por meio da decomposição de folhas e galhos caídos. É por isso que o desmatamento afeta a dinâmica natural, causando a diminuição da troca de energia.

@Explore

Explore o **Projeto Rios Voadores**, que promove a pesquisa sobre a influência do vapor-d'água amazônico no regime de chuvas em outras regiões. Disponível em: <http://ftd.li/vfyha6> (acesso em: fev. 2004).

1. Explique o que são os rios voadores.
2. Como eles são formados?
3. De que forma os rios voadores influenciam no clima de outras regiões do país?

Perfil de vegetação da Floresta Amazônica

Altura em metros

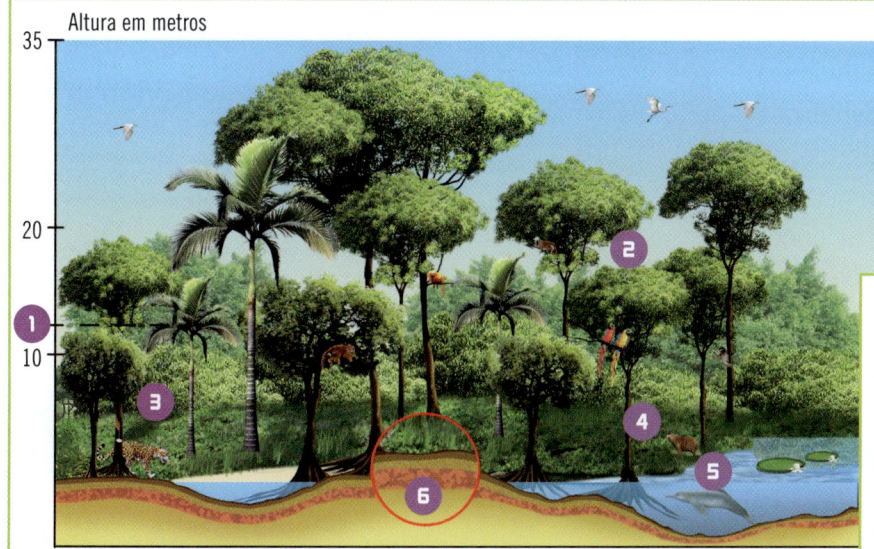

1. Nível máximo de inundação na época das cheias
2. Muitas espécies vivem na copa das árvores (animais, epífitas, cipós etc.)
3. *Hevea Brasiliensis* – seringueira típica da mata dos igapós
4. Espécies com raízes aéreas
5. Pequenos corpos d'água
6. Solos pouco profundos

Fonte: VASCONCELLOS, Regina; ALVES FILHO, Ailton P. **Novo atlas geográfico**: ilustrado e comentado. São Paulo: FTD, 1999.

Uma relação de interdependência

As variedades de espécies vegetais e animais têm um papel muito importante no equilíbrio do bioma amazônico.

Quando se observam fotografias da floresta Amazônica, é difícil imaginar que seu solo seja pobre em nutrientes. É a própria cobertura vegetal que protege e nutre o solo. Isso quer dizer que os nutrientes que mantêm essa exuberante floresta têm origem na própria floresta. As folhas e os galhos, ao caírem, juntamente com os animais que morrem, vão se decompondo de maneira mais rápida em razão das altas temperaturas e da elevada umidade, e essa decomposição dá origem aos nutrientes, que são absorvidos pelas raízes das plantas.

▲ Solo coberto por folhagem, no município de Tabatinga, Amazonas, 2011.

O equilíbrio ameaçado

Essa relação de interdependência tem garantido a sobrevivência da floresta por milênios. No entanto, esse equilíbrio é ameaçado pelo desmatamento, pela poluição dos rios e do solo e pela erosão.

A cobertura vegetal, como já dissemos, auxilia na manutenção da umidade do ar, e sua derrubada afeta o regime das chuvas e provoca modificação nas temperaturas, uma vez que a taxa de evaporação das plantas diminui.

As atividades de garimpo, pecuárias e agrícolas praticadas na região não são adequadas à manutenção do equilíbrio, visto que o solo depende diretamente dos nutrientes originados da decomposição vegetal e animal.

A utilização de fertilizantes e herbicidas de origem inorgânica (química) tem sido uma proposta moderna para dar ao solo grande quantidade de nutrientes e realizar o desenvolvimento de práticas agrícolas sem provocar danos. No entanto, o que se vê na Amazônia é o abandono de áreas que já não apresentam os rendimentos pretendidos e o desmatamento de novas terras.

> **Lembre**
> O desmatamento afeta a dinâmica natural, já que diminui a intensidade da troca de energia entre floresta e solo, e intensifica a erosão – no processo de erosão, a camada superficial do solo, sem a proteção da cobertura vegetal, é levada pela chuva para o leito dos rios.

▶ Foto aérea de desmatamento em área da floresta Amazônica, município de Uruara, Pará, 2013.

Atividades

Reveja

1 Explique o que é a Amazônia Internacional.

2 Qual foi o objetivo da criação da Amazônia Legal?

3 Caracterize os tipos de vegetação da Amazônia a seguir:

a) Terra Firme   b) Várzea   c) Igapó

Analise

4 Observe o gráfico ao lado que retrata o avanço do desmatamento da Amazônia ao longo dos anos.

a) Pela leitura do gráfico, quais foram os anos com maior desmatamento?

b) Considerando que em 2 km² da Amazônia já foi registrada uma diversidade de trezentas espécies distintas de árvores, em sua opinião, o desmatamento em 2012 foi irrelevante?

c) Sabendo que o clima e a vegetação estão interligados, o desmatamento pode alterar o clima local? Justifique.

Desmatamento da Amazônia Legal (1998 a 2012)
Medição anual (em Km²)

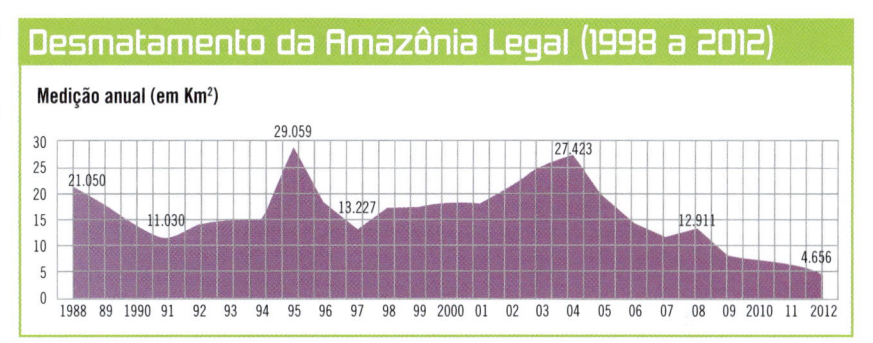

Gráfico elaborado com base em: DESMATAMENTO da Amazônia sobe 26% nos últimos 7 meses, diz Inpe. **G1**. Disponível em: <http://g1.globo.com>. Acesso em: mar. 2014.

Explique

5 Leia o trecho de uma reportagem a respeito da Amazônia.

> De tempos em tempos, uma discussão volta ao país: a suposta ameaça de internacionalização da Amazônia. A primeira vez que se falou no assunto foi no século XIX, quando um militar americano reivindicou a abertura do rio Amazonas à navegação estrangeira, despertando ira. A saída da ambientalista Marina Silva do Ministério do Meio Ambiente, em maio de 2008, trouxe o tema de volta. Questionando a capacidade brasileira de zelar pelo riquíssimo patrimônio amazônico, um dos mais influentes jornais do mundo, The New York Times, publicou artigo intitulado "De quem é essa floresta, afinal?". O presidente Lula bradou: "A Amazônia tem dono, e são os brasileiros.

AMAZÔNIA internacional. **Veja**. Disponível em: <http://veja.abril.com.br>. Acesso em: 10 mar. 2014.

- Quais as dificuldades do Brasil em vigiar e proteger as fronteiras da Amazônia?

Capítulo 2 — A ocupação da Amazônia

A ocupação da Amazônia é muito antiga. Habitada por inúmeros povos indígenas, a região só ficou conhecida pelos europeus após a chegada do espanhol Francisco de Orellana, em 1542. Pelo Tratado de Tordesilhas, essas terras pertenciam à Espanha.

No início da colonização do continente americano, as nações europeias não deram muita importância à região, permitindo sua ocupação por companhias religiosas que tinham o objetivo de catequizar a população nativa local. Para isso, missões acabaram sendo criadas ao longo dos muitos rios da região.

No século XVII, ocorreram as primeiras tentativas de ocupação por meio da agricultura, com o cultivo de cacau, cravo, algodão, café e cana-de-açúcar. Essa experiência, no entanto, fracassou por falta de conhecimentos adequados para o cultivo dessas espécies nas condições climáticas da Amazônia, além das dificuldades no escoamento da produção.

Durante os séculos XVII e XVIII, Portugal construiu diversos fortes na Amazônia, especialmente ao longo dos rios, com o objetivo de combater as tentativas de ocupação da região por outras nações europeias. O Tratado de Madri, assinado em 1750 entre Portugal e Espanha, definiu grande parte das atuais fronteiras da região Norte do Brasil.

O extrativismo vegetal

A história da Amazônia e a do extrativismo caminharam juntas desde o início da ocupação europeia na região. A extração das drogas do sertão, riquezas naturais que compreendem produtos como o guaraná, o anil, o urucum, a copaíba, o pau-cravo, o cacau, a baunilha e a castanha-do-pará, orientou as incursões pelo interior do território.

Não se tratava de fixação efetiva da população, mas a presença desses exploradores assegurou a posse portuguesa de grande parte da região, garantida pela assinatura do Tratado de Madri.

A extração desses produtos deu-se, basicamente, pela exploração da mão de obra indígena escravizada, que era monopólio dos religiosos. A exploração não ocorreu de forma pacífica, pois eram constantes os conflitos entre missionários e indígenas e missionários e colonos, que também queriam participar da lucrativa exploração.

Missão: denominação atribuída aos aldeamentos indígenas organizados e administrados por jesuítas no Novo Mundo (América), durante os séculos XVI, XVII e XVIII.

Tratado de Madri: acordo firmado entre Portugal e Espanha para estabelecer seus domínios coloniais na América, com base na posse de terras.

Extrativismo: atividades de coleta de produtos naturais, de origem animal, vegetal ou mineral.

Incursão: entrada, invasão.

@ Explore

Há bastante tempo, algumas indústrias descobriram a riqueza dos produtos da Amazônia. Conheça mais no *site* <http://ftd.li/u5ango> (acesso em: mar. 2014).

- Quais são os principais produtos fabricados com as riquezas da Amazônia apresentados no vídeo?

Extração do látex

No começo do século XIX, teve início a extração do látex para a produção da borracha. Essa atividade se desenvolvia em áreas próximas a Belém e estendia-se pelo rio Amazonas.

Em pouco tempo, a borracha tornou-se um produto essencial para a indústria e ganhou notoriedade internacional. Com isso, a região tornou-se mundialmente conhecida, gerando muita riqueza. Belém e Manaus desenvolveram-se enormemente e ganharam ares de metrópole, atendendo a uma parcela específica da população, os chamados "barões da borracha", que enriquecera com a exploração do látex.

▲ Urucum.

▲ Extração de látex, Pará, 2013.

Extração da madeira

Uma das grandes riquezas da floresta Amazônica é a chamada madeira de lei, particularmente o mogno, a sucupira, a andiroba, o açacu, o acapu, o pau-pereira, o pau-rosa, o angelim-vermelho e o abiu-pitomba. Historicamente, a exploração desse recurso ocorreu de forma descontrolada e ilegal, colocando em risco a reposição natural das árvores.

Nos últimos anos, os esforços conjugados de ambientalistas e dos governos estadual e federal têm buscado deter o desmatamento. Uma das estratégias é difundir técnicas que possibilitem a exploração sustentável da floresta e a geração de empregos para a população envolvida na atividade. Discutem-se, entre outras técnicas, a criação de reservas extrativistas, as regras de derrubada seletiva, as políticas de reposição planejada de espécies e a intensificação da fiscalização.

Uma experiência muito rica de exploração florestal é desenvolvida no estado do Acre, com base no pensamento do seringalista Chico Mendes. A exploração da borracha ocorre sob o conceito da "floresta em pé": um dos objetivos dos seringueiros passa a ser o da preservação da floresta. Além disso, nas áreas de exploração a organização do trabalho funciona em termos muito diferentes das relações trabalhistas já descritas nos seringais.

▲ Mogno.

Madeira de lei: madeira de alto valor econômico.

Nós

Desmatamento ilegal

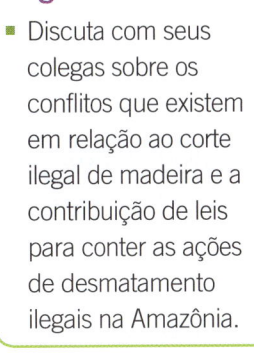

- Discuta com seus colegas sobre os conflitos que existem em relação ao corte ilegal de madeira e a contribuição de leis para conter as ações de desmatamento ilegais na Amazônia.

Política de ocupação da Amazônia

Na segunda metade do século XX, a política de ocupação da Amazônia esteve ligada à abertura de grandes estradas, à extração de minérios (garimpos) e de madeira e também à agricultura de subsistência.

O impacto da construção de estradas, entretanto, foi grande. As obras intensificaram o desmatamento da floresta e ampliaram os danos ao solo. Por outro lado, a região deixou de depender exclusivamente dos transportes fluviais.

Nesse período de novas perspectivas para o desenvolvimento da região, ocorreu a criação da Zona Franca de Manaus, pelo Governo Federal, em 1967, por meio da Sudam (Superintendência do Desenvolvimento da Amazônia), no estado do Amazonas.

A Zona Franca de Manaus

▲ Vista aérea do Distrito Industrial do município de Manaus (AM), 2010.

O objetivo da criação da Zona Franca de Manaus foi instalar um polo industrial na cidade, com facilidades e incentivos fiscais (redução na taxação de impostos), a fim de desenvolver os estados do Amazonas, Acre, Rondônia e Roraima, que viviam uma estagnação econômica desde a decadência do ciclo da borracha.

As isenções fiscais incentivaram a instalação de várias indústrias, contribuindo para o crescimento econômico e populacional da cidade de Manaus e da região amazônica. As primeiras fábricas instalaram-se em 1972, e o crescimento foi mais intenso até 1982.

Em 1988, a nova Constituição brasileira manteve a Zona Franca de Manaus com a continuidade dos incentivos fiscais até 2013, a fim de estimular a economia local. Nesse ano, uma emenda constitucional prorrogou o estímulo até 2023.

Pense e responda

1. A construção da Zona Franca de Manaus foi uma das estratégias do Governo Federal para ocupar a região Norte. Podemos afirmar que essa estratégia atingiu o seu objetivo? Justifique.

2. Você sabe quais produtos são feitos na Zona Franca de Manaus? Faça uma pesquisa.

Explore

Explore o *site* da **Suframa** (Superintendência da Zona Franca de Manaus), órgão do governo responsável por administrar e fiscalizar a Zona Franca de Manaus, e descubra mais informações sobre esse polo industrial. Disponível em: <http://ftd.li/zqhaqk> (acesso em: fev. 2014).

Os grandes projetos na Amazônia

Durante décadas, a paisagem da Amazônia foi sendo rapidamente transformada por grandes projetos instalados na região. Entre os que foram implementados, destacam-se os de exploração mineral, muitas vezes integrados à geração de energia elétrica e a projetos agropecuários e de extração florestal. Eles faziam parte da política de colonização da Amazônia desenvolvida pelo Governo Federal, na década de 1970.

Nesse processo de ocupação e exploração, os maiores prejudicados foram os indígenas e os posseiros, que chegaram à região muito antes das grandes companhias e acabaram sendo expulsos das terras que ocupavam e até mortos.

Observe no mapa ao lado a localização de projetos importantes que foram desenvolvidos na Amazônia.

Fonte: CARNEIRO FILHO, Arnaldo; SOUZA, Oswaldo Braga de. **Atlas de pressões e ameaças às terras indígenas na Amazônia brasileira**. São Paulo: Instituto Socioambiental, 2009.

Serra do Navio

A exploração de manganês na Serra do Navio, no Amapá, teve início em 1946, quando esse estado ainda era um território. O direito de lavra da área foi transferido, por meio de concorrência pública, à empresa Icomi, que passou a explorar, em associação com capital norte-americano, uma das maiores reservas de manganês do mundo. O minério era transportado por ferrovia até o porto de Santana, nas margens do rio Amazonas, de onde era exportado para os Estados Unidos.

A partir da década de 1990, os custos de exploração tornaram inviável esse projeto, pois a região estava praticamente reduzida a uma grande cratera e os depósitos restantes só poderiam ser explorados com técnicas de mineração em profundidade.

Lago residual da antiga mineração de manganês na região da Serra do Navio, Amapá, 2005.

Projeto Jari

No início da década de 1970, esse projeto foi criado pelo empresário americano Daniel Ludwig na foz do rio Jari, com a intenção inicial de produzir e exportar celulose, expandindo-se depois para outros setores, inclusive a mineração. Esse projeto fracassou, tendo contribuído para o desmatamento de milhões de hectares de floresta nessa região.

▲ Vista aérea de instalações do Projeto Jari (PA), 1996.

Projeto Carajás

Pesquisas realizadas nas décadas de 1960 e 1970 revelaram, na Serra dos Carajás, no Pará, uma área rica em vários minerais, especialmente o ferro de alto teor, a bauxita, o ouro, a cassiterita, o manganês, o níquel e o cobre. Para explorá-los, implantou-se na região, entre 1979 e 1986, o Projeto Carajás.

Para viabilizar a atividade extrativa, houve investimentos na construção de infraestrutura de transportes, como estradas, ferrovias e portos, e de usinas hidrelétricas, como a de Tucuruí, para o abastecimento de energia elétrica na região. A Estrada de Ferro Carajás, que liga a Serra dos Carajás ao porto de Itaqui, em São Luís do Maranhão, desempenha um papel importante no transporte de cargas e no escoamento do minério, tanto para exportação quanto para abastecimento do mercado interno.

Fonte: CARNEIRO FILHO, Arnaldo; SOUZA, Oswaldo Braga de. **Atlas de pressões e ameaças às terras indígenas na Amazônia brasileira**. São Paulo: Instituto Socioambiental, 2009.

Projeto Calha Norte

O Projeto Calha Norte, desenvolvido no fim do período de ditadura militar (1985), não estava relacionado às atividades de mineração, mas foi importante para a região Norte, pois visava controlar as áreas de fronteiras, onde estavam localizados muitos territórios indígenas, além de reservas minerais.

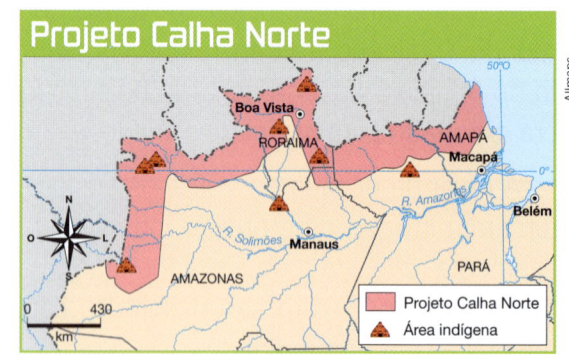

Fonte: IBGE. **Atlas geográfico escolar**. Rio de Janeiro: IBGE, 2012.

@ Explore

Conheça um pouco mais do **Projeto Jari** no *site* a seguir: <http://ftd.li/8frffk> (acesso em: fev. 2014).
- De acordo com as informações do *site*, qual era a finalidade maior do Projeto Jari?

Geração de energia elétrica

Os investimentos do Governo Federal na geração e no fornecimento de energia elétrica, a partir da década de 1970, tinham como interesses principais o atendimento da demanda crescente de energia, particularmente na região Nordeste, e o suporte aos empreendimentos minero-metalúrgicos do ferro e do alumínio.

Em 1975, iniciou-se a construção da usina hidrelétrica de Tucuruí (PA), cuja primeira etapa foi concluída em 1992 e a segunda, em 2007. A capacidade de geração da usina é de 8 370 MW. Sua implantação causou graves impactos, como a remoção de populações moradoras da região inundada e o desequilíbrio no bioma.

Depois de Tucuruí, na década de 1980, outra usina, a de Balbina, foi construída na Amazônia, dessa vez no rio Uatumã (AM).

Atualmente, estão em construção as hidrelétricas de Jirau, no rio Madeira (RO), e a de Belo Monte, no rio Xingu (PA), que integram políticas públicas do Governo Federal.

Observe o mapa a seguir, que mostra os rios e as principais hidrelétricas da Amazônia.

Fonte: IBGE. **Atlas geográfico escolar**. 6. ed. Rio de Janeiro: IBGE, 2012.

Recursos minerais na Amazônia

A Amazônia conta com diversos recursos minerais em seu território, sendo considerada uma das principais regiões para a mineração no mundo.

Observe o mapa abaixo com a distribuição dos recursos minerais na Amazônia.

Amazônia: recursos minerais

Legenda:
- Ferro
- Manganês
- Cassiterita
- Ouro
- Cromo
- Níquel
- Cobalto
- Molibdênio
- Urânio
- Cobre
- Chumbo
- Titânio
- Prata
- Diamante
- Sal-gema
- Calcário
- Caulim
- Carvão
- Estanho
- Bauxita

Região geoeconômica da Amazônia

Fonte: ATLAS geográfico Melhoramentos. São Paulo: Melhoramentos, 2011.

@ Explore

Conheça mais sobre a produção de alguns minerais no *site*: <http://ftd.li/fxshdq> (acesso em: fev. 2014).

- De acordo com as informações do *site*, quais foram os estados brasileiros que mais produziram cobre em 2012?

A exploração de cassiterita, bauxita e cobre

O Brasil é um dos principais exportadores de recursos minerais no mundo. Como exemplo, podemos destacar a exportação de cassiterita, bauxita e cobre, extraídos da Amazônia.

A cassiterita é o minério do qual se extrai o estanho, cuja importância está relacionada principalmente à fabricação de latas. Em Rondônia, por exemplo, atualmente estão em operação as minas de Santa Bárbara, Rio Branco, Bom Futuro e São Lourenço-Macisa.

No Pará, próximo ao rio Trombetas, localiza-se a maior parte das reservas de bauxita, o principal minério de alumínio. A exploração no local é feita pela Mineração Rio do Norte, uma associação de empresas nacionais e estrangeiras.

A maior mina de cobre do Brasil localiza-se no Pará, na região da Serra dos Carajás, e é explorada pela Vale, uma das principais mineradoras do mundo.

Nós

Impactos da mineração

- Em grupo, discutam quais são os impactos da mineração para a sociedade e para a natureza. Depois, exponham a opinião do grupo para os colegas da sala.

Rede do tempo

O garimpo de Serra Pelada

Na região de Serra Pelada (PA), em 1979, foi descoberta uma grande quantidade de ouro. A novidade provocou a migração em massa de pessoas em busca dessa riqueza para a região: em 1982, já havia cerca de 80 mil garimpeiros explorando a área. Outro fator que contribuiu para esse fluxo migratório foi o desempenho ruim da economia brasileira na década de 1980, quando o país passou por um grande período de estagnação econômica e aumento nos índices de pobreza.

A técnica rudimentar utilizada para a exploração de Serra Pelada era altamente poluente. A falta de cuidados com a estabilidade do solo deixava os garimpeiros em risco e poluía as águas subterrâneas e superficiais. Porém, a atividade garimpeira quase cessou por completo nos anos 1990, com o esgotamento do ouro.

▲ Garimpo de ouro em Serra Pelada (PA), em 1986. Milhares de pessoas amontoavam-se para garantir a sua parte do ouro daquele imenso garimpo a céu aberto.

1 Por que o garimpo de Serra Pelada atraiu tantos migrantes?

2 Em sua opinião, quais os impactos ambientais e sociais que o fluxo migratório para Serra Pelada trouxe para a região?

Escola Eldorado

Direção de Victor Lopes. Brasil, 2008. Nesse documentário, o agricultor Alcione Silva conta sua história, que se confunde com a história do garimpo de Serra Pelada e da luta pela terra em Eldorado dos Carajás, município paraense. Disponível em: <http://ftd.li/7iiq4i>.

Lembre

A atividade de garimpo, particularmente de ouro, continua a ser uma preocupação na Amazônia, principalmente em termos ambientais – não existe controle do uso de mercúrio, mineral venenoso lançado nos rios para a separação das impurezas do ouro – e também em termos sociais, pois muitas vezes os garimpeiros invadem reservas indígenas ou entram em conflito com posseiros e pequenos proprietários de terra para extração desse minério.

Colonização e agropecuária

Os projetos governamentais de ocupação (agrovilas) e expansão da fronteira agrícola na Amazônia foram sempre polêmicos. Esperava-se que a economia se fortalecesse, principalmente por meio da formação de pastos e criação de pecuária bovina extensiva, o que garantiria os investimentos necessários para desenvolver a região. Grandes fazendas instalaram-se a partir de 1970, com investimentos de grandes bancos brasileiros e também de multinacionais industriais. Esse processo provocou sérios conflitos entre a população local, posseiros e grileiros.

Nas décadas seguintes, iniciou-se a implantação da cultura de grãos, principalmente soja, no norte do Mato Grosso e em Rondônia. Esses produtores se firmaram como médios e grandes proprietários rurais e desenvolveram redes cooperativas de comercialização de safra e aquisição de insumos (máquinas, sementes, fertilizantes).

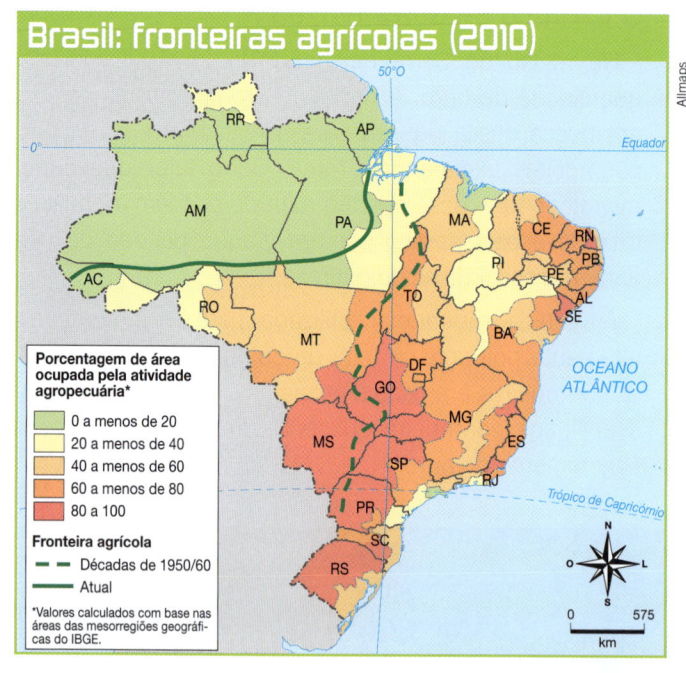

Brasil: fronteiras agrícolas (2010)

Fonte: GIRARDI, Giseli; ROSA Jussara Vaz. **Atlas geográfico do estudante**. São Paulo: FTD, 2011.

Fronteira agrícola: região onde a devastação das florestas dá lugar para o avanço das práticas agrícolas.

Grileiros: pessoas que falsificam os documentos de posse de alguma terra ocupada para expulsar os seus ocupantes.

@ Explore

Conheça alguns problemas vividos com a expansão da fronteira agrícola no vídeo a seguir: <http://ftd.li/886c3q> (acesso em: fev. 2014).

1. O que é produzido nas áreas mostradas?
2. Quais atividades ilegais são mostradas no vídeo?

Migrações

Os projetos de ocupação do espaço amazônico, a partir da década de 1970, transformaram a região em um importante destino migratório interno, trazendo um grande fluxo de pessoas. Um dos fluxos era composto de pequenos agricultores, particularmente do Rio Grande do Sul, que buscavam no norte do país uma nova oportunidade para se estabelecerem como pequenos ou médios agricultores.

Outro importante fluxo, já tradicional na Amazônia, foi bastante intensificado: o de nordestinos, em especial para os canteiros de obra e o garimpo.

De maneira geral, o processo de integração do espaço amazônico tem acontecido de forma conflituosa entre as populações migrantes, tradicionais (ribeirinhos, seringueiros, garimpeiros, posseiros e pequenos agricultores) e indígenas da região.

◀ Peão vaqueiro tocando boiada na Rodovia Paulo Fontelles (PA-150), próximo a Carajás (PA), 2011.

Destaques econômicos

De acordo com o IBGE, os dois estados de maior destaque econômico da região Norte são o Pará e o Amazonas. Juntos, eles correspondem a 3,3% do PIB do país.

Observe que pouco menos da metade do PIB do Amazonas refere-se à atividade industrial – é a maior porcentagem da região. Isso se deve principalmente à produção industrial na Zona Franca de Manaus, onde se concentram diversas empresas de atuação nacional.

Diferentemente do que imaginam muitos brasileiros, a agropecuária destaca-se como importante fonte de rendimentos para a região Norte, especialmente em Rondônia, em Tocantins e no Acre. As atividades mais lucrativas da região são tipicamente urbanas, como o comércio e a prestação de serviços.

> **PIB:** Produto Interno Bruto, conjunto de riquezas produzidas em um país.

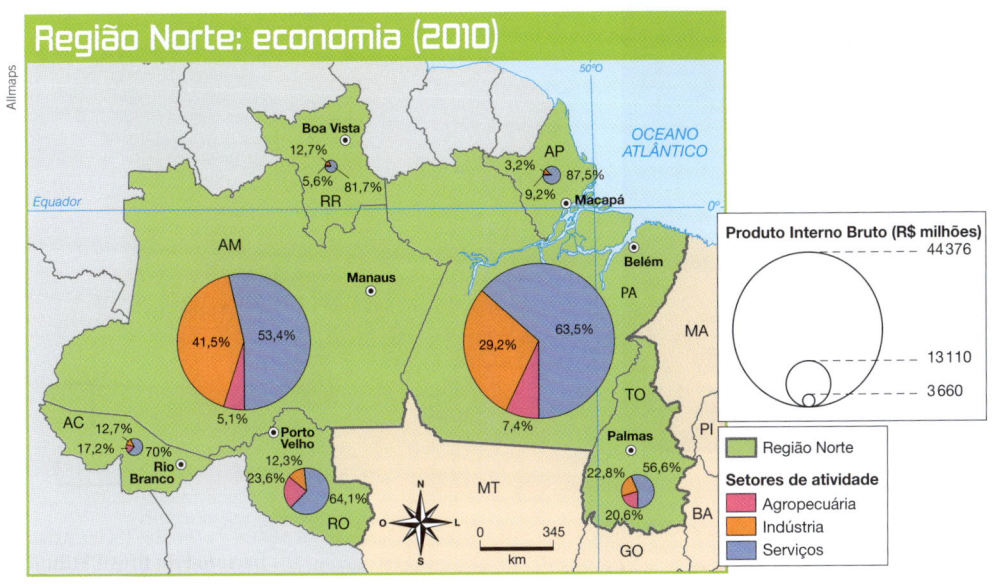

Região Norte: economia (2010)

Fonte: IBGE. **Produto Interno Bruto dos municípios, 2010.** Contas Nacionais, n. 39. Disponível em: <www.ibge.gov.br>. Acesso em: jan. 2014.

Cartaz interativo

No estudo desta unidade, você percebeu alguns impactos negativos e positivos das incursões lusitanas e jesuíticas na Amazônia. Além disso, as correntes migratórias e as explorações realizadas por elas modificavam fortemente o desenvolvimento econômico da região, fazendo-se necessário o planejamento de projetos que acompanhassem essas explorações, direcionando o crescimento regional.

Diante desse cenário, a proposta é criar um cartaz interativo que retrate quais ocupações e explorações deram origem à Amazônia atual e como isso foi feito. Para criá-lo, organizem-se em grupos de três a cinco integrantes, e utilizem uma ferramenta *on-line* disponível em <http://ftd.li/h46hnj> (acesso em: jan. 2014).

No espaço virtual **@multiletramentos** da plataforma **FTD Digital** você encontrará mais informações sobre como é possível utilizar essa ferramenta.

População urbana

Grande parte das cidades na Amazônia foi fundada às margens de rios – algumas estão conectadas por rodovia, mas à maioria delas se chega de barco.

Belém e Manaus são os grandes centros metropolitanos da região, com intenso comércio e polos industriais. Na região metropolitana de Belém, já é possível observar a integração física, chamada de **conurbação**, entre as cidades de Belém e Ananindeua. Marituba também caminha para a integração, com vários pontos de contato com Ananindeua. Observe a imagem de satélite e o mapa, a seguir.

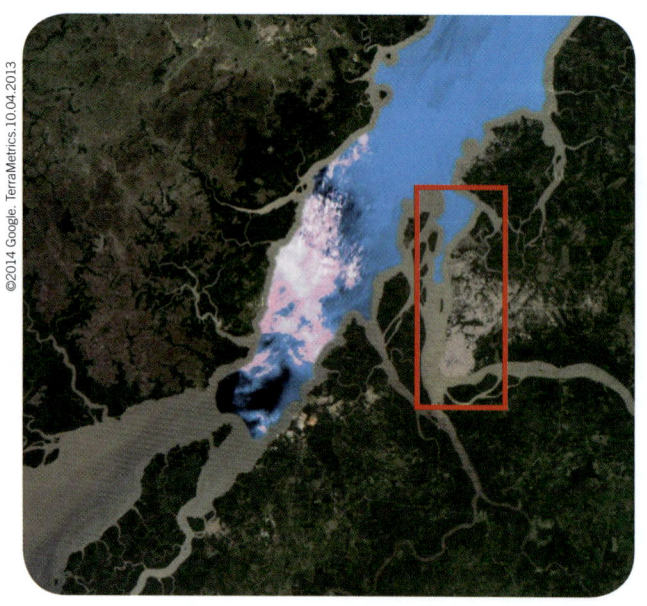

Imagem de satélite da região metropolitana de Belém, Pará, 2014.

Região metropolitana de Belém

Fonte: IBGE. **Atlas nacional do Brasil Milton Santos**. Rio de Janeiro: IBGE, 2010.

Como qualquer metrópole brasileira, Belém e Manaus apresentam inúmeros problemas socioambientais, entre os quais se destacam a falta de moradia e de saneamento básico, o déficit na rede educacional e hospitalar e os problemas com o destino do lixo urbano e a poluição das águas.

Déficit: significa falta, diferença entre aquilo que se prevê e o que realmente existe.

Vista aérea do município de Manaus, Amazonas, 2010.

Atividades

Reveja

1 Qual é a importância dos grandes projetos de extração mineral para a Amazônia?

2 Qual é o objetivo da Zona Franca de Manaus?

3 Faça um quadro com as principais características dos projetos implementados na Amazônia, indicando a data em que cada um começou.

Analise

4 Quais são as vantagens e as desvantagens de construir usinas hidrelétricas? Justifique.

Fórum

Faça uma pesquisa sobre o uso de energia limpa no Brasil. Em seguida, organize um fórum de discussão na classe: um grupo a favor e outro contra a construção da usina hidrelétrica de Belo Monte na Amazônia.

1 Registre os argumentos favoráveis e desfavoráveis à construção. Analise-os e apresente a sua opinião.

2 Quais são os impactos positivos e negativos para a população local em relação à construção dessa usina?

3 Veja a seguir o *ranking* de eficiência das hidrelétricas brasileiras.

RANKING DA EFICIÊNCIA
Compare a energia e o alagamento das dez maiores usinas do Brasil

	Itaipu	Belo Monte	Tucuruí	Jirau	Ilha Solteira	Xingó	Santo Antônio	Marimbondo	Serra de Mesa	Sobradinho
Área alagada (mil km²)	1,4	0,5	3,5	0,3	1,2	0,1	0,4	0,4	1,8	4,1
Potência (mil MW)	14	11,2	8,7	3,8	3,4	3,2	3,2	1,4	1,3	1,1
Localização	PR	PA	PA	RO	SP e MS	AL e SE	RO	SP e MG	GO	BA

Fonte: Aneel, Furnas, Eletronorte, Itaipu Binacional, Chesf, Norte Energia, Energia Sustentável e Santo Antonio Energia

Fonte: FOLHA DE S.PAULO. Tudo sobre a Batalha de Belo Monte. Disponível em: <http://arte.folha.uol.com.br/>. Acesso em: mar. 2014.

- Comparada com as demais hidrelétricas, a usina de Belo Monte alagará uma grande área se pensarmos sobre a sua eficiência energética?

Cartografia

Análise de mapas e imagens de satélite

As imagens de satélite são imagens da superfície terrestre, obtidas por meio de sensores instalados em satélites, que giram em torno da Terra.

Essas imagens podem ser utilizadas no estudo e monitoramento de vários fenômenos. A partir da interpretação delas é possível gerar diferentes tipos de mapas, fazer a previsão do tempo, monitorar o desmatamento, detectar focos de queimadas, entre outras aplicações.

Observe o mapa dos focos de calor na Amazônia no período entre 2000 e 2010.

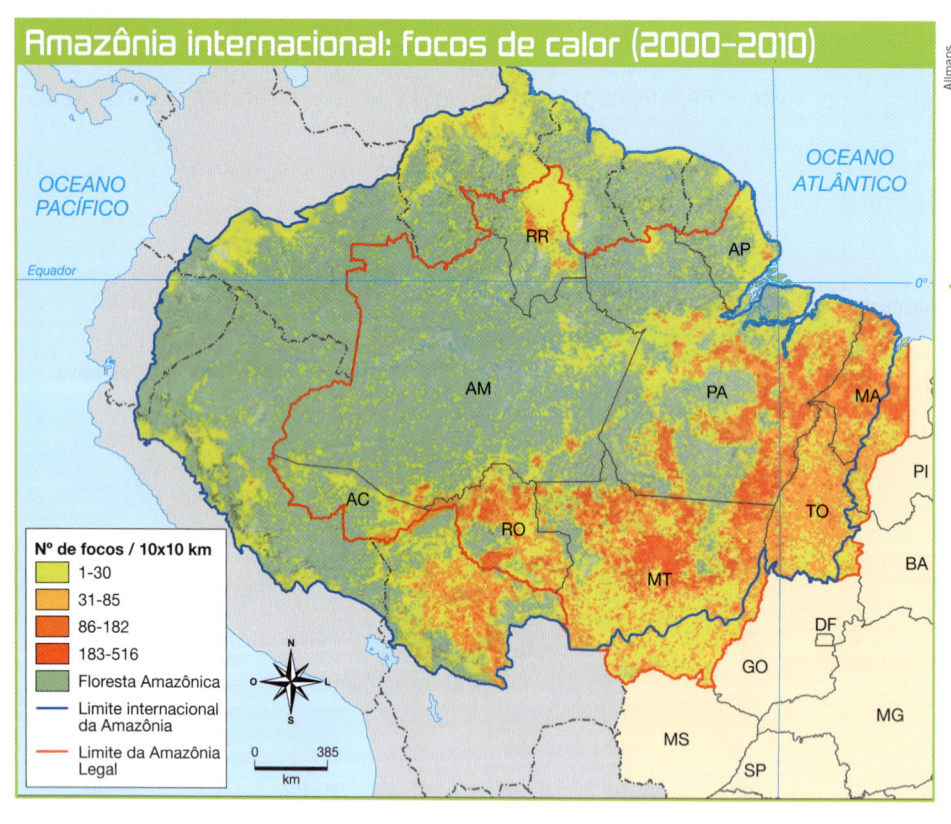

Amazônia internacional: focos de calor (2000-2010)

Nº de focos / 10x10 km
- 1-30
- 31-85
- 86-182
- 183-516
- Floresta Amazônica
- Limite internacional da Amazônia
- Limite da Amazônia Legal

◀ Esse mapa foi produzido com base no cruzamento de imagens do satélite NOAA, que serviram para monitorar e detectar focos de queimada na Amazônia.

Fonte: RAISG. **Amazônia sob pressão**. São Paulo: Instituto Socioambiental, 2012. Disponível em: <http://raisg.socioambiental.org/> (acesso em: fev. 2014).

Atividades

Analise o mapa e responda:

1. Os focos de queimada predominam em quais estados brasileiros?

2. A questão das queimadas na Amazônia é um problema exclusivamente brasileiro?

3. Qual a relação dos focos de queimada com o desmatamento na Amazônia?

Observe este outro mapa, que mostra o desmatamento na Amazônia. Ele foi gerado com base em imagens do satélite Landsat, que serviram para o monitoramento do desmatamento na Amazônia.

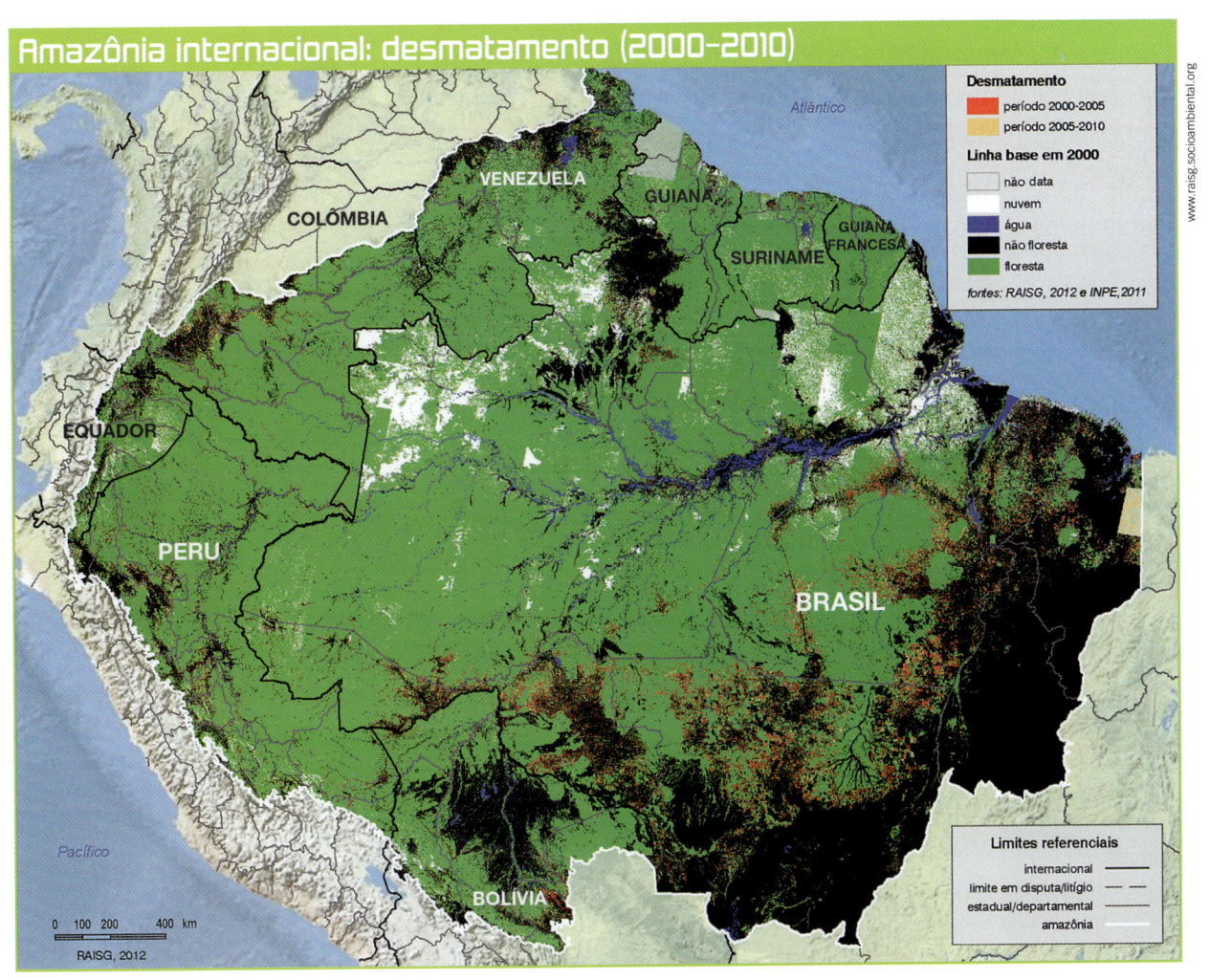

Fonte: RAISG. **Amazônia sob pressão**. São Paulo: Instituto Socioambiental, 2012. Disponível em: <http://raisg.socioambiental.org/system/files/AmazoniaSobPressao_28_03_2013.pdf>. Acesso em: fev. 2014.

Com base no mapa acima, responda:

4 O que representa a área vermelha no mapa?

5 Você já ouviu falar da expressão "fronteira agrícola"? Qual das classes do mapa representaria essa expressão?

6 Você acredita que a Amazônia está ameaçada pelo desmatamento? Converse com os colegas sobre as possíveis ameaças à Amazônia e depois redija um pequeno texto com as suas conclusões.

Aldeia global

Florestas úmidas do mundo

A floresta Amazônica é uma floresta de clima úmido, mas sabia que existem outras florestas úmidas em muitas partes do globo terrestre que ficam entre os trópicos?

Além das florestas úmidas, existem também as florestas temperadas, as subtropicais e as boreais.

Tipos de floresta

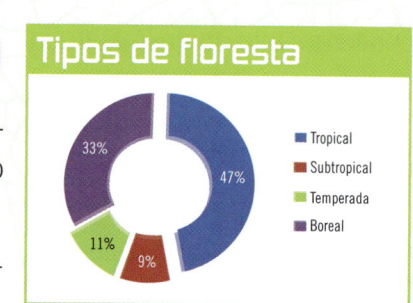

- Tropical: 47%
- Subtropical: 9%
- Temperada: 11%
- Boreal: 33%

WORLD WIDE FUND FOR NATURE. **Living forests report**: forests for a living planet. Gland: WWF, 2011. p. 5.

Semelhanças

É claro que todas as florestas úmidas do mundo são muito parecidas, pois têm muitas características em comum, como a localização em baixas latitudes, o clima quente e úmido, a presença de grandes corpos-d'água, a vegetação densa, os animais de pequeno e médio portes, a grande biodiversidade etc.

Diferenças

As florestas também têm muitas especificidades, pois cada país tem uma legislação ambiental diferenciada. Nelas há habitantes de diferentes origens, além de distintas formas de exploração econômica.

▶ Acima, rio meândrico na floresta úmida peruana, em 2013; e vista aérea da floresta do Congo, República Democrática do Congo, em 2013. Abaixo, vista frontal da floresta da Indonésia, em 2012.

▶ As fotos mostram diferentes atividades econômicas que ocorrem nas florestas úmidas. Acima, turismo no Peru, 2012; e exploração de diamante em Angola, 2013. Abaixo, agricultura de arroz na Indonésia, 2010.

Desmatamento e o futuro

No mundo todo, aproximadamente 1,6 bilhão de pessoas dependem das florestas; 300 milhões de pessoas vivem nelas, incluindo 60 milhões de indígenas; 10 milhões de pessoas trabalham no manejo e na conservação das florestas. Isso é importante, já que são justamente as atividades econômicas que mais promovem o desmatamento e a perda da biodiversidade.

Criança indígena de Papua-Nova Guiné, 2012.

Dez países com maior perda anual de área florestada

TOP 10

1. Brasil, 2. Austrália, 3. Indonésia, 4. Nigéria, 5. Tanzânia, 6. Zimbábue, 7. República Democrática do Congo, 8. Mianmar, 9. Bolívia, 10. Venezuela.

WORLD WIDE FUND FOR NATURE. **Living forests report**: forests for a living planet. Gland: WWF, 2011. p. 5.

Projeção do desmatamento, por continente (2010-2030)

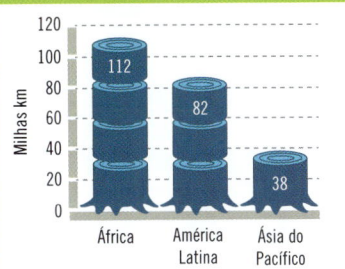

- África: 112
- América Latina: 82
- Ásia do Pacífico: 38

(Milhas km)

Projeção de perda de área das florestas úmidas, por região, entre 2010 e 2030, se nada for feito para conter o desmatamento.

WORLD WIDE FUND FOR NATURE. **Living forests report**: forests for a living planet. Gland: WWF, 2011. p. 3.

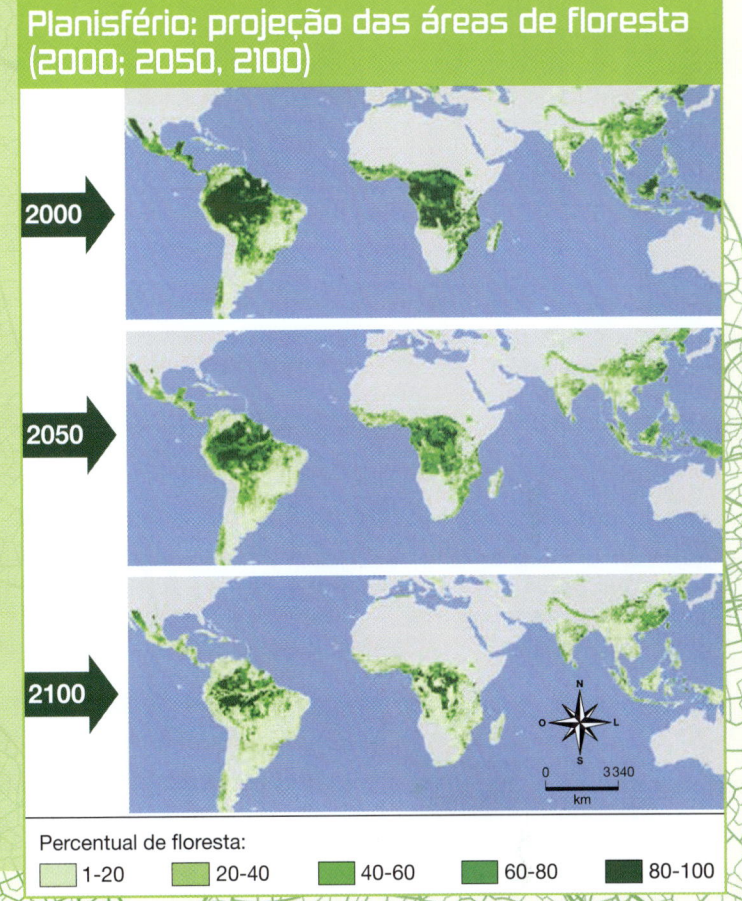

Planisfério: projeção das áreas de floresta (2000; 2050; 2100)

2000

2050

2100

Percentual de floresta:
- 1-20
- 20-40
- 40-60
- 60-80
- 80-100

Fonte: WORLD WIDE FUND FOR NATURE. **Living forests report**: forests for a living planet. Gland: WWF, 2011. p. 1.

Sobre o texto

Abaixo, mãe com criança, no Vietnã, em 2012.

1 Qual é o tipo de floresta que mais ocorre no planeta? E o que menos ocorre?

2 Por que as florestas úmidas do mundo são semelhantes? Cite três semelhanças entre elas.

3 Por que, em alguns aspectos, as florestas úmidas são diferentes?

4 Quantas pessoas dependem das florestas para sobreviver?

5 Quais são os 10 países campeões de desmatamento? Em que continentes eles se localizam?

6 Em sua opinião, por que é importante preservar as florestas do desmatamento?

unidade 03

Nesta unidade

- Ocupação e povoamento da região Nordeste.
- Identidade cultural nordestina.
- Sub-regiões nordestinas.
- Dinâmica climática regional.
- Principais aspectos econômicos do Nordeste.

O Nordeste

Vamos estudar o Nordeste brasileiro para compreender o processo de ocupação da região, sua dinâmica climática e seus principais aspectos econômicos.

Observe a foto que mostra o centro histórico de Olinda e, ao fundo, a cidade de Recife.

1. Quais são os elementos naturais mostrados na paisagem?

2. Em sua opinião, quais deles são atrativos turísticos? Por quê?

3. Cite elementos humanos que representam a colonização ocorrida no Nordeste.

4. Cite elementos que representam a urbanização das capitais nordestinas.

+mais @

O maracatu é uma das ricas manifestações da cultura brasileira. Com origem em Pernambuco, ele é composto de elementos da religiosidade afro-brasileira. Os agrupamentos de maracatu, chamados de nação, saem às ruas em desfiles que expressam a resistência dos povos africanos escravizados. Assista à reportagem do **Jornal Futura** para entender um pouco mais dessa expressão cultural brasileira. Para saber mais, acesse: <http://ftd.li/kge5p3> (acesso em: fev. 2014).

- Qual é a relação entre o maracatu e o processo de formação da cultura brasileira?

◀ Vista aérea da cidade de Olinda e, ao fundo, Recife, Pernambuco, 2011.

Capítulo 1 — Ocupação do Nordeste

A região Nordeste apresenta grandes contrastes naturais e socioeconômicos. Vamos conhecer essa região brasileira tomando por base a classificação de Pedro Geiger.

Na história da ocupação e formação do território brasileiro, a região Nordeste foi a que primeiro concentrou núcleos urbanos e atividades agrícolas. Foi também a primeira em que o trabalho escravo indígena e africano foi utilizado. Esses fatos propiciaram a convivência de diferentes povos e possibilitaram a formação de uma identidade cultural regional, que pode ser percebida nas festas típicas do Nordeste. Observe nas fotos algumas dessas festas.

Nordeste: região geoeconômica

Fonte: IBGE. **Atlas geográfico escolar.** Rio de Janeiro: IBGE, 2012.

◀ Caboclos de lança em Nazaré da Mata (PE), 2013.

▲ Bumba meu boi, Maranhão, 2013.

▶ Festa Marujada de São Benedito. Prado (BA), 2010.

@ Explore

As manifestações culturais expressam a identidade de um povo, suas tradições e crenças. Algumas são consideradas patrimônio imaterial da humanidade. Para saber mais: <http://ftd.li/ysx3ar> (acesso em: fev. 2014).

1. Em sua opinião, por que essas manifestações são importantes?

2. Cite uma manifestação cultural da região onde você vive. Por que ela é importante?

A cultura nordestina é o resultado da convivência de vários povos europeus, africanos e indígenas. Essa miscigenação cultural traz aspectos do catolicismo e das religiões africanas e indígenas e materializa-se em ritmos, danças, músicas e festas.

Miscigenação: mistura de diferentes povos e etnias.

A colonização europeia

No período inicial de colonização, os portugueses ocuparam as terras nordestinas, principalmente para realizar o extrativismo de madeira, com destaque à exploração do pau-brasil, que era muito utilizado no tingimento de tecidos.

As ameaças de ocupação dessas terras por outras nações europeias influenciaram a decisão da Coroa portuguesa de fixar aldeias e povoados na região, impulsionando, assim, o desenvolvimento agrícola. As principais povoações do litoral formavam-se em torno de fortificações, como São Luís, Fortaleza, Natal e João Pessoa. Uma das exceções é a cidade de Salvador, que foi construída para ser a capital da colônia.

A cana-de-açúcar

Em virtude das características climáticas e do solo, o cultivo da cana-de-açúcar foi o que mais prosperou, estimulando o surgimento de engenhos, que dominaram a vida da região desde meados do século XVI até meados do século XX.

Os engenhos tiveram função decisiva na colonização. Neles, estruturava-se a economia colonial, agrupavam-se os moradores e organizavam-se as funções religiosas, militares e administrativas. O rápido desenvolvimento da cultura da cana-de-açúcar demandou um número crescente de mão de obra, que resultou no aumento do tráfico de africanos escravizados.

No final do século XVII, a atividade açucareira começou a declinar. Ao mesmo tempo, uma nova atividade chamava a atenção de todos: a mineração de ouro na região das Minas Gerais. O resultado dessa situação foi a transferência de parcela considerável da população nordestina, incluindo os escravos, para a região das minas, durante todo o século XVIII.

Outro fenômeno importante para a organização do território do Nordeste foi o estabelecimento do chamado ciclo do cacau, no sul da Bahia, na segunda metade do século XVIII. Assim como o da cana-de-açúcar, esse ciclo se caracterizava pela monocultura exportadora, porém utilizava mão de obra assalariada e não mais escrava.

Pense e responda

- Com base nos elementos da gravura, explique a organização social nos engenhos de açúcar, no período colonial.

▶ Litografia de Johann Moritz Rugendas (1802-1858), do início do século XIX, representa um engenho de açúcar.

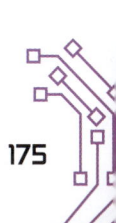

Geografia e Ciências

O fungo *Crinipellis perniciosa* ataca os cacaueiros, provocando a queda das folhas e o apodrecimento dos frutos – é a chamada **vassoura-de-bruxa**. A produção de cacau no sul da Bahia já sofreu graves crises em decorrência do ataque desse fungo.

Técnicos da Empresa Brasileira de Pesquisa Agropecuária (Embrapa) realizaram pesquisas e chegaram à produção de clones do fruto do cacau, modificados geneticamente para serem resistentes à vassoura-de-bruxa. Assim, torna-se possível remover o cacau contaminado e plantar, ao lado, um clone; ou, ainda, podar o cacaueiro doente e enxertar galhos resistentes à praga em sua copa.

1 Como é chamada a doença causada pelo fungo *Crinipellis perniciosa* nos cacaueiros?

2 Qual foi a solução encontrada pelos técnicos da Embrapa para superar essa doença?

3 Em sua opinião, quais são as vantagens da produção de alimentos modificados geneticamente? E as desvantagens?

▲ Cacau atacado pela doença vassoura-de-bruxa, em Ilhéus, Bahia, 1999.

A pecuária

Os engenhos de cana incentivaram o desenvolvimento da atividade pecuarista, que passou a ser praticada em seu entorno com a finalidade de abastecer o próprio engenho. Com o crescimento econômico da colônia, a pecuária expandiu-se do litoral para o interior.

As rotas de expansão da pecuária foram os principais eixos de penetração e ocupação do Nordeste. Algumas das povoações formadas nessa interiorização se tornaram centros comerciais regionais, nos quais se articulavam a comercialização do gado e do couro e o fornecimento de produtos e manufaturas utilizados na atividade pecuária.

Fonte: ARRUDA, José Jobson de. **Atlas histórico básico**. São Paulo: Ática, 1998. p. 38.

Teresina: cidade verde

Iracilde Maria de Moura Fé Lima e Irlane Gonçalves de Abreu. São Paulo: Cortez, 2009.

O livro conta a história da formação da cidade de Teresina, no Piauí, que está relacionada às rotas de expansão da pecuária. Teresina é a única capital nordestina que não se localiza no litoral.

Rede do tempo

As invasões no Nordeste

Nos tempos do Brasil Colônia, o país foi invadido por povos europeus em diversas ocasiões.

Os franceses, por exemplo, tentaram ocupar o Brasil por duas vezes, mas não foram bem-sucedidos: a primeira, em 1555, no Rio de Janeiro, e a segunda, no Maranhão, em 1612. Em terras maranhenses, os franceses construíram o Forte de São Luís (que deu origem à atual capital do estado), desenvolveram plantações, construíram casas e armazéns e uniram-se aos indígenas locais. Atacados por forças militares portuguesas, os franceses foram derrotados e obrigados a abandonar o Maranhão.

Com a intenção de tomar posse dos engenhos de açúcar do Nordeste, os holandeses realizaram duas invasões a terras que hoje compõem a região. A primeira, entre 1624 e 1625, ocorreu na Bahia, sede do governo português na colônia: em 1624, os holandeses atacaram Salvador ocupando e saqueando a cidade. Expulsos em 1625, voltaram a atacar em 1627. A segunda tentativa ocorreu de 1630 a 1654, em Pernambuco, maior centro produtor de açúcar da época colonial. Em 1630, tomaram a vila de Olinda, e teve início a ocupação de Pernambuco, que duraria 24 anos.

Nordeste: invasões holandesas e francesas

Fonte: ATLAS histórico escolar. Rio de Janeiro: MEC/FAE, 1991.

Saquear: roubar; cometer pilhagem; pilhar.

◀ Ponte Maurício de Nassau sobre o rio Capibaribe, em Recife, Pernambuco, 2013. A primeira ponte construída nesse local foi uma obra dos holandeses, que haviam ocupado a cidade. Ela foi reconstruída duas vezes. A atual é do início do século XX.

1 Quais povos europeus citados no texto tentaram invadir o Brasil durante o período colonial?

2 Qual foi a cidade da região Nordeste, hoje capital de um estado, fundada pelos franceses no século XVII?

Emigração do Nordeste

A partir do final do século XIX, intensificaram-se os fluxos de migrantes do Nordeste para outras áreas do Brasil. Nessa época, o ciclo da borracha na Amazônia era um grande atrativo para a população. Já no século XX, com a estagnação da economia da borracha na Amazônia e da cana-de-açúcar no Nordeste, novos fluxos migratórios passaram a ocorrer em direção ao Sudeste, que se industrializava com base na cafeicultura.

Nesse período, houve a primeira iniciativa de grande porte do governo federal com o objetivo de buscar alternativas econômicas para a região, com a criação da Superintendência do Desenvolvimento do Nordeste (Sudene). Foram formuladas políticas públicas de enfrentamento do problema da seca, de geração de energia elétrica e de incentivo à industrialização.

◀ **Retirantes**, obra elaborada por Cândido Portinari em 1944. Coleção do Museu de Arte de São Paulo Assis Chateaubriand.

Cândido Portinari.1944. Óleo sobre tela. Col. Museu de Arte de São Paulo Assis Chateaubriand São Paulo, SP. Autorizado por João Cândido Portinari.

Pense e responda

1. Em sua opinião, a condição de vida dos retirantes retratados na obra é boa ou ruim? Por quê?

2. Em sua opinião, por que Portinari retratou os retirantes desse modo?

Recentemente, o Nordeste ampliou seu parque industrial e sua produção agrícola, aumentando, assim, os postos de emprego. Atraídos pela oferta de trabalho, grande parte dos migrantes regressou a essa região, em especial para as capitais, como Salvador, Recife e Fortaleza. A produção de petróleo e o turismo também têm participação significativa na economia nordestina e na atração populacional para a região.

O crescimento econômico regional tem contribuído para a inversão do fluxo de migração Sudeste-Nordeste. Como vimos na Unidade 5, é cada vez mais intensa a chamada **migração de retorno** – pessoas nascidas em estados do Nordeste que viviam no Sudeste estão se deslocando novamente para sua região de origem.

Atividades

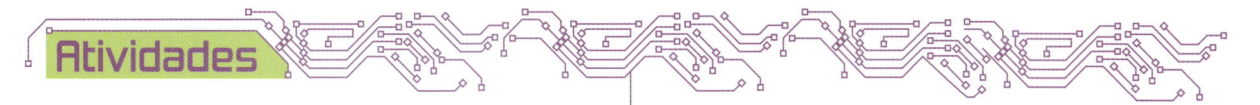

Reveja

1 Quais foram as primeiras atividades econômicas desenvolvidas na região Nordeste? Como elas contribuíram para a ocupação da região?

2 Copie o quadro abaixo em seu caderno, completando-o com informações a respeito das invasões francesa e holandesa no Brasil colonial. Se necessário, pesquise mais informações em outras fontes, como jornais e revistas de grande circulação e em *sites* confiáveis, como os de órgãos públicos, universidades e institutos de pesquisa.

	Período	Onde ocorreu	Realizações
Invasões francesas			
Invasões holandesas			

3 Explique o significado do termo "migração de retorno" e exemplifique citando um fluxo migratório de retorno comum no Brasil.

Analise

4 As fotografias a seguir retratam importantes manifestações culturais nordestinas. Veja:

- Identifique as manifestações culturais mostradas e indique os estados em que elas ocorrem.

Explique

5 Observe os mapas que apresentam os principais fluxos migratórios internos no Brasil, nos anos de 1970 e 1990.

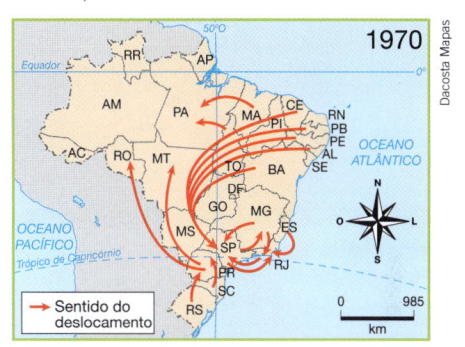

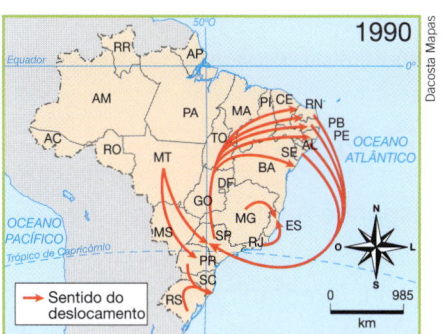

Fonte: NEPO/Unicamp. Disponível em: <http://www.nepo.unicamp.br>. Acesso em: jun. 2014.

a) Quais eram os principais fluxos de migração no Brasil, nos anos 1970?

b) Esses fluxos mudaram em relação aos anos 1990? Explique.

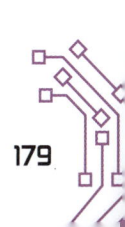

capítulo 2
Divisão regional, clima e economia

Sub-regiões

Considerando-se principalmente a diversidade de climas e vegetações, a região Nordeste pode ser dividida em quatro sub-regiões: Zona da Mata, Agreste, Sertão e Meio-Norte. Essa subdivisão nos auxilia a compreender melhor as dimensões socioespaciais, culturais e econômicas do Nordeste.

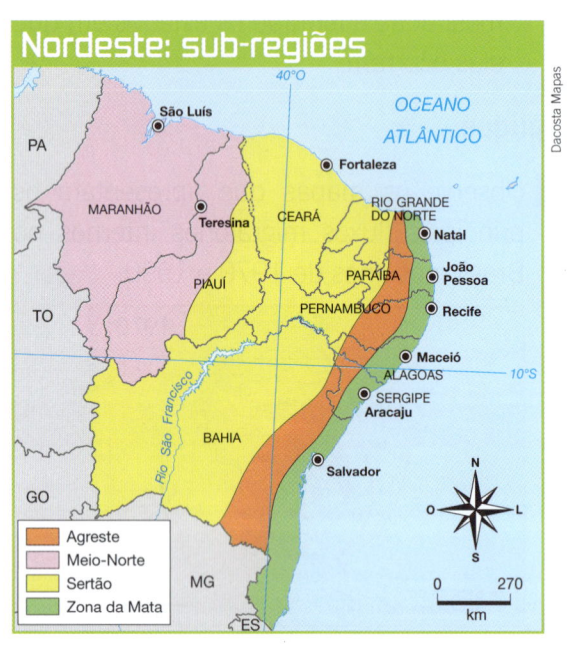

Fonte: VASCONCELLOS, Regina; ALVES FILHO, Ailton P. **Novo atlas geográfico ilustrado e comentado**. São Paulo: FTD, 1999.

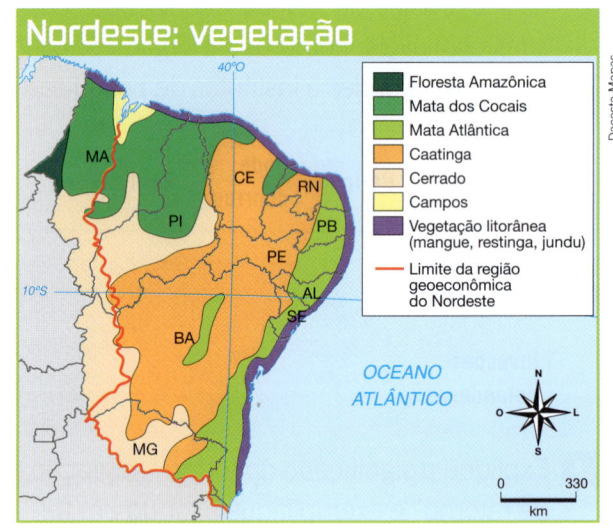

Fonte: GIRARDI, Gisele, ROSA, Jussara V. **Atlas geográfico do estudante**. São Paulo: FTD, 2011.

Zona da Mata

Solo de massapé: terra argilosa, geralmente de cor preta, ótima para o cultivo da cana-de-açúcar.

Corresponde à faixa costeira que se estende do Rio Grande do Norte até o sul da Bahia. Nela, predomina o clima tropical, quente e úmido, sendo a sub-região com a maior ocorrência de chuvas do Nordeste. Caracteriza-se por ter solos profundos e férteis, dos quais se destaca o solo de massapé. A vegetação nativa típica era formada de florestas tropicais, que já foram quase totalmente substituídas por plantações de cana-de-açúcar e outras lavouras, desde o período colonial. É a sub-região mais urbanizada, onde estão localizadas as principais cidades e capitais do Nordeste.

▲ Vista aérea de parte da cidade de João Pessoa, Paraíba, 2013.

Agreste

Grande parte dessa sub-região tem relevo com altitudes mais elevadas que as das terras vizinhas, destacando-se o **Planalto da Borborema**. O Agreste é uma estreita faixa de transição, com clima tropical e vegetação que combina elementos de matas tropicais e da caatinga. É formado de pequenas e médias propriedades agrícolas com culturas diversificadas, como algodão, milho, mandioca, sisal, fumo e feijão. Nas principais cidades do Agreste, desenvolvem-se importantes atividades comerciais e feiras, como em Campina Grande (PB), Caruaru (PE) e Feira de Santana (BA).

▲ Pequena propriedade agrícola, na região do agreste, município de Palmeira dos Índios. Alagoas, 2012.

Sertão

Nessa sub-região, predomina o clima semiárido, caracterizado por altas temperaturas e seca prolongada, em razão da baixa e irregular distribuição das chuvas ao longo do ano. Isso afeta diretamente o curso dos rios, que são, em grande parte, intermitentes. A vegetação nativa é a caatinga, formada de arbustos esparsos, como o mandacaru e o xiquexique, de algumas espécies arbóreas, como o pereiro e a aroeira, e de vegetação rasteira.

A pecuária extensiva e a agricultura irrigada de frutas e hortaliças são as principais atividades econômicas do Sertão.

▲ Vegetação de caatinga, município de Casa Nova, Bahia, 2014.

Intermitente: rios temporários, ou seja, que secam durante o período de estiagem.

Meio-Norte

Essa sub-região abrange o estado do Maranhão e parte do estado do Piauí. É uma faixa de transição entre o clima seco do Sertão e o úmido da floresta Amazônica.

A vegetação característica do Meio-Norte é a Mata dos Cocais. O extrativismo vegetal da carnaúba e do babaçu, árvores típicas da Mata dos Cocais, é uma das principais atividades econômicas nessa sub-região. Da carnaúba e do babaçu são obtidos óleos e ceras com vários usos industriais, como na produção de cosméticos e de alimentos.

▲ Palmeiras de babaçu, município de Balsas, Maranhão, 2014.

Quebradeiras de coco

As quebradeiras de coco da Mata dos Cocais no Nordeste são tradicionais da região. Na maioria das vezes, as quebradeiras aprendem o trabalho ainda na infância, auxiliando as mães. Com técnicas rudimentares para a quebra do coco, utilizando machados rústicos, essas mulheres colhem os cocos (principalmente o babaçu) e os quebram, aproveitando todas as suas partes. As precárias condições de trabalho das quebradeiras e sua baixa remuneração dificultam o exercício dessa função.

A dinâmica climática

No Nordeste, os fatores climáticos e do relevo interligam-se e interferem na dinâmica climática local, caracterizada por lugares extremamente secos, como o Sertão semiárido, e outros com excesso de chuva, como o Meio-Norte e a Zona da Mata.

Os tipos de clima que predominam no Nordeste são o tropical, o tropical atlântico e o semiárido.

Uma das causas de formação de nuvens de chuva é o encontro de uma massa de ar frio com uma massa de ar quente. A massa de ar frio empurra a massa de ar quente para cima, e ela esfria. Ao esfriar, o vapor de água se condensa e forma as nuvens. Esse processo ocorre na região litorânea do Nordeste.

A variação pluviométrica do Nordeste também está relacionada com o relevo, que pode atuar como uma barreira natural à umidade das massas de ar oceânicas, favorecendo a formação de chuvas no litoral e dificultando a precipitação no interior do território, como é o caso do Planalto da Borborema.

> **Fator climático:** elemento natural ou humano capaz de influenciar as características ou a dinâmica de um ou mais tipos de clima.

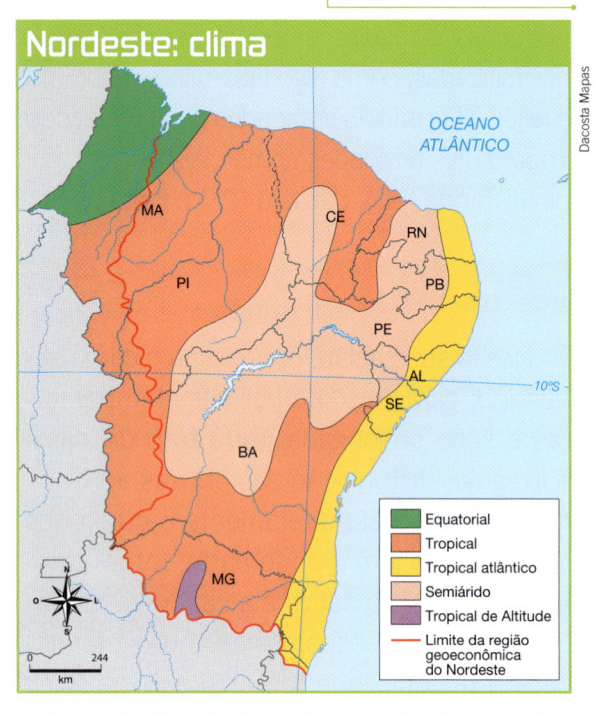

Fonte: GIRARDI, Gisele; ROSA, Jussara V. **Atlas geográfico do estudante**. São Paulo: FTD, 2011.

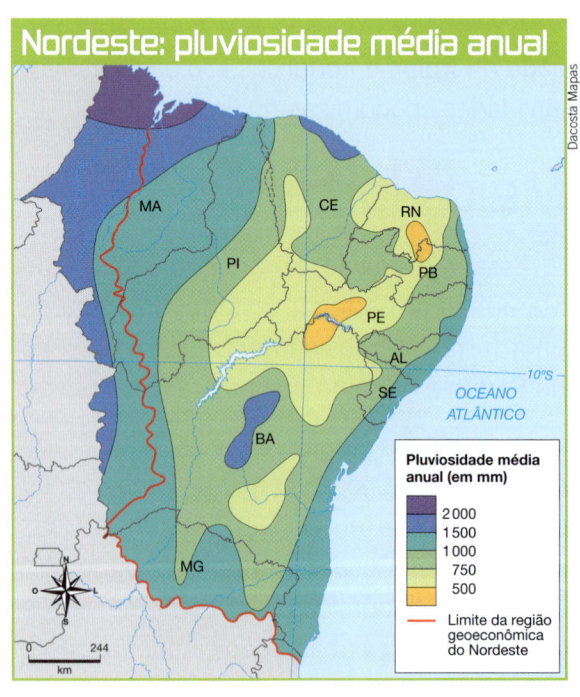

Fonte: CALDINI, Vera; ÍSOLA, Leda. **Atlas geográfico Saraiva**. 4. ed. São Paulo: Saraiva, 2013. p. 39.

> **Tome nota**
>
> Considerando principalmente a diversidade de climas e vegetações, a região Nordeste pode ser dividida em quatro sub-regiões: Zona da Mata, Agreste, Sertão e Meio-Norte.

A escassez de chuva no Sertão

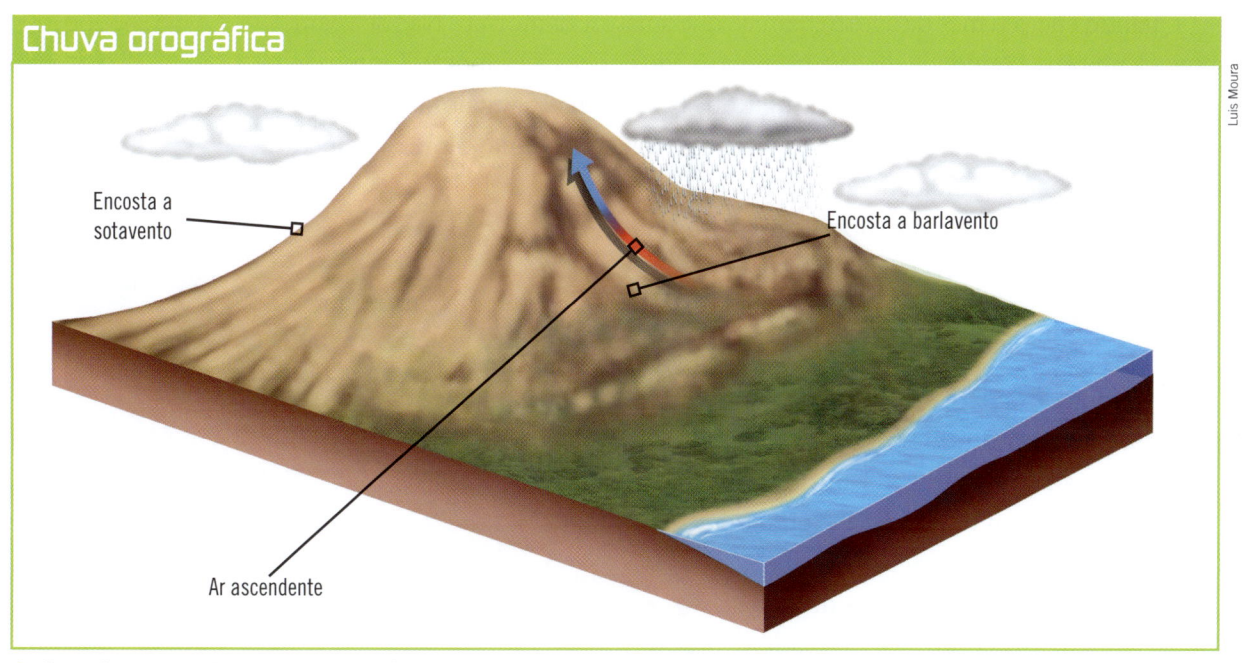

Chuva orográfica

- Encosta a sotavento
- Encosta a barlavento
- Ar ascendente

▲ Quando massas de ar quente se defrontam com uma encosta, elas se elevam e resfriam, formando nuvens que podem ocasionar chuvas na encosta e em parte do cume. Geralmente, as chuvas concentram-se nessas áreas (encosta a barlavento), não ocorrendo na encosta oposta (encosta a sotavento).

O Sertão é uma região caracterizada pela baixa e irregular pluviosidade, bem como pela presença da vegetação de caatinga. Nessa área, a estiagem ocorre durante seis a oito meses por ano.

Como estudado, o relevo é um fator que influencia a dinâmica climática no Nordeste, interferindo na precipitação no interior da região, em especial no Sertão. Outro fator importante é a ocorrência de uma zona de alta pressão atmosférica, na região do Sertão, que dificulta o encontro das massas de ar quentes e úmidas, provenientes da Amazônia e do Atlântico, com a massa de ar fria que se desloca da região polar atlântica. Por esse motivo, raramente se formam frentes de instabilidade, responsáveis pela formação das chuvas. À medida que as massas se deslocam, perdem umidade e, muitas vezes, quando chegam ao Sertão, não conseguem provocar chuvas.

Estiagem: falta de chuvas.
Zona de alta pressão atmosférica: região da atmosfera em que a pressão é alta em relação ao seu entorno no mesmo nível, o que provoca a dispersão dos ventos na atmosfera.

Nordeste: relevo

Formas de relevo:
- Planalto
- Depressão
- Planície
- Limite da região geoeconômica do Nordeste

Fonte: GIRARDI, Gisele; ROSA, Jussara V. **Atlas geográfico do estudante**. São Paulo: FTD, 2011.

Sobre o mapa

Comparando os mapas da página 182, é possível perceber que a área do clima semiárido corresponde às áreas com a menor pluviosidade média anual, entre 500 mm e 750 mm.

Caatinga, a mata branca

Quando chega o mês de agosto, parece que a natureza morreu. Não se veem nuvens no céu, a umidade do ar é mínima, a água chega a evaporar 7 mm por dia e a temperatura do solo pode atingir 60 °C. As folhas da maioria das árvores já caíram e assim o gado e os animais nativos, como a ema, o preá, o mocó e o camaleão, começam a emagrecer. As únicas cores vivas estão nas flores douradas do cajueiro, nos cactos e juazeiros. A maioria dos rios para de correr, e as lagoas começam a secar.

A caatinga é uma extensa região do Nordeste brasileiro, que ocupa mais de 70% de sua área (11% do território brasileiro), também chamada de Sertão. Nessa época do ano, a região, de árvores e arbustos raquíticos, cheios de espinhos, tem um aspecto triste e desolador.

A vegetação adaptou-se para se proteger da falta de água. Quase todas as plantas usam a estratégia de perder as folhas, eliminando a superfície de evaporação quando falta água. Algumas plantas têm folhas muito finas. Os espinhos dos cactos são o extremo desse tipo de folha. Outras têm sistemas de armazenamento de água, como as barrigudas. As raízes cobrem a superfície do solo, para capturar o máximo de água durante chuvas leves. [...]

▲ Palma florida em Buíque, Pernambuco, 2012.

Quando volta a chover, no início do ano, a paisagem parece explodir de tanto verde. Apesar de raso e conter grande quantidade de pedras, o solo da caatinga é razoavelmente fértil. As árvores cobrem-se de folhas rapidamente e o solo, em geral pedregoso, fica forrado de pequenas plantas, e a fauna volta a engordar. Isso inclui animais como a ararinha-azul, ameaçada de extinção, o sapo-cururu, a asa-branca, a cotia, o gambá, o preá, o mocó, o veado-catingueiro, o tatu-peba e o sagui-do-nordeste.

ATLAS do meio ambiente do Brasil. Brasília: Embrapa-SP/Terra Viva, 1996.

Pense e responda

1. Segundo o texto, a vegetação de caatinga está adaptada ao clima semiárido? Justifique.

2. Quando costumam ocorrer os períodos de chuva na caatinga? Qual é o aspecto da paisagem durante esses períodos?

Lembre

O relevo e a zona de alta pressão atmosférica do Sertão são fatores que influenciam a dinâmica climática no Nordeste, interferindo na ocorrência de chuvas na região.

Rio São Francisco

O rio São Francisco é o principal rio perene da região Nordeste. Suas nascentes localizam-se no estado de Minas Gerais; de lá, segue na direção norte e deságua no oceano Atlântico, na divisa entre Sergipe e Alagoas. Atravessa três das quatro sub-regiões do Nordeste: Sertão, Agreste e Zona da Mata.

É um rio extremamente importante para a região nordestina, pois, além de garantir água para uma vasta área, em especial o Sertão, permite a instalação de hidrelétricas em diversos trechos de seu percurso. A energia produzida pelas usinas hidrelétricas instaladas no rio São Francisco abastece as principais cidades do Nordeste.

Observe no mapa as hidrelétricas localizadas ao longo do rio São Francisco.

> **Pense e responda**
>
> - Em sua opinião, os impactos da construção da barragem de Sobradinho foram positivos ou negativos para a população ribeirinha?

Usinas hidrelétricas no Rio São Francisco

Fonte: AGÊNCIA NACIONAL DE ÁGUAS. Disponível em: <www.ana.gov.br>. Acesso em: dez. 2014.

▲ No entorno da represa de Sobradinho estão os municípios de Casa Nova, Pelão Arcado, Remanso, Santa Sé e Sobradinho. Suas antigas áreas urbanas foram inundadas em 1974.

No entanto, a falta de planejamento no uso das águas e o desmatamento das matas ciliares têm causado sérios danos ao Rio São Francisco, como o assoreamento da calha, a diminuição do canal fluvial e a poluição de suas águas.

Assoreamento: acúmulo de sedimentos no leito do rio.

Além disso, os projetos de irrigação colocados em prática favorecem principalmente os latifúndios monocultores, que destinam toda a sua produção para exportação.

Há outros projetos que pretendem transpor as águas do São Francisco para outros locais que sofrem com a escassez de água.

> **@Explore**
>
> Explore o infográfico disponível em: <http://ftd.li/3eqzkk> (acesso em: fev. 2014) e conheça como ocorrerá a transposição das águas do rio São Francisco.
>
> - Em sua opinião, que outras formas de combate à seca poderiam ser implantadas pelo governo federal, sem que o meio ambiente seja tão impactado?

Modernização da agricultura

Nas últimas décadas, a agricultura no Nordeste tem passado por modificações significativas. Isso se deve a uma crescente especialização de práticas agropecuárias, cuja produção se destina ao mercado externo.

Essa realidade tem submetido os agricultores a novas pressões. Além de se preocuparem, como de costume, com chuvas ou secas, culturas e pragas, qualidade do solo e das sementes e com a obtenção de financiamento, eles têm se ocupado com outras questões, como:

- cenários internacionais de competição e de protecionismo, que dificultam a exportação;
- mudança das estruturas de propriedade da terra;
- necessidade cada vez maior de mecanização agrícola;
- formação do chamado **agronegócio**, que é a fusão da agricultura com processos industriais. Por exemplo: unir áreas para o plantio de cana-de-açúcar e para a produção de açúcar e álcool.

Sistema de irrigação por gotejamento em plantação de uva no vale do rio São Francisco, no município de Lagoa Grande, Pernambuco, 2012.

Protecionismo: política econômica que busca tornar os produtos nacionais mais baratos do que os importados.

Observe o mapa a seguir e perceba a diversidade da economia nordestina na atualidade.

Fonte: ARAÚJO, Tânia Bacelar de. **Nordeste**: ambiente para um novo projeto de desenvolvimento. Disponível em: <www2.fpa.org.br>. Acesso em: fev. 2014.

A produção mineral e industrial

O Nordeste apresenta diversas jazidas minerais, tais como as de urânio, amianto, titânio, fosfato, calcário, diamante, ouro, entre outras. Porém, a produção de petróleo se destaca nessa região. Observe o mapa a seguir.

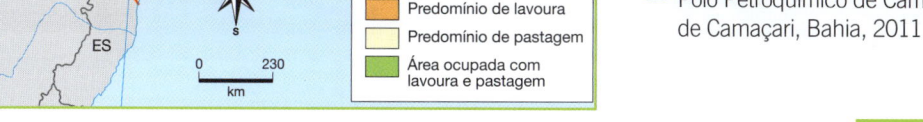

Nordeste: atividades econômicas

Fonte: VASCONCELLOS, Regina; ALVES FILHO, Ailton P. **Novo atlas geográfico ilustrado e comentado**. São Paulo: FTD, 1999.

▲ Polo Petroquímico de Camaçari, município de Camaçari, Bahia, 2011.

Apesar de as primeiras áreas de exploração petrolífera no Brasil terem sido localizadas na região Nordeste, atualmente o estado com maior produção é o Rio de Janeiro – responsável por cerca de 75% de todo o petróleo produzido no país. Hoje, os estados nordestinos são responsáveis por cerca de 18% da produção nacional de petróleo.

As primeiras tentativas de industrialização do Nordeste ocorreram no início do século XX, simbolizadas pelas iniciativas pioneiras, no estado de Alagoas, e sucedidas pela implantação de indústrias têxteis em Pernambuco.

A estrutura industrial nordestina só se consolidou na década de 1990, a partir de ações efetivas de governos municipais, estaduais e federais, como a redução de impostos e a ampliação de infraestrutura, que contribuíram para o desenvolvimento de um parque industrial moderno e diversificado.

Sobre a foto

O Polo Petroquímico de Camaçari, próximo a Salvador, na Bahia, foi implantado nos anos 1970 e tem capacidade de processamento e fabricação de toda a cadeia do carbono (plásticos, resinas, combustíveis, produtos químicos).

Os principais polos industriais

As atividades industriais expandiram-se principalmente nas três grandes regiões metropolitanas do Nordeste: Salvador, Recife e Fortaleza. Em Salvador, destacam-se, sobretudo, as indústrias químicas; em Recife, as indústrias têxtil, alimentícia, química e metalúrgica; em Fortaleza, as indústrias têxtil, metalúrgica, de bebidas, de vestuário e de calçados.

Além do polo industrial localizado em Camaçari, outros polos de destaque estão instalados em Mossoró (RN), Campina Grande (PB), Juazeiro do Norte-Crato (CE), Petrolina (PE), Juazeiro (BA), Feira de Santana (BA) e nas regiões portuárias de São Luís (MA) e de Suape (PE).

◀ Vista aérea do Porto de Suape. Ao fundo, o Estaleiro Atlântico Sul, no município de Ipojuca, Pernambuco, 2013.

Nos últimos anos, o Nordeste tem sido polo de atração para as indústrias antes localizadas em outros estados, principalmente os do Centro-Sul, pois oferece muitos incentivos fiscais, tais como redução de impostos e mão de obra abundante e barata.

O biocombustível

O biocombustível é um combustível biodegradável fabricado a partir de fontes renováveis, como óleos vegetais e gorduras animais.

Ele é menos poluente que os combustíveis convencionais, como o *diesel*, que é proveniente do petróleo. O biocombustível utilizado em veículos movidos a *diesel*, caminhões e tratores, por exemplo, é conhecido como *biodiesel*.

O biocombustível beneficia o desenvolvimento da atividade agrícola e recebe insumos da pecuária, como o sebo bovino, que pode ser usado em sua composição. No futuro, ele poderá reduzir a exploração do petróleo, uma vez que se torna, em muitos casos, um substituto desse recurso.

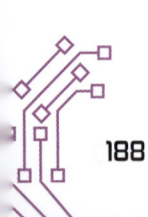

A produção de biocombustível no Nordeste é significativa, em especial no que diz respeito ao aproveitamento de oleaginosas, como o babaçu, o girassol e a mamona. Observe o mapa abaixo.

Oleaginosa: vegetais que possuem óleos e gorduras que podem ser extraídos por meio de processos químicos.

Brasil: principais plantas oleaginosas (2005)

Oleaginosas: Algodão, Amendoim, Babaçu, Cana, Dendê, Girassol, Macaúba, Mamona, Soja

Região: Norte, Nordeste, Centro-Oeste, Sudeste, Sul

Fonte: MINISTÉRIO do Meio Ambiente. **Caracterização das oleaginosas para produção do biodiesel.** Disponível em: <http://www.mma.gov.br/estruturas/sqa_pnla/_arquivos/item_5.pdf>. Acesso em: mar. 2014.

Acesse o **objeto digital** desta unidade.

@multiletramentos

As diversas faces do Nordeste

Nesta unidade você iniciou seus estudos sobre o Nordeste partindo das primeiras impressões até chegar à verdadeira identidade cultural dessa região enriquecida por muitos outros valores, entre eles a diversidade cultural como resultado de influências europeias, africanas e indígenas, o desenvolvimento econômico e suas questões ambientais. Diante desse cenário, o desafio será criar uma revista *on-line*, utilizando o *site* Calaméo, para divulgar as características que implicaram nessa atual identidade cultural.

A turma deverá se organizar em grupos e assumir um dos temas estudados nesta unidade, tendo como foco comum a editoração de apenas uma revista *on-line*. Busque mais informações para que o grupo possa analisá-las, compará-las, tomar decisões e tratar as informações que serão divulgadas.

Acesse o *site* <http://ftd.li/4stcs3/> para apreciar as revistas existentes e ter uma visão real do produto final desse trabalho. O conteúdo deverá ser elaborado em um editor de textos, para depois ser publicado no Calaméo e posteriormente incorporado no *blog* de Geografia da turma.

Tutoriais, exemplos e dicas de organização desse trabalho estão disponíveis no espaço virtual **@multiletramentos** da plataforma **Digital FTD**.

Nós

Biocombustíveis

- Em grupo, converse com seus colegas sobre as principais vantagens e desvantagens sociais e ambientais do uso desse tipo de combustível. Depois, exponha a opinião do grupo aos demais.

O turismo como riqueza

A atividade turística é um dos setores da economia que mais crescem no mundo, e a região nordestina é privilegiada nesse aspecto. O turismo gera muitos recursos e empregos.

Nos últimos 20 anos, o desenvolvimento do turismo no Nordeste é marcado por quatro características:

- diversificação dos destinos, que não se limitam unicamente às capitais e às localidades litorâneas;
- crescimento contínuo do fluxo de turismo interno e externo;
- profissionalização do setor;
- articulação eficiente entre poder público e iniciativa privada.

▲ Praia de Imbassaí, Bahia, 2013.

O turismo é um dos exemplos da articulação entre natureza, economia e cultura. Assim, para que a atividade turística tenha sucesso, não se devem considerar apenas as características naturais, mas também as condições culturais e educacionais da região, promovendo-se, por exemplo, a formação de mão de obra especializada.

Além das belezas naturais, como o seu vasto litoral e áreas como os Lençóis Maranhenses, o Nordeste tem cidades tombadas pelo Patrimônio Histórico Artístico e Nacional (Iphan), como Salvador, Olinda e São Luís, bem como grandes áreas de preservação ambiental.

@ Explore

Tenha mais informações sobre os destaques turísticos dos estados nordestinos, e também do norte de Minas Gerais, no *site* da **Sudene**. Disponível em: <http://ftd.li/rqzxow> (acesso em: fev. 2014).

1. Cite três destaques turísticos indicados no *site*.
2. Por que essa região é tão importante para o turismo no país? Justifique.

▲ A festa junina realizada em Campina Grande é considerada uma das principais do país e atrai um grande número de turistas, até mesmo estrangeiros.

▲ Vista de lagoas formadas pela água das chuvas, no Parque Nacional dos Lençóis Maranhenses, município de Barreirinhas, Maranhão, 2011.

Sobre a foto

É a água das chuvas que formam as lagoas existentes entre as dunas, no Parque Nacional dos Lençóis Maranhenses. A estação chuvosa dura de fevereiro a maio.

Atividades

Reveja

1 Em classe, monte com seus colegas um painel com desenhos ou colagens para caracterizar o Nordeste brasileiro.

2 Relacione as condições ambientais de cada sub-região do Nordeste com as atividades econômicas nelas desenvolvidas.

Analise

3 Observe as imagens e depois indique a atividade econômica retratada em cada uma delas.

▲ Município de Luis Eduardo Magalhães, Bahia, 2013.

▲ Píer petroleiro, município de Fortaleza, Ceará, 2013.

▲ Recifes de corais, Maraú, Bahia, 2012.

Explique

4 Por que cidades como Olinda, Salvador e São Luís podem ser consideradas cidades históricas? Justifique.

Fórum

A Lei Nº 6.514, de 22 de dezembro de 1977, disponível em: <http://ftd.li/prfw7d>, estabelece o que são empregos e funções insalubres, ou seja, atividades que oferecem algum risco à saúde e à integridade do empregado. Em grupo, faça um debate sobre as condições de trabalho das quebradeiras de coco no Nordeste e discuta se a função delas pode ser considerada insalubre.

O Movimento Interestadual das Quebradeiras de Coco Babaçu (MIQCB) foi uma das primeiras associações a organizar as quebradeiras, conscientizando-as de seus direitos e buscando proporcionar melhor qualidade de vida. Entre no *link* <http://ftd.li/ac2uw5> (acesso em: fev. 2014) e relacione essas alternativas.

▶ Mulher quilombola quebrando coco de babaçu, no povoado de Soledade, em Caxias, Maranhão, 2014.

Cartografia

Variável visual: valor

Como mencionamos anteriormente, as variáveis visuais são a forma, o tamanho, a orientação, a cor, o valor e a granulação, que podem ser aplicadas em um mapa por meio de pontos, linhas ou áreas.

A variável visual textura é utilizada para representar dados quantitativos ou qualitativos, indicando uma ordenação entre os dados. Quando se pretende representar um fenômeno ordenado, por área, recomenda-se o uso dessa variável, pois ela indica claramente a intensidade do fenômeno, onde ele é maior ou menor, como no estudo da proporção de mulheres em trabalhos formais por estado brasileiro. Observe o mapa abaixo.

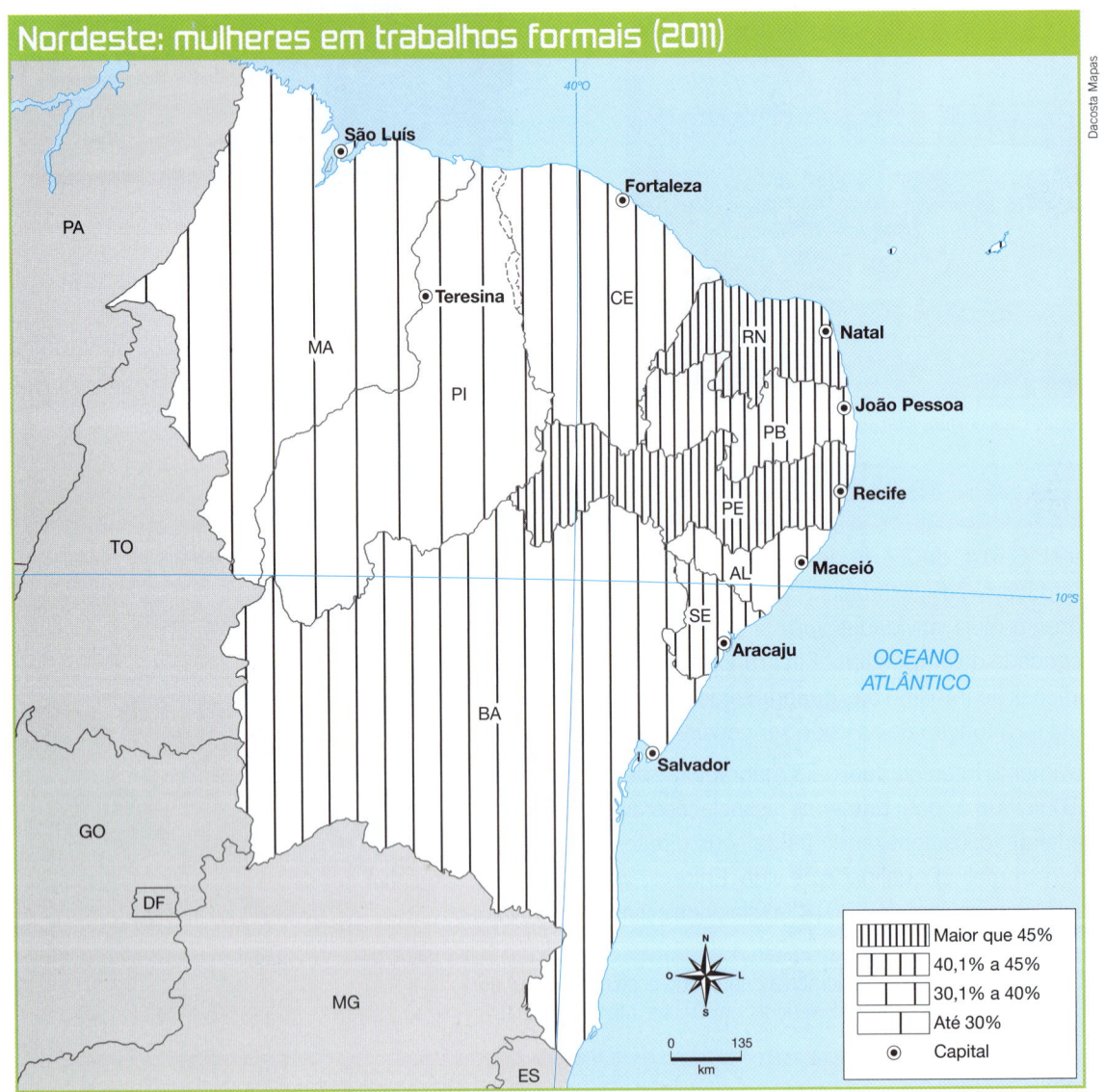

Nordeste: mulheres em trabalhos formais (2011)

Legenda:
- Maior que 45%
- 40,1% a 45%
- 30,1% a 40%
- Até 30%
- Capital

Fonte: IBGE. **Indicadores de Desenvolvimento Sustentável**. Rio de Janeiro: IBGE, 2011.

No mapa, percebe-se que a variável visual vai do menor para o maior espaçamento entre as linhas pretas, na área branca, indicando valores cada vez menores. Ou seja, as linhas estão mais espaçadas entre si nos estados onde há menor proporção de mulheres em trabalhos formais, e mais próximas umas das outras nos estados onde essa proporção é maior. É importante observar que a espessura da linha se mantém igual.

1 Quais estados apresentam as maiores proporções de mulheres em trabalhos formais? Como isso está representado no mapa?

2 Quais estados apresentam as menores proporções de mulheres em trabalhos formais? Como isso está representado no mapa?

3 A partir da tabela abaixo, elabore um mapa da taxa de alfabetização das pessoas de 15 anos ou mais de idade na região Nordeste, no ano de 2011. Para isso, utilize como base um mapa da divisão política da região Nordeste e agrupe os dados conforme as classes da legenda: menor que 80%; de 80% a 82%; de 82% a 84%; e maior que 84%.

Taxa de alfabetização das pessoas de 15 anos ou mais de idade na região Nordeste (2011)	
Alagoas	78,2%
Bahia	85,6%
Ceará	83,5%
Maranhão	78,4%
Paraíba	82,8%
Pernambuco	84,3%
Piauí	80,7%
Rio Grande do Norte	84,2%
Sergipe	84%

Fonte: IBGE. **Indicadores de Desenvolvimento Sustentável**. Rio de Janeiro: IBGE, 2011.

Com base no mapa que você construiu, responda.

a) Quais estados tem a maior taxa de alfabetização na região Nordeste?

b) Quais estados tem a menor taxa de alfabetização na região Nordeste?

Aldeia global

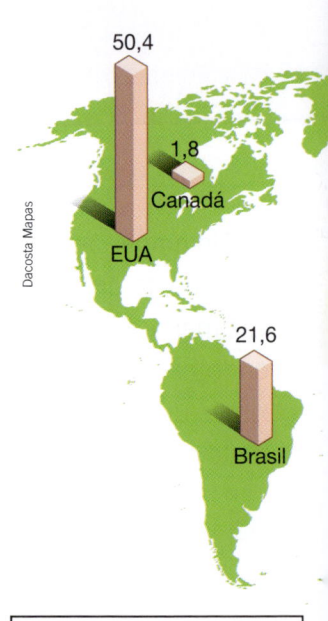

Etanol pelo mundo

Por questões ecológicas e econômicas, a substituição das fontes de energia fóssil por soluções que impactam menos o ambiente tem sido prática crescente em muitos países.

A energia solar, eólica, geotérmica e biomassa são alguns exemplos de fontes alternativas de energia. O etanol, combustível renovável, pode substituir os derivados do petróleo. O mapa ao lado mostra os cinco maiores produtores de etanol do mundo, em 2012.

A região Nordeste é a que mais produz mamona, vegetal utilizado para fabricar biocombustível. Mesmo assim, quem se destaca na produção brasileira desse recurso é a região Sudeste, com a cana-de-açúcar. Observe os gráficos.

Produção de etanol (em bilhões de litros)

EUA: 50,4
Canadá: 1,8
Brasil: 21,6

Fonte: REN21. 2013. **Renewables 2013 Global Status Report**. Paris: REN21 Secretariat, 2013. p. 96.

▲ Usina de álcool em Iowa, Estados Unidos, 2013.

Brasil: usinas de álcool e açúcar (2012)

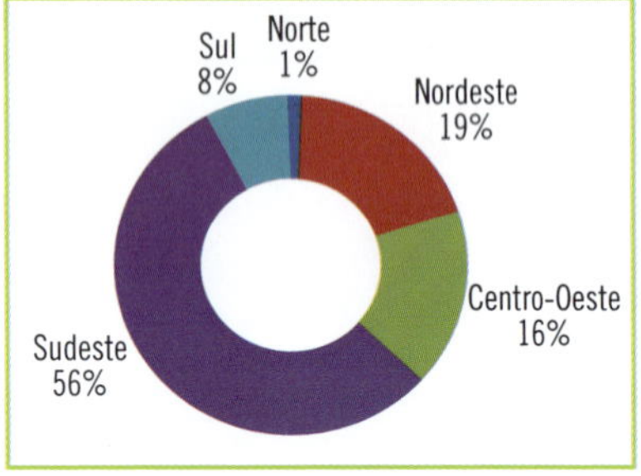

- Norte: 1%
- Sul: 8%
- Nordeste: 19%
- Centro-Oeste: 16%
- Sudeste: 56%

Fonte: ICNA. **Relatório de inteligência:** do bagaço ao posto. Equipe de Inteligência Competitiva Knowtec. 2013. p. 19.

Brasil: produção de mamona (1996-2006)

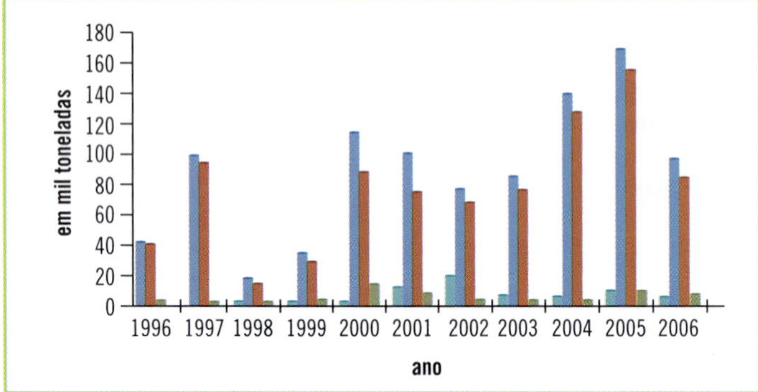

Fonte: BANCO do Nordeste. **Informe Rural ETENE**. Ano V, set. 2011. nº 14. p. 7.

▲ Vista aérea de usina de açúcar e álcool, em Sertãozinho (SP), 2013.

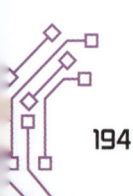

Mamona. ▶

Usina de biomassa na França – 5ª colocada na classificação de produtores de etanol – em 2010. Abaixo, produção de milho na China – 3º país produtor de combustível – em 2013.

Os produtos agrícolas que mais se destacam na produção atual de biocombustível são a cana-de-açúcar, o milho, a beterraba, a mandioca, o sorgo e o trigo.

A produção mundial de etanol aumentou consideravelmente desde 2006. No período de 2006 a 2012, o continente que mais se destacou foi a América, seguida da Europa e da Ásia/Pacífico.

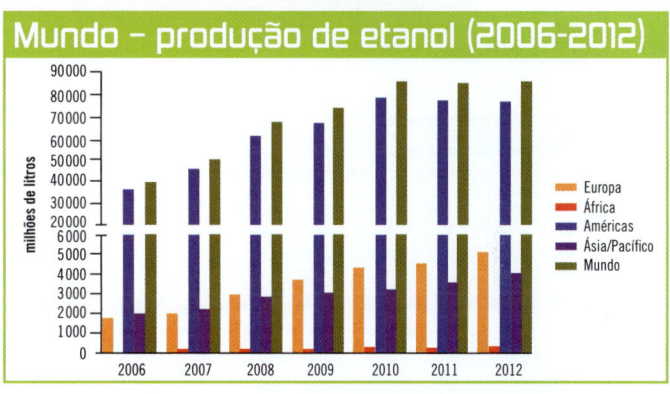

Mundo – produção de etanol (2006-2012)

Fonte: ICNA. **Relatório de inteligência:** do bagaço ao posto. Equipe de Inteligência Competitiva Knowtec, 2013. p. 5.

Cana-de-açúcar. Milho. Beterraba. Mandioca. Sorgo. Trigo.

Sobre o texto

1. Cite três fontes de energia fóssil. Porque elas têm esse nome?

2. O que são fontes de energia renovável? Cite três tipos.

3. Quais são os países que mais produzem etanol?

4. Quais culturas agrícolas podem ser utilizadas para a produção de combustível?

5. Observe o gráfico ao lado. Em seguida, escreva um pequeno texto sobre a produção de etanol no Brasil.

Brasil: produção de etanol (2000-2013)

Fonte: ICNA. **Relatório de inteligência:** do bagaço ao posto. Equipe de Inteligência Competitiva Knowtec, 2013. p. 7

unidade 01

Nesta unidade

- Ocupação do Centro-Sul.
- Industrialização e urbanização.
- Modernização da agropecuária.
- Energia e transporte no Centro-Sul.

O Centro-Sul

O Centro-Sul é caracterizado pela concentração econômica e por ser palco das decisões políticas do país. Essa região reúne as indústrias de maior complexidade, como as do setor de automobilística e aeronáutica. Apresenta, ainda, a maior produção agrícola e os maiores aglomerados populacionais.

1. Observe a paisagem mostrada na foto. Trata-se de um bairro chamado Setor de Mansões de Dom Bosco de Brasília, localizado próximo à Esplanada dos Ministérios e ao lago Paranoá, que pode ser visto na imagem. Forme uma dupla com um colega e responda: que informações sobre o Plano Piloto podem ser obtidas com base na paisagem vista na foto?

2. Ainda em dupla, escrevam no caderno o que vocês sabem sobre Brasília. Em seguida, compartilhem os conhecimentos levantados com os colegas e o professor.

@mais

Assista ao episódio "Uma cidade se faz do sonho" da série **Brasil 500: o Brasil-República na TV**, disponível em <http://ftd.li/je2trcd> (acesso em: fev. 2014), e faça o que se pede.
1. Explique a formação das cidades satélites.
2. Brasília, uma cidade planejada, se propunha a eliminar as diferenças sociais. Como o Projeto Piloto pretendia acabar com essas diferenças? Esse objetivo foi alcançado? Justifique.

◂ Vista aérea do Setor de Mansões Dom Bosco Lago Sul, à beira do lago Paranoá. Brasília (DF), 2013.

Capítulo 1 — Localização e ocupação

Fazem parte da região Centro-Sul os estados de Goiás, Mato Grosso do Sul, São Paulo, Espírito Santo, Rio de Janeiro, Paraná, Santa Catarina e Rio Grande do Sul, além do Distrito Federal e de parte dos estados de Mato Grosso, Minas Gerais e Tocantins.

Essa região é caracterizada por concentrar a maior parte da população brasileira e os principais centros econômicos do país.

A seguir, vamos estudar o processo de ocupação do Centro-Sul.

Brasil: Centro-Sul

Fonte: IBGE. **Atlas geográfico escolar**. 6. ed. Rio de Janeiro: IBGE, 2012.

Colonização portuguesa

Em 1532, partiu a primeira expedição colonizadora de Portugal em direção ao Brasil. Sua missão era instalar os primeiros habitantes portugueses e iniciar efetivamente a colonização. Martim Afonso de Sousa, comandante dessa expedição, estabeleceu-se com seus homens no atual litoral do estado de São Paulo, onde fundou São Vicente, a primeira vila brasileira. Em torno dessa vila, desenvolveu-se a cultura da cana-de-açúcar e construíram-se os primeiros engenhos de açúcar da colônia.

Partindo de São Vicente, em 1554, um pequeno grupo de jesuítas superou a Serra do Mar e chegou ao planalto, onde fundou a Vila de São Paulo de Piratininga. Nos séculos XVII e XVIII, inúmeras expedições partiram dessa vila e seus arredores rumo ao interior, com a intenção de descobrir pedras preciosas e capturar indígenas. Essas expedições, conhecidas como bandeiras, como vimos na Unidade 2, promoveram a ampliação do território português na América.

No final do século XVII, os integrantes de uma dessas expedições bandeirantes descobriram ouro na região das minas, atraindo milhares de pessoas em busca de riqueza com o garimpo. É nesse período que ocorre a ocupação colonial dos atuais estados de Goiás, Mato Grosso e Minas Gerais.

Benedito Calixto de Jesus. 1900. Óleo sobre tela. Museu Paulista da Universidade de São Paulo, São Paulo.

▲ Obra de arte, elaborada por Benedito Calixto, em 1900. A pintura representa a fundação de São Vicente, São Paulo.

A mineração do ouro

No século XVIII, a mineração do ouro resultou na criação de inúmeros núcleos urbanos, como Vila Rica (atual Ouro Preto), Mariana, Sabará e Tiradentes. Para abastecer essa população urbana, eram transportados os alimentos de diversas outras áreas coloniais, com destaque para a carne oriunda de terras que hoje compõem o Rio Grande do Sul.

A mineração do século XVIII foi um dos principais fatores para a integração territorial da colônia portuguesa, em especial das áreas envolvidas diretamente com essa atividade, como as atuais áreas da região Centro-Sul.

A cultura do café

A cultura do café foi uma das mais importantes atividades econômicas do Brasil e afetou profundamente a paisagem, a economia e a estrutura social da região Centro-Sul. Foi responsável, também, por alterar fortemente as relações econômicas e políticas internas e com outros países do mundo.

O café começou a ser cultivado no início do século XIX, nos arredores da cidade do Rio de Janeiro. Então, estendeu-se ao longo do eixo Rio-São Paulo, no Vale do Paraíba. Em seguida, atingiu o interior do estado de São Paulo e o centro-sul de Minas.

O cultivo do café utilizou grande volume de mão de obra, inicialmente escrava e depois de imigrantes (italianos e japoneses, principalmente).

Consequências da cafeicultura

Entre as consequências mais importantes da cafeicultura está a transformação gradativa da cidade de São Paulo em polo comercial e financeiro. São Paulo passou a dividir com o Rio de Janeiro, então capital do Brasil, a centralização da política e economia nacionais.

Outra consequência importante foi o desenvolvimento da rede ferroviária, cujos trilhos acompanharam a rota de implantação dos cafezais.

A partir dos anos 1930, o café estendeu-se ao norte paranaense, aproveitando as extensões de terra roxa, extremamente férteis, atraindo migrantes de outros estados e países.

O ciclo econômico do café foi muito importante para a economia do Centro-Sul, pois a riqueza gerada pela cafeicultura foi empregada na construção de fábricas, incentivando a industrialização da região e do país, no fim do século XIX.

Tome nota

A mineração do século XVIII favoreceu a integração do território português na América. Para abastecer a atividade mineradora na região de Minas Gerais, eram trazidos animais e alimentos dos atuais estados do Nordeste e, principalmente, do Centro-Sul.

▲ Imigrantes italianos trabalhando na colheita de café, na fazenda Guatapará, em São Paulo, no início do século XX.

Terra roxa: tipo de solo bastante fértil, resultado de milhões de anos de decomposição de rochas arenítico-basálticas. Caracteriza-se por sua aparência vermelho-roxeada, em razão da presença de minerais.

A crise

Em 1929, em virtude de uma crise mundial, o preço do café caiu vertiginosamente. Toneladas do produto foram queimadas por falta de compradores e inúmeros cafeicultores foram à falência. Além disso, os solos nos quais se plantava café esgotaram gradativamente, em razão do desconhecimento de técnicas de correção de solos e de rotação de culturas por grande parte dos cafeicultores no Brasil.

A imigração

Desde o início do século XIX, o governo imperial brasileiro tentava instalar colônias de imigrantes no Brasil. Exemplos dessa tentativa são as cidades de Nova Friburgo (RJ), que se originou de uma colônia de suíços, e São Leopoldo (RS), que se formou a partir de um assentamento de alemães. Essas experiências, porém, eram de pequeno porte e muito dependentes do financiamento público, não atendendo à demanda gerada pelas plantações de café.

Os agricultores paulistas começaram a trazer trabalhadores europeus para trabalhar na cultura de café. Em 1871, o governo brasileiro criou a Associação Auxiliadora de Colonização, organizando a divulgação na Europa e financiando as viagens para o Brasil. Em 1878, foi criada em São Paulo a Hospedaria dos Imigrantes, que funcionava como centro de recepção e encaminhamento dos recém-chegados.

▲ Grupo de colonos alemães na antiga sede da diretoria da colônia, em Porto Cachoeiro, atual município Cachoeiro de Itapemirim (Espírito Santo), c. 1875.

Os imigrantes que chegaram ao Brasil tinham, em sua maioria, muita experiência no trabalho agrícola. Aqui, aplicaram suas práticas, tornando-se responsáveis pelo desenvolvimento de técnicas e pela introdução de várias culturas agrícolas, como as de trigo, arroz, cevada, vinha e fruticultura. Além disso, a imigração deu origem, no Sul do país, a cidades com forte influência da urbanização europeia, como é o caso de Caxias do Sul (RS) e Blumenau (SC).

No início do século XX, uma grande onda de imigração veio do Japão, formada por camponeses que se destinavam principalmente às lavouras do interior de São Paulo. Italianos e japoneses, entre outros grupos de imigrantes, deslocaram-se para as cidades, principalmente São Paulo, empregando-se na indústria nascente e nos setores de comércio e serviços, exercendo forte influência na formação cultural da cidade.

> @ **Explore**
>
> O **Museu da Imigração do estado de São Paulo** preserva a memória e a história das pessoas que chegaram ao Brasil por meio da Hospedaria de Imigrantes. No site <http://ftd.li/dktos4> (acesso em: fev. 2014) é possível conhecer o acervo do museu e informações sobre esse período da história.
>
> - Dentre as informações disponíveis no acervo, qual mais chamou a sua atenção? Justifique.

▲ Imigrantes desembarcam de trem que chega à Hospedaria dos Imigrantes, trazendo-os do porto de Santos, no início do século XX.

A industrialização e a urbanização

No fim do século XIX e início do XX, iniciou-se o processo de industrialização do Brasil, em especial em São Paulo e no Rio de Janeiro.

O desenvolvimento industrial foi favorecido nas cidades pelo excedente de capitais gerados pela cafeicultura, pois parte dos lucros obtidos com a venda do café foi investida na industrialização. Outro fator de desenvolvimento foi a grande oferta de mão de obra, em especial imigrante.

Operários da tecelagem Crespi, em São Paulo, São Paulo, início do século XX.

Em conjunto ao processo de industrialização do Brasil, aconteceu o processo de urbanização, que foi intensificado a partir da década de 1950. A partir desse período a população urbana do país passou a ser maior que a população rural. Impulsionado pela industrialização, o processo de urbanização desenvolveu-se aceleradamente na região Centro-Sul.

O processo de industrialização

Centradas principalmente na produção têxtil e de alimentos, as indústrias foram responsáveis por profundas transformações, principalmente na cidade de São Paulo. No início do século XX, muitos dos operários eram de origem italiana, espanhola e portuguesa. A esses, somaram-se, ao longo das décadas, populações do Nordeste e do interior dos estados de São Paulo e Minas Gerais, principalmente depois da crise de 1929.

Em 1947, ocorreu a implantação da Companhia Siderúrgica Nacional (CSN), em Volta Redonda, Rio de Janeiro. Essa data foi um marco para o desenvolvimento industrial, pois tornou o país capaz de produzir matéria-prima para outras indústrias.

Rede do tempo

A localização estratégica da CSN

O local escolhido para a implantação da primeira siderúrgica nacional foi estratégico. O município de Volta Redonda (RJ) está localizado próximo às jazidas de ferro em Minas Gerais, das minas de carvão em Santa Catarina; com acesso facilitado às fábricas paulistanas e cariocas e aos portos de Santos e do Rio de Janeiro, por via ferroviária e rodoviária.

1. Por que o local escolhido para a implantação da Companhia Siderúrgica Nacional pode ser considerado estratégico?

2. Em sua opinião, quais foram os benefícios econômicos da implantação da CSN?

Município de Volta Redonda

Fonte: IBGE. **Atlas geográfico escolar**: ensino fundamental do 6º ao 9º ano. Rio de Janeiro: IBGE, 2010.

A partir de 1950, a industrialização brasileira ganhou grande incentivo com a instalação de empresas **multinacionais**, principalmente montadoras de automóveis que se estabeleceram no entorno da cidade de São Paulo.

Outro incentivo foi a criação de empresas estatais para administrar setores essenciais à indústria, como o energético. A Petrobrás foi criada em 1953 e a Eletrobrás, em 1962.

Nas décadas seguintes, o processo de industrialização manteve-se crescente e as indústrias distribuíram-se ao longo da região Centro-Sul: entre outras cidades, em Porto Alegre (RS), Curitiba (PR), Belo Horizonte (MG), Sorocaba (SP), Campinas (SP), São José dos Campos (SP), Joinville (SC), Blumenau (SC).

▲ Funcionário trabalhando na linha de produção na fábrica da Volkswagem, em São Bernardo do Campo (SP), 1958.

Na década de 1970, foram construídas mais refinarias de petróleo, polos petroquímicos e usinas hidrelétricas. Também se expandiram a exploração mineral e a produção de aço em Minas Gerais (Usiminas e Belgo-Mineira), gerando o complexo portuário Tubarão/Vitória (Companhia Vale do Rio Doce), no Espírito Santo, voltado para a exportação de minério de ferro e produtos siderúrgicos.

Pense e responda

- Qual a relação entre os processos de industrialização e de urbanização?

◀ Porto de Tubarão, no município de Vitória, Espírito Santo, 2010.

Nas últimas décadas, houve uma grande expansão dos sistemas de telecomunicações na região Centro-Sul, particularmente nas grandes cidades, onde é alta a demanda por tecnologia e grande o mercado consumidor.

A ampliação do serviço de telecomunicações no Centro-Sul, com difusão de telefones celulares e computadores, está relacionada ao ingresso de parte da região na chamada **terceira revolução industrial**, caracterizada pelo amplo uso de tecnologias de última geração nas etapas produtivas.

A metropolização

Há diferentes graus de urbanização no Brasil. Todos se devem especialmente à formação socioeconômica das localidades ou regiões.

Na medida em que se desenvolvem, as cidades estimulam fluxos comerciais, sociais, políticos e culturais. Elas também criam uma rede urbana que se interliga por meio de dinâmicas estabelecidas pelas pessoas, pelo comércio e por outras atividades econômicas e pelos sistemas de informações.

Diante disso, estabelece-se uma hierarquia entre as cidades em razão do grau de urbanização e dos fluxos (de pessoas, negócios, informações etc.) entre elas. Algumas cidades subordinam a outras em razão do tamanho, dos serviços e especializações e do grau de industrialização. Todos esses fatores determinam o deslocamento das pessoas entre essas cidades, para estudar, fazer compras e tratamentos médicos, por exemplo. Observe no mapa a seguir a área de influência de algumas cidades brasileiras.

> **Lembre**
> Na região Centro-Sul se localizam as principais cidades brasileiras, as mais populosas e industrializadas. Essas cidades influenciam a tomada de decisões políticas e administrativas em nível nacional.

Brasil: influência das metrópoles nacionais (2007)

Fonte: IBGE. **Atlas geográfico escolar**: ensino fundamental do 6º ao 9º ano. Rio de Janeiro: IBGE, 2010.

◀ Vista aérea da Marginal do Rio Pinheiros, São Paulo, São Paulo, 2013.

As metrópoles nacionais são centros de circulação financeira e de informação, além de geradoras de empregos formais e informais. Brasília e Rio de Janeiro são as duas metrópoles nacionais do Brasil. Brasília é o centro das decisões políticas e jurídicas do país e o Rio de Janeiro se destaca por ser sede de grandes empresas de extração de petróleo, pela sua influência cultural e por ser um polo turístico que atrai pessoas de vários países.

Há também as metrópoles. Elas são as capitais estaduais que articulam a rede urbana regional, oferecendo serviços especializados, atraindo a população de outros estados.

As capitais regionais são as cidades com importantes atividades econômicas, geralmente, atraindo a população de seus próprios estados ou de parte deles.

Além dessas, existe a grande metrópole nacional: a cidade de São Paulo, o maior conjunto urbano e financeiro do país, sede dos principais bancos e da única bolsa de valores do país (a Bovespa) onde se negociam ações para as bolsas de valores do mundo inteiro.

Acesse o **objeto digital** desta unidade.

Projeto vencedor do Plano Piloto de Brasília (DF), elaborado por Lúcio Costa, em 1957.

🔗 Geografia e Política

A capital federal: Brasília

Brasília foi planejada e construída para ser a capital do Brasil. Sua fase de construção (1956-1960) atraiu brasileiros de todas as regiões, que migraram para lá em grandes levas. A população da região, que era de aproximadamente 13 mil habitantes em 1957, passou para 127 mil em 1960. Em 2010, a cidade já contava com 2,5 milhões de habitantes.

Brasília é uma metrópole regional que exerce influência sobre as cidades no seu entorno e também sobre várias outras de Goiás, do oeste da Bahia e do noroeste de Minas Gerais. A construção de Brasília fez parte de um plano governamental que se propunha a integrar o território nacional, criando possibilidades de ocupação mais intensa da região central do país.

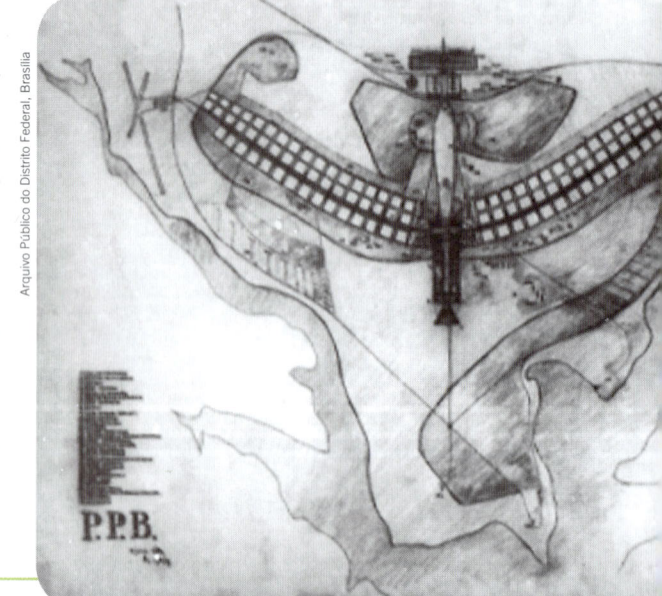

Condições de vida urbana

Apesar da grande riqueza produzida no Centro-Sul, as desigualdades sociais fazem parte da paisagem de suas metrópoles. Quanto à moradia, é possível encontrar, lado a lado, edificações de alto padrão e moradias autoconstruídas de forma irregular, que não são adequadas às regras de construção do município. Na maior parte das cidades, o acesso ao lote individual é impossível para muitas famílias. É frequente, portanto, a ocupação coletiva de terrenos públicos ou lugares impróprios, como margens de rios, morros e áreas de mananciais.

Outro tipo de habitação muito comum nas grandes cidades são os cortiços. Geralmente localizados nas áreas centrais, são prédios ou casarões velhos ocupados por famílias que dividem seus cômodos.

▲ Moradias irregulares, que passam por processo de urbanização, às margens da represa Billings, em São Paulo, 2013.

Não raras também são as ocupações de prédios vazios, públicos ou particulares, por grupos organizados em movimentos de sem-teto. Por não terem moradia, essas famílias ocupam locais pouco adaptados à vida familiar, como hospitais e prédios da administração pública desativados.

Mesmo ratificado pela Declaração Universal dos Direitos Humanos, o acesso à moradia adequada não é uma realidade para todos. Bilhões de pessoas no mundo vivem em condições precárias, inclusive nos países ricos. No Brasil, esse direito também está assegurado pela Constituição, mas o déficit habitacional é estimado em cerca de 7,9 milhões de lares, conforme estudos do Instituto de Pesquisa Econômica Aplicada (Ipea).

Nós

Direito à moradia

- Converse com seus colegas sobre como o poder público deveria atuar para reduzir esses problemas urbanos. Quais seriam as soluções possíveis para o problema de moradia?

◀ Apesar da urbanização de algumas favelas, essas áreas ainda carecem de serviços básicos. Na imagem, favela de Santa Marta, Rio de Janeiro, RJ, em 2013.

Atividades

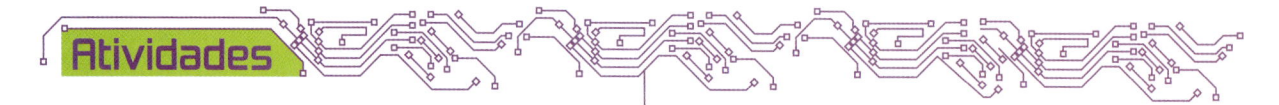

Reveja

1 Qual é a importância da atividade mineradora para a integração inicial da região Centro-Sul?

2 No século XIX, o governo brasileiro criou políticas de incentivo à migração de estrangeiros para o Brasil. Por quê?

3 Sobre o processo de industrialização brasileira, responda:

a) Quais foram as condições que levaram São Paulo a se industrializar antes dos outros estados?

b) Dê exemplos de indústrias implantadas no país a partir da década de 1950.

4 O processo de industrialização do Brasil contou com a ajuda do governo federal, que criou, a partir da década de 1950, empresas estatais como a Petrobrás e a Eletrobrás, além de indústrias siderúrgicas e metalúrgicas. Por que essas indústrias foram consideradas estratégicas para o desenvolvimento do país?

5 A respeito das condições de vida nas cidades brasileiras, pesquise:

a) Quais são os projetos governamentais – municipal, estadual ou federal – que cumprem o direito à moradia assegurado na Constituição?

b) No município onde você mora ocorre alguma situação de moradia semelhante às tratadas no texto da página 205? Exemplifique.

c) Que ações praticadas pela comunidade da sua escola e pela sua família em casa contribuem para melhorar a qualidade de vida da comunidade em que você vive?

Analise

6 O mapa a seguir mostra as rotas feitas por uma companhia aérea brasileira.

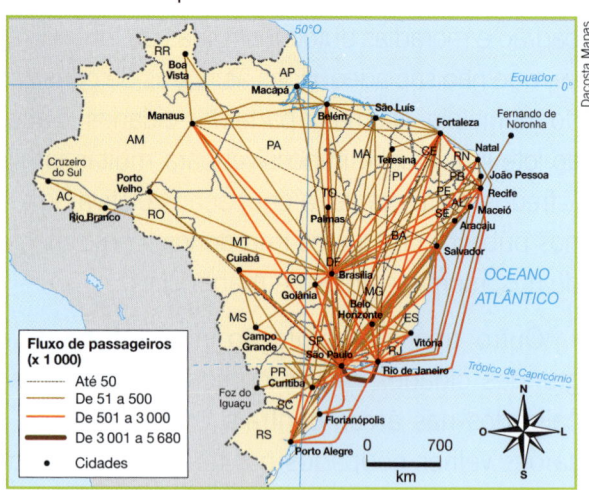

a) Que cidades apresentam maior fluxo aéreo? A que região elas pertencem?

b) É possível perceber a hierarquia entre as cidades a partir das informações contidas no mapa? Justifique.

Explique

7 Observe a imagem.

▲ Favela do Jardim Novo Oriente e condomínio residencial no distrito do Campo Limpo, São Paulo, SP, 2012.

Explique por que é comum encontrarmos esse contraste nas grandes cidades brasileiras.

Capítulo 2 — Economia do Centro-Sul

Expansão agrícola

Uma das características de destaque da região Centro-Sul é a expansão das áreas destinadas à agricultura. Até a década de 1970, a maior parte da produção agropecuária brasileira concentrava-se nos estados do Rio Grande do Sul, do Paraná, de Santa Catarina, de São Paulo e de Minas Gerais.

O valor da terra aumentou gradativamente nessas áreas, levando a um avanço da agropecuária para o Mato Grosso do Sul, Goiás e Mato Grosso, principalmente. O preço das terras nas áreas pioneiras sempre foi muito menor do que nas áreas tradicionais. Com o valor de uma pequena propriedade rural, no sul do país, era possível adquirir grandes extensões de terra nas novas áreas de expansão.

Essa transformação, que atendeu aos interesses de diversos setores econômicos, só pôde acontecer com o apoio do governo federal, que garantiu a infraestrutura necessária (energia e transporte, por exemplo) nas novas áreas agrícolas.

Os estados de Mato Grosso, Mato Grosso do Sul, Goiás e Tocantins têm produção agrícola moderna, que se caracteriza pelo uso intensivo de máquinas e outros insumos agrícolas e pela utilização de tecnologia de ponta. Além de incentivado pelo consumo interno crescente, o cultivo da soja foi estimulado pelo interesse de países que a utilizam como matéria-prima de ração animal. Já o trigo e o milho atendem a uma demanda cada vez maior da indústria alimentícia de massas, óleos e margarinas.

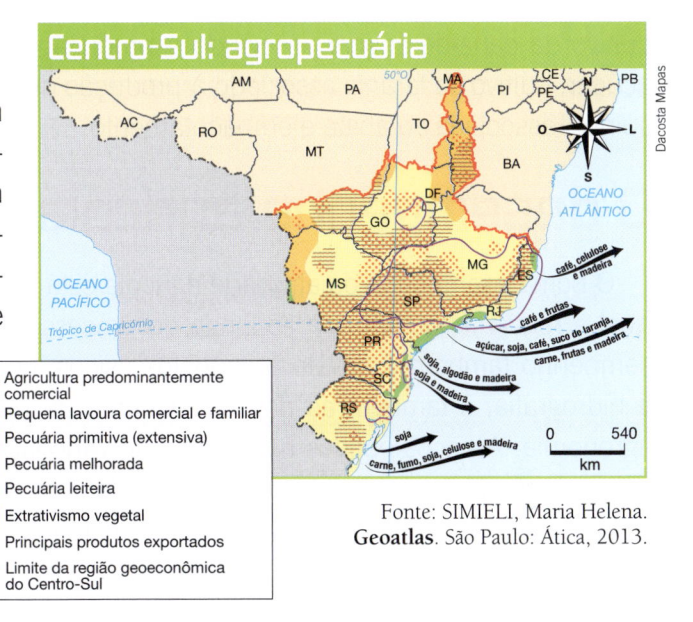

Fonte: SIMIELI, Maria Helena. **Geoatlas**. São Paulo: Ática, 2013.

Áreas pioneiras: são áreas desabitadas ou pouco povoadas que passam a ser aproveitadas para uma determinada atividade econômica. As terras nas áreas pioneiras costumam ser mais baratas do que as terras em áreas povoadas.

Insumo agrícola: produto que beneficia a produção rural, como os fertilizantes.

◀ Vista aérea da colheita de soja em Nova Mutum, Mato Grosso, 2013. É o principal produto agrícola do Brasil, grande exportador mundial desse grão.

O agronegócio

O agronegócio é um conjunto de atividades ligadas à produção agropecuária – inclui os insumos agrícolas e serviços, a industrialização e a comercialização do produto. Refere-se a toda a cadeia produtiva vinculada à produção agrícola e pecuária.

Na região Centro-Sul, o agronegócio desenvolveu-se principalmente com os seguintes produtos: cultivo da soja associado ao esmagamento do grão; cultivo da cana-de-açúcar associado à produção de álcool combustível e açúcar; cultivo da laranja associado à produção de suco; criação de aves e suínos, associada ao abate e empacotamento.

O desempenho agrícola

O bom desempenho da atividade agrícola está vinculado à maneira pela qual a região foi organizada ao longo do processo de ocupação. Esse desempenho também é devido a aspectos físicos, como clima, relevo, solo e hidrografia, e também ao desenvolvimento de pesquisas científicas na agronomia. Avanços obtidos na seleção de variedades de sementes, além de aumento da capacidade produtiva do solo, têm contribuído para que os resultados na agricultura sejam cada vez melhores. É o que ocorreu com a laranja, em São Paulo e no Rio de Janeiro, e com o látex, em São Paulo.

Além disso, o Centro-Sul tem importante parcela de sua economia baseada no fornecimento de carne e grãos. Essa produção depende da utilização racional do solo, de modo que não interfira no meio ambiente. No Rio Grande do Sul, o processo de arenização verificado nos municípios de Alegrete, São Francisco de Assis, Uruguaiana e Santana do Livramento, em decorrência do uso excessivo do solo para pecuária, pode prejudicar a economia da região.

Arenização: expansão dos areais – os sedimentos depositados dificultam a fixação da vegetação na camada superficial do solo.

> **A fuga das galinhas**
> Direção: Peter Lord e Nick Parker. EUA, 2000.
> Os proprietários de uma granja decidem mudar de ramo e começam a vender tortas de galinha. Para não serem mortas, as galinhas bolam um plano de fuga.

> **Explore**
> O *site* da **Universidade Federal do Rio Grande do Sul** dispõe de informações sobre o que tem sido feito para minimizar a arenização do solo sul-riograndense. Acesse-o em: <http://ftd.li/82k74o> (acesso em: fev. 2014).
> - Por que utilizamos o termo arenização (e não desertificação) para tratar do problema dos solos sul-riograndenses?

As pesquisas que visam conter o avanço das áreas de arenização ainda apresentam resultados insuficientes. Plantação de pinus para conter a erosão do solo em área rural, causado pelo uso inadequado e intenso do solo, em Manoel Viana, Rio Grande do Sul. 2008.

Extração mineral

A região Centro-Sul é composta de terrenos com rochas de diferentes tipos e de idades distintas, favorecendo a ocorrência de uma diversidade de minérios.

A região Centro-Sul está situada em uma porção do território brasileiro que possui diferentes tipos de rochas, com idades distintas. São rochas ígneas ou magmáticas, sedimentares e metamórficas, cuja origem está associada a diversos processos do interior da Terra (tectonismo, vulcanismo, mudanças nas condições de pressão e temperatura, entre outros) e de sua superfície (ação climática, dos rios, ventos, mares etc.). É com esses processos que se formam os minerais, as rochas e os solos que constituem a crosta terrestre. Esses materiais são aproveitados como recursos naturais pelos seres humanos.

No caso da região Centro-Sul, algumas das principais áreas de exploração mineral estão nas serras cristalinas dos Planaltos e Serras de Leste-Sudeste, onde há ocorrência de diversos minérios; na Depressão Periférica da Borda Leste da Bacia do Paraná, onde são exploradas as áreas carboníferas; no Planalto e na Chapada dos Parecis (centro do estado do Mato Grosso), com a garimpagem de ouro e diamante; e na Depressão Sul-Amazônica, principalmente nas áreas central, sudeste e sudoeste de Goiás e na sua divisa com o Tocantins, onde são extraídos diamante e outras gemas preciosas, ouro, estanho e amianto.

Carvão mineral

No Brasil, as reservas de carvão localizam-se em Santa Catarina, no Rio Grande do Sul e no Paraná. Em Santa Catarina, encontra-se a maior delas, no vale do Rio Tubarão e nos municípios de Urussanga, Lauro Müller, Siderópolis e Criciúma. Como essas reservas são de pouca profundidade, sua exploração é mais barata, diferentemente do que ocorre no Rio Grande do Sul, cujas jazidas possuem maior profundidade.

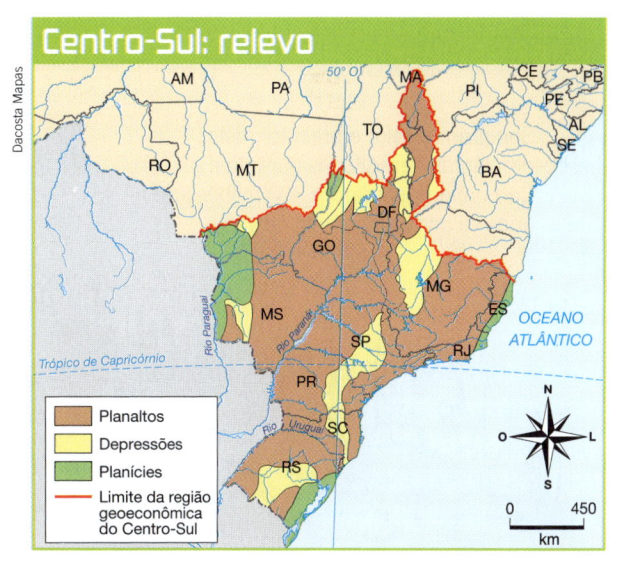

Fonte: ROSS, Jurandyr L. Sanches. **Geografia do Brasil**. São Paulo: Edusp, 2001.

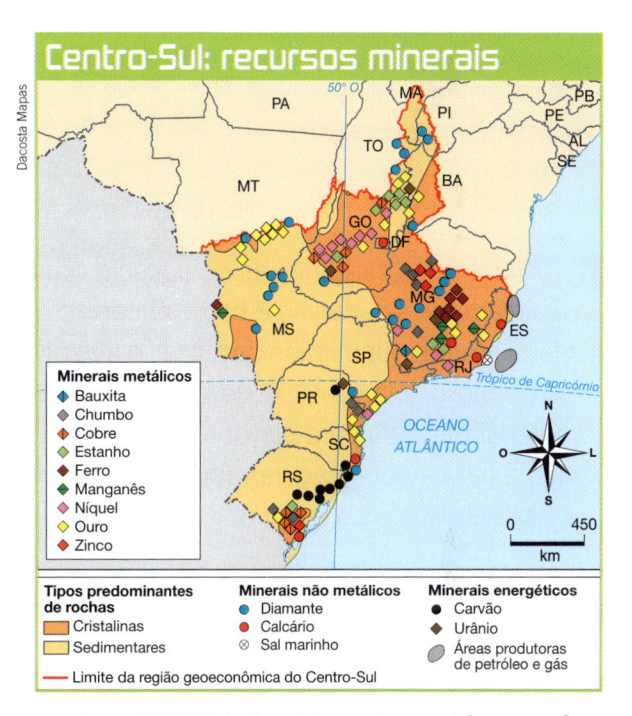

Fonte: FERREIRA, Graça Mariana Lemos. **Atlas geográfico**: espaço mundial. 4. ed. São Paulo: Moderna, 2013. p. 121.

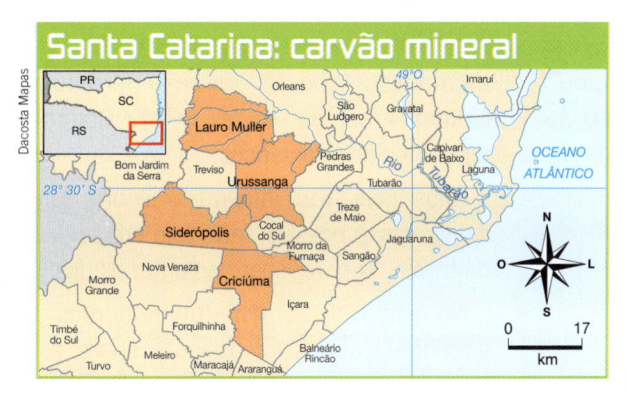

Fonte: IBGE. **Mapa político do estado de Santa Catarina**. Disponível em: <http://mapas.ibge.gov.br>. Acesso em: mar. 2014.

Formação do carvão no período Carbonífero

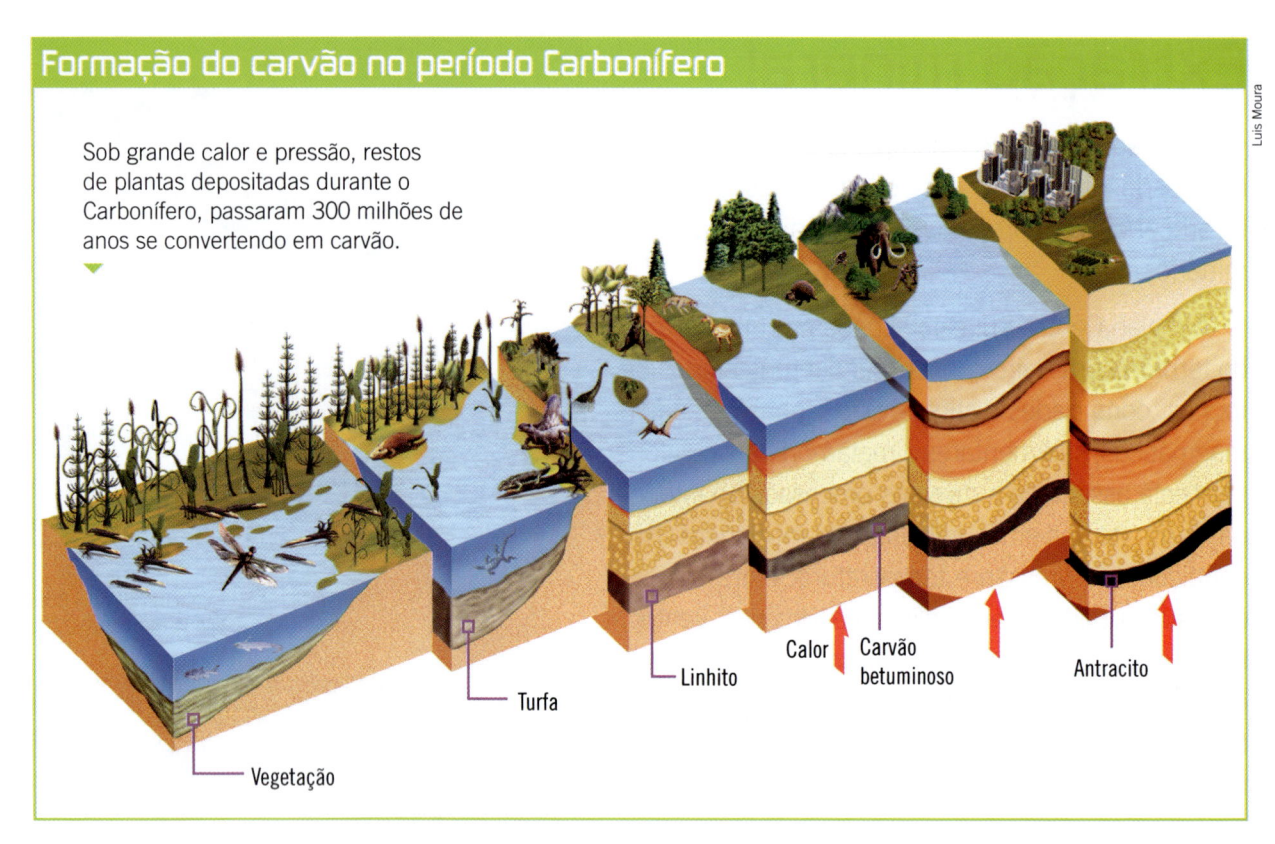

Sob grande calor e pressão, restos de plantas depositadas durante o Carbonífero, passaram 300 milhões de anos se convertendo em carvão.

Vegetação — Turfa — Linhito — Calor — Carvão betuminoso — Antracito

Fonte: **Planeta Terra**. Rio de Janeiro: Ed. Abril, 1996. p. 104-105. Time Life. (Coleção Ciência e Natureza).

As reservas carboníferas no subsolo brasileiro têm grande porte, mas a qualidade de seu carvão é baixa. O carvão do Brasil possui baixo teor calorífero, grande quantidade de cinzas e alto nível de enxofre – ele é um carvão betuminoso. Ele é usado de duas maneiras: para a produção de coque, material utilizado para elevar a temperatura dos altos-fornos das siderúrgicas, e para a obtenção de vapor, a fim de mover turbinas e geradores.

Carvão betuminoso: de acordo com a concentração de carbono, o carvão é classificado em linhito, carvão betuminoso e antracito.

@multiletramentos

Hierarquia urbana

Nesta Unidade verificamos que na região Centro-Sul do país é possível encontrar as cidades com as maiores taxas de densidade demográfica e que entre elas há uma hierarquia que considera o grau de urbanização e de diferentes fluxos. Considerando a hierarquia das metrópoles brasileiras, você está convidado a organizar e apresentar o que entendeu sobre o assunto de uma forma diferente: a imagem a ser elaborada neste desafio é um infográfico.

Para essa criação, utilize a ferramenta (disponível em: <http://ftd.li/8henfi> (acesso em: fev. 2014). Com ela, você poderá criar cinco tipos diferentes de infográficos.

Após criar seu infográfico sobre as metrópoles brasileiras e suas categorias, é possível salvá-lo e em seguida postá-lo no *blog* de Geografia da turma, para receber comentários dos colegas e do(a) professor(a).

No espaço virtual **@multiletramentos** da plataforma **FTD Digital**, você encontrará outras informações sobre esse desafio, além de exemplos, tutorial e dicas que facilitarão a realização desta atividade.

A produção de petróleo

O desenvolvimento de tecnologia brasileira de exploração do petróleo em águas profundas permitiu a descoberta de grandes jazidas no litoral dos estados do Rio de Janeiro, do Espírito Santo e de São Paulo, contribuindo para que, em 2011, o Brasil atingisse a produção de mais de 2 milhões de barris de petróleo por dia.

Foi desenvolvido, também, um sofisticado parque de refinarias e de indústrias petroquímicas, que se concentra no Centro-Sul, em especial nos estados do Rio Grande do Sul, de São Paulo e do Rio de Janeiro.

A descoberta de enormes reservas de petróleo na camada do pré-sal e a grande reserva de gás natural na bacia de Santos marcam a importância das jazidas minerais na região Centro-Sul. No entanto, os altos custos de produção e as dificuldades tecnológicas associadas à extração de petróleo em grandes profundidades são grandes desafios para as equipes técnico-científicas da Petrobrás.

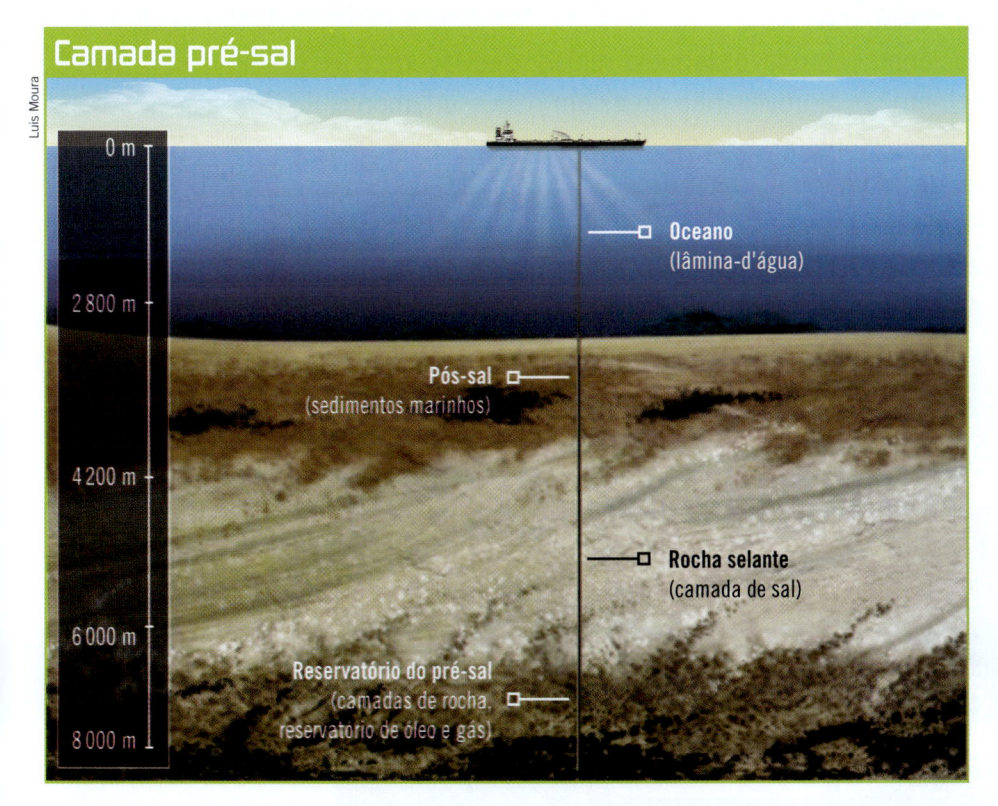

Brasil: bacias produtoras de petróleo

Fonte: PETROBRAS. **Bacias.** Disponível em: <www.petrobras.com.br>. Acesso em: fev. 2014.

Camada pré-sal

Fonte: PETROBRAS. Disponível em: <www.petrobras.com.br>. Acesso em: fev. 2014.

Pense e responda

- Por que a descoberta da camada do pré-sal é considerada de grande importância para o país?

Hidrografia: transporte e energia

Grande parte das terras do Centro-Sul faz parte da região hidrográfica do rio Paraná. A rede hidrográfica do Centro-Sul é bastante diversa: alguns rios correm em áreas planas, com muitos se destacando pela extensão, largura e profundidade. Há, ainda, aqueles que apresentam grandes quedas de água e vales encaixados, com alto potencial de geração de energia hidrelétrica.

Apesar de o nosso país apresentar uma rede hidrográfica bastante significativa, calcula-se que apenas 10% do volume de carga sejam transportados por hidrovias no Brasil.

No mapa ao lado, vemos que as hidrovias mais extensas estão na Amazônia. Isso está relacionado ao relevo daquela região, que favorece a navegação fluvial. No entanto, as hidrovias não precisam necessariamente coincidir com as áreas de relevo plano. Nos casos em que há grande necessidade de transporte, devido à intensidade do fluxo de cargas, podem-se utilizar diversas soluções técnicas para a navegação em cursos de água com desníveis. É o que ocorre na região Centro-Sul. Em parte de suas hidrovias foram construídas barragens e eclusas.

Fonte: IBGE. **Atlas geográfico escolar**. 6 ed. Rio de Janeiro: IBGE, 2012.

Eclusa: sistema que possibilita a subida e a descida de barcos em rios com desníveis; a eclusa funciona como uma espécie de elevador para as embarcações.

◀ Eclusa da barragem de Barra Bonita, São Paulo, 2009.

Energia hidrelétrica

O aproveitamento da rede hidrográfica para a geração de energia tem estreita relação com o volume de água dos rios e com o relevo acidentado de determinada região. O Centro-Sul apresenta essas duas condições, e, por isso, permite grande geração de energia elétrica.

Para a construção de uma usina, a água de um rio é represada por uma barragem. Essa água represada forma um lago, que é o reservatório.

Quando abertos, os canais da barragem permitem que a água do reservatório seja conduzida até as turbinas da usina.

As pás das turbinas são ligadas a um gerador que, ao girar, permite a produção de energia elétrica.

A força do movimento da água faz girar as pás das turbinas.

Das usinas, a energia elétrica é distribuída para a população por meio das linhas de transmissão de energia.

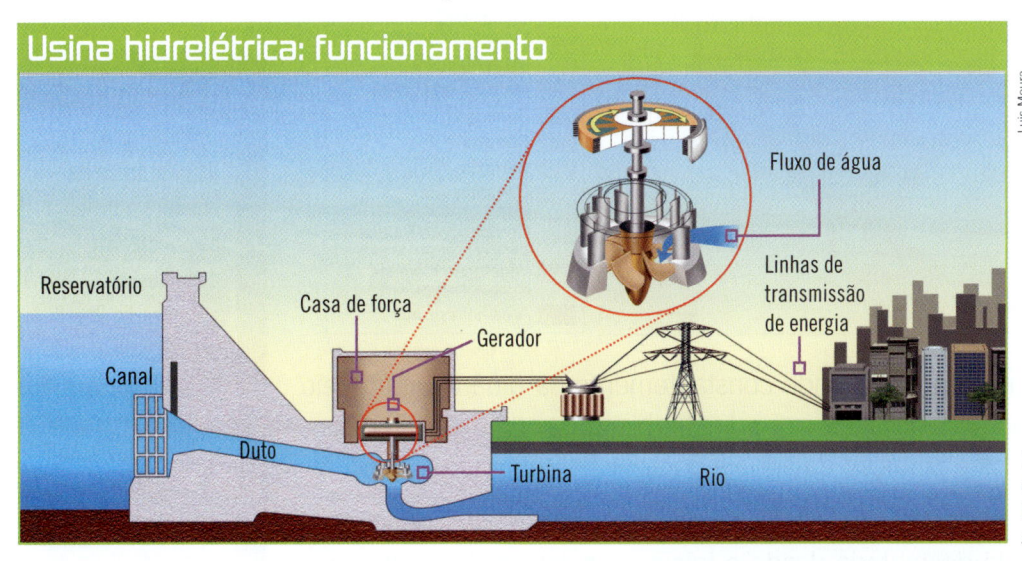

Usina hidrelétrica: funcionamento

Fonte: ANEEL. **Atlas de energia elétrica do Brasil**. 3. ed. Brasília: Aneel, 2008. p. 50.

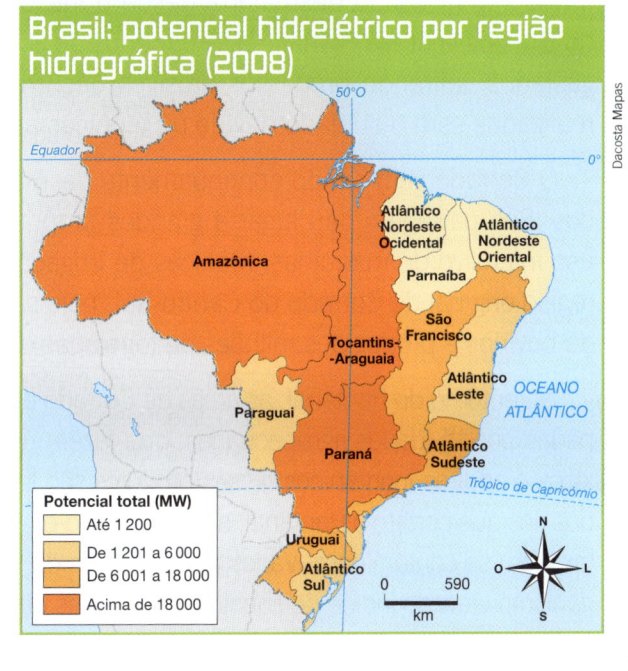

As principais bacias hidrográficas do Centro-Sul têm grande aproveitamento de seu potencial hidrelétrico. Na região hidrográfica do Paraná, 72% desse potencial já são utilizados atualmente. É nessa bacia que se localiza a usina de Itaipu, uma das maiores do mundo. O consumo de energia nessa região está cada vez maior e há uma pressão para elevar o aproveitamento do potencial energético das outras duas bacias com grande potencial, a do Araguaia-Tocantins e a do Amazonas.

▶ A fatia relativa ao inventário corresponde ao que já foi estudado como potencial.

Fonte: ANEEL. **Atlas de energia elétrica do Brasil**. 3 ed. Brasília: ANEEL, 2008. p. 8.

Brasil: potencial hidrelétrico por região hidrográfica (2008)

Potencial total (MW)
- Até 1 200
- De 1 201 a 6 000
- De 6 001 a 18 000
- Acima de 18 000

A ação humana sobre o meio físico

No Centro-Sul, encontramos a maior extensão de desmatamento no Brasil. Em todos os domínios de natureza da região, a taxa de destruição das paisagens originais é bastante elevada.

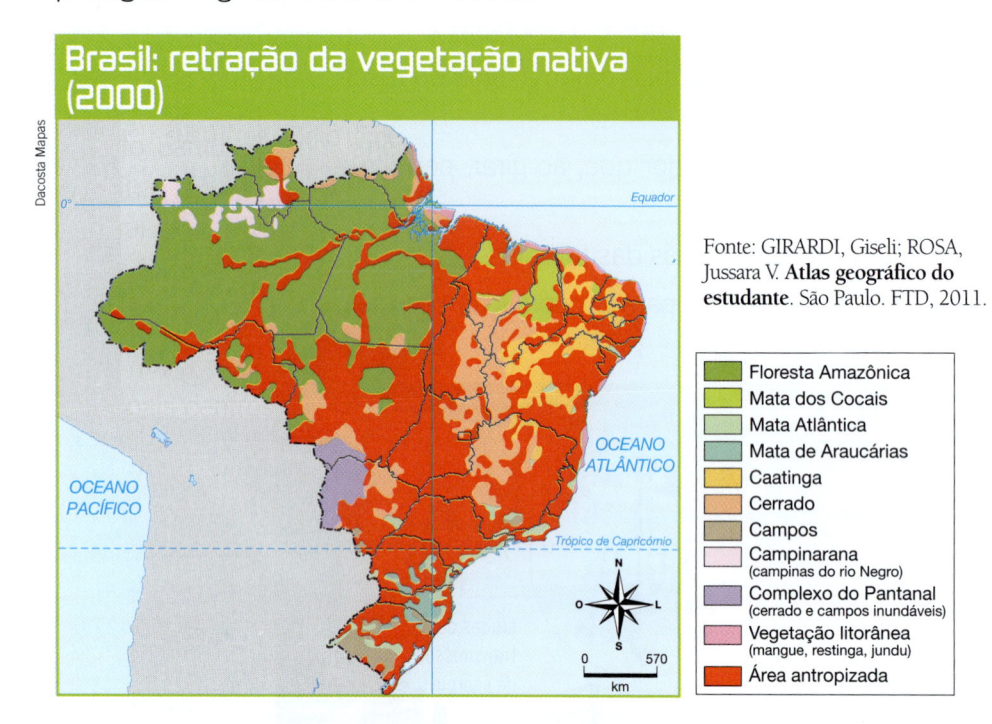

Brasil: retração da vegetação nativa (2000)

Fonte: GIRARDI, Giseli; ROSA, Jussara V. **Atlas geográfico do estudante**. São Paulo. FTD, 2011.

A ação humana vem interferindo constantemente na dinâmica do meio físico do Centro-Sul, ocasionando impactos ambientais, como erosão e contaminação dos solos e poluição da água e do ar.

A Mata Atlântica, uma das florestas com maior diversidade de espécies no mundo, vem sendo desmatada desde o início da colonização portuguesa no Brasil. Da área original, restam menos de 8%. Os solos estão muito desgastados, sofrendo processos erosivos decorrentes das práticas agrícolas realizadas sem o cuidado devido ou técnicas adequadas.

O Cerrado vem sendo continuamente desmatado nas últimas três décadas. Sua paisagem deu lugar a grandes propriedades agrícolas, que fazem uso intensivo de máquinas, técnicas de irrigação, agrotóxicos e adubos. Na região original de Cerrado do Centro-Sul, hoje são criados grandes rebanhos de bovinos e produzidos milhões de toneladas de grãos (soja, milho e arroz).

No entorno do Pantanal, as áreas de Cerrado estão sendo intensamente ocupadas por atividades agropecuárias, que fazem uso em larga escala de agrotóxicos e adubos inorgânicos. Esses produtos são levados pelas chuvas aos leitos dos rios que cortam o Pantanal, contaminando-os. Em consequência, os animais também se contaminam. Vários peixes e aves do Pantanal já apresentam no organismo elevado índice de substâncias nocivas utilizadas na agricultura.

@ Explore

A animação **Os guardiões da biosfera** apresenta os principais domínios de natureza do Brasil por meio de uma divertida história. No episódio "Pantanal", os guardiões terão de proteger os animais dessa região. Disponível em: <http://ftd.li/nspx5h> (acesso em: fev. 2014).

- Um dos aspectos destacados na animação é a importância da biodiversidade desse bioma e dos conhecimentos das comunidades tradicionais. Por que esse conhecimento é importante?

Atividades

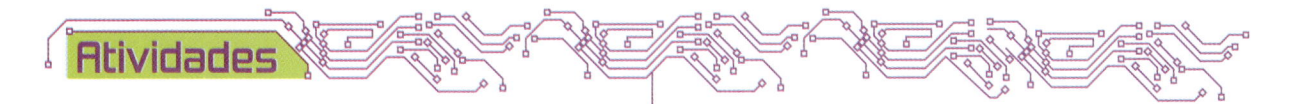

Reveja

1 Por que os estados do Centro-Oeste se destacam na produção agrícola?

2 Quais são as causas da arenização no Rio Grande do Sul? Explique.

3 Explique a importância do agronegócio para o desenvolvimento da região Centro-Sul.

4 Sobre a produção de petróleo no Brasil, responda:

a) Qual é a importância das reservas de petróleo para o Brasil?

b) O que é a camada do pré-sal?

5 Os trechos remanescentes da Mata Atlântica são apenas 8% da área original.

Responda porque essa formação florestal foi tão desmatada.

Analise

6 O impacto da ação do ser humano sobre o ambiente tem criado algumas polêmicas. A construção de usinas hidrelétricas e de hidrovias, por exemplo, movimenta a opinião de especialistas e do público em geral. Pesquise para conhecer algumas opiniões e responda: que efeitos a execução desses projetos traz ao meio ambiente e às populações locais? E que resultado essas ações podem trazer ao desenvolvimento econômico da região?

Explique

7 Explique as principais vantagens e desvantagens do uso do petróleo como matriz energética.

Fórum

A foto retrata a paisagem de um parque nacional protegido ambientalmente pela legislação brasileira. Faça uma pesquisa em *sites* e livros a respeito das áreas sob proteção ambiental localizadas em algum estado da região Centro-Sul.

Procure descobrir informações como:

- a vegetação predominante;
- as principais espécies da fauna ameaçadas de extinção;
- a existência de comunidades quilombolas, indígenas ou outras que dependam do extrativismo, e as restrições para o exercício de suas atividades;
- se áreas urbanas e atividades agrícolas podem impactar os ecossistemas da reserva ambiental.

Com base nos dados levantados, discuta com os colegas a importância da criação de reservas ambientais.

▲ Parque Nacional da Chapada dos Guimarães, Mato Grosso, 2010.

Cartografia

Escala

Como sabemos, um dos elementos fundamentais de um mapa é a escala. A escala indica a relação de proporcionalidade entre as dimensões do terreno e do mapa.

Por exemplo, se um mapa tem escala de 1:100 000, significa que uma unidade no mapa corresponde a 100 000 unidades no terreno. Portanto, podemos dizer que 1 cm no mapa corresponde a 100 000 cm no terreno.

> 1 unidade no mapa → 100 000 unidades no terreno
>
> 1 cm no mapa → 100 000 cm no terreno

Você já deve ter estudado em Matemática que 100 000 cm equivalem a 1 000 m, que, por sua vez, correspondem a 1 km.

> 100 000 cm = 1 000 m = 1 km

Logo, no exemplo acima, 1 cm no mapa equivale a 1 000 m ou 1 km no terreno.

Conhecendo a escala de um mapa, podemos calcular distâncias entre dois pontos. Para isso, é importante:

- verificar a distância entre dois pontos em linha reta, no mapa, utilizando a régua;
- multiplicar a distância encontrada com a régua pela distância real do terreno expressa na escala do mapa.

Assim, se duas cidades estiverem a 5 cm de distância em um mapa de escala 1:100 000, significa que essas cidades estão a 5 km de distância uma da outra.

Distância medida no mapa.
↓
Escala = 1 : 100 000
Distância real do terreno.

> Distância encontrada × Distância real
> com a régua   do terreno
>
> 5 cm × 100 000
> ↓
> 500 000 cm = 5 km

Observe o mapa político do Brasil e responda:

Brasil: político (2011)

Fonte: GIRARDI, Giseli; ROSA, Jussara V. **Atlas geográfico do estudante**. São Paulo: FTD, 2011.

1 Qual é a escala do mapa em centímetros, metros e quilômetros?

2 Qual é a distância, em quilômetros, entre Brasília e Campo Grande?

3 E entre Brasília e Porto Alegre?

4 E entre Aracaju e Vitória?

5 Qual é a distância entre Brasília e a capital do estado em que você vive? Caso você viva em Brasília, verifique a distância em relação à outra capital da região Centro-Sul.

Aldeia global

Planisfério: as trinta maiores cidades globais

A prosperidade das cidades globais

Geralmente as cidades globais são metrópoles, ou seja, incluem uma cidade central e cidades vizinhas interligadas pelo tecido urbano. Algumas aglomerações possuem mais de uma cidade central. O mapa mostra as cidades globais com mais de 10 milhões de habitantes.

Observe o diagrama da prosperidade urbana. Ele mostra que não é só a economia que faz de uma cidade um lugar bom para viver!

Roda da prosperidade urbana

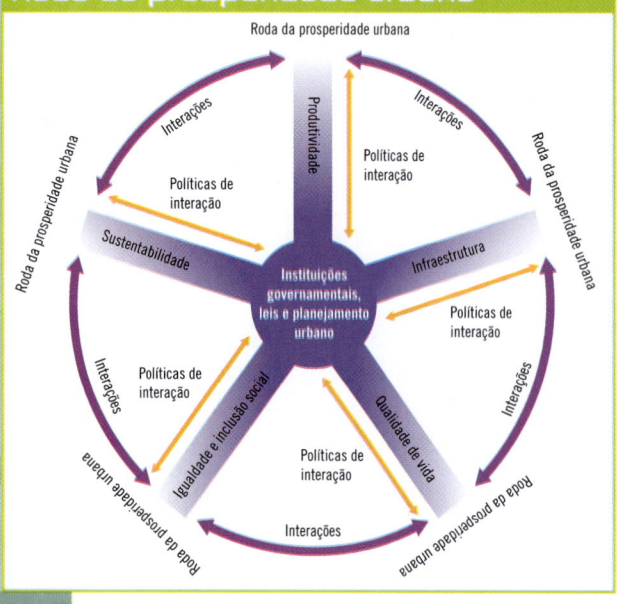

Fonte: UN-HABITAT. **State of the world's cities 2012/2013**. Nova York: ONU, 2013. p. 15.

▲ De cima para baixo e da esquerda para a direita: Nova York (Estados Unidos), Cidade do México (México), São Paulo (Brasil) e Karachi (Paquistão). Todas de 2013.

A necessidade de qualidade de vida, infraestrutura, inclusão social e sustentabilidade cria desafios que a sociedade urbana precisa resolver para que a população – tão numerosa – possa circular e se apropriar dos espaços da cidade.

A questão ambiental é discutida na maioria das cidades globais. Nelas, são frequentes as queixas sobre o aumento da temperatura, a ampliação do volume e da frequência das chuvas (e, paradoxalmente, sobre a falta delas), as enchentes e o risco do aumento do nível do mar – como se pode observar no gráfico **As cidades globais e a questão ambiental** da página ao lado.

As cidades globais e a questão ambiental

Das 110 cidades globais investigadas

88 reportaram risco de aumento da temperatura/ ondas de calor

81 reportaram risco de ampliação de frequência e intensidade das chuvas

49 reportaram risco de seca

43 reportaram risco de enchente

39 reportaram risco de aumento do nível do mar

Fonte: CDP. **CDP Atlas 2013**. Summary report on 110 global cities. Disponível em: <http://dpcities2013.net>. Acesso em: maio 2014.

Fonte: ONU. *World urbanization prospects the 2011 revision*. Disponível em: <http://esa.un.org>. Acesso em: maio 2014.

Da esquerda para a direita, de cima para baixo: Seul (Coreia do Sul); Shangai (China), Délhi (Índia), Tóquio (Japão), Manila (Filipinas), Cantão (China) e Jacarta (Indonésia). Fotos de 2013.

Sobre o texto

1 O que as cidades globais têm a ver com as metrópoles?

2 Escreva o nome das cidades globais que aparecem no mapa, de acordo com os continentes: África, América, Ásia, Europa e Oceania. Qual deles apresenta o maior número de cidades globais? E qual apresenta o menor?

3 De acordo com o diagrama da página anterior (**Roda da prosperidade urbana**), quais são os fatores envolvidos na prosperidade das cidades globais?

4 De acordo com o gráfico desta página, quais são as principais queixas em relação à questão ambiental?

219

Pensar, fazer, compartilhar

Catalogando o Brasil

Alguma vez você já escolheu ou pesquisou uma viagem com o auxílio de uma agência de turismo?

Para quem gosta de viajar, as agências de turismo são uma verdadeira tentação. Sempre há uma série de catálogos ricos em fotos e informações sobre diversos lugares do mundo.

Você já pensou em como seria um catálogo sobre as belezas dos complexos regionais do Brasil? É o que pretendemos descobrir.

O que você vai fazer

1ª Parte

Em grupo, escolha um dos complexos regionais brasileiros para realizar seu trabalho.

Para que o catálogo seja elaborado da melhor maneira possível, é preciso que você conheça bem os lugares que fazem parte do complexo regional escolhido. Para isso, analise com calma seu mapa político.

2ª Parte

Levante as principais características da região escolhida para que nenhum ponto importante seja esquecido. Para isso, siga o seguinte roteiro, que inclui:

- os aspectos históricos evidenciados na região;
- as principais características econômicas da região;
- os aspectos culturais que se destacam na região;
- a vegetação do complexo regional escolhido;
- os pontos turísticos importantes dessa região;
- como vivem as pessoas que moram nesse local.

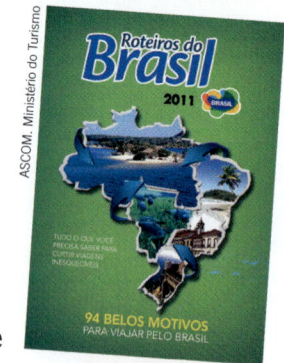

Brasil: regiões geoeconômicas

Fonte: IBGE. **Atlas geográfico escolar**. Rio de Janeiro: IBGE, 2012.

3ª Parte

Agora que você já conhece bem o complexo escolhido, pesquise, em revistas e em agências de turismo, fôlderes que retratam lugares que se encontram na região. Fôlderes são impressos publicitários que trazem informações a respeito de alguma coisa ou algum local.

Leia-os com atenção para se certificar de que neles não existe nenhuma informação errada.

Caso você não encontre fôlderes a respeito de algum local interessante de seu complexo, produza um você mesmo, seguindo o modelo dos demais encontrados.

Reúna todos os fôlderes encontrados e monte um álbum, um catálogo de seu complexo regional.

Apresentação

No dia marcado pelo professor, apresente ao restante da classe o catálogo com os fôlderes pesquisados.

Conclusão

Depois de assistir à apresentação dos demais grupos, responda às seguintes questões:

1. Que complexo regional você considerou mais interessante de ser visitado e por quê?
2. Quais curiosidades chamaram mais a sua atenção?
3. No que os complexos regionais mais se diferem uns dos outros?
4. Existe alguma semelhança entre eles? Qual?

Avaliação

Para avaliar a eficácia do seu trabalho, reflita e responda:

1. Quais foram as maiores dificuldades encontradas na realização do trabalho?
2. Você acredita que os fôlderes são uma ferramenta de aprendizado?
3. O que você conseguiu aprender com esse trabalho?

Um tempo para avaliações oficiais

Questões múltipla escolha

1 (UNICAMP-2014) Assinale a alternativa que indica corretamente a localização e uma característica predominante dos domínios morfoclimáticos do Cerrado, da Caatinga e dos Mares de Morros.

a) 1, Cerrado, com clima subtropical; 2, Caatinga, com rios perenes; 3, Mares de Morros, com vegetação do tipo savana estépica.

b) 1, Caatinga, com clima semiárido; 2, Mares de Morros, com mata atlântica; 3, Cerrado, com vegetação do tipo savana.

c) 1, Caatinga, com clima tropical de altitude; 2, Mares de Morros, com rios intermitentes; 3, Cerrado, com mata de araucária.

d) 1, Cerrado, com vegetação do tipo savana; 2, Caatinga, com clima semiárido; 3, Mares de Morros, com mata atlântica.

2 (ENEM-2011) O açúcar e suas técnicas de produção foram levados à Europa pelos árabes no século VIII, durante a Idade Média, mas foi principalmente a partir das Cruzadas (séculos XI e XIII) que a sua procura foi aumentando. Nessa época passou a ser importado do Oriente Médio e produzido em pequena escala no sul da Itália, mas continuou a ser um produto de luxo, extremamente caro, chegando a figurar nos dotes de princesas casadoiras.

CAMPOS, R. **Grandeza do Brasil no tempo de Antonil (1681-1716)**. São Paulo: Atual, 1996.

Considerando o conceito do Antigo Sistema Colonial, o açúcar foi o produto escolhido por Portugal para dar início à colonização brasileira, em virtude de

a) o lucro obtido com o seu comércio ser muito vantajoso.

b) os árabes serem aliados históricos dos portugueses.

c) a mão de obra necessária para o cultivo ser insuficiente.

d) as feitorias africanas facilitarem a comercialização desse produto.

e) os nativos da América dominarem uma técnica de cultivo semelhante.

3 (UNESP-2011) Entre as formas de resistência negra à escravidão, durante o período colonial brasileiro, podemos citar

a) a organização de quilombos, nos quais, sob supervisão de autoridades brancas, os negros podiam viver livremente.

b) as sabotagens realizadas nas plantações de café, com a introdução de pragas oriundas da África.

c) a preservação de crenças e rituais religiosos de origem africana, que eram condenados pela Igreja Católica.

d) as revoltas e fugas em massa dos engenhos, seguidas de embarques clandestinos em navios que rumavam para a África.

e) a adoção da fé católica pelos negros, que lhes proporcionava imediata alforria concedida pela Igreja.

4 (UNICAMP-2013) No século XXI, a participação do Produto Interno Bruto (PIB) do Nordeste no PIB brasileiro vem aumentando paulatinamente, o que indica que a região passa por um ciclo de crescimento econômico. Os principais fatores responsáveis por esse fenômeno são:

a) investimentos de grandes empresas em empreendimentos voltados para a promoção de economias solidárias e para o desenvolvimento de atividades de pequenos produtores agroextrativistas.

b) investimentos públicos em infraestrutura, concessões estatais de créditos e incentivos fiscais a empresas, e o aumento do consumo da população mais pobre, que passa a ter acesso ao crédito.

c) investimentos de bancos privados em grandes obras de infraestrutura direcionadas para a transposição do Rio São Francisco e para a melhoria dos sistemas de transporte rodoviário e ferroviário da região.

d) investimentos de bancos estrangeiros em empreendimentos voltados para a aquisição de grandes extensões de terras e para a instalação de rede hoteleira nas áreas litorâneas da região.

5 (ENEM-2005) Observe as seguintes estratégias para a ocupação da Amazônia Brasileira.

I. Desenvolvimento de infraestrutura do projeto Calha Norte;
II. Exploração mineral por meio do Projeto Ferro Carajás;
III. Criação da Superintendência para o Desenvolvimento da Amazônia;
IV. Extração do látex durante o chamado Surto da Borracha.

A ordenação desses elementos, desde o mais antigo ao mais recente, é a seguinte:

a) IV, III, II, I.
b) I, II, III, IV.
c) IV, II, I, III.
d) III, IV, II, I.
e) III, IV, I, II.

Questões dissertativas

1 (UNESP-2012) Na Copa do Mundo de Futebol de 2014, para que o deslocamento não seja um problema para as equipes, a FIFA exige que as seleções participantes se hospedem em cidades localizadas nas proximidades dos estádios onde os jogos serão realizados. Como os dirigentes das seleções precisam conhecer a distância e a infraestrutura de transportes de cada cidade, as prefeituras municipais deverão enviar um mapa com a localização da cidade e do estádio que sediará os jogos de cada seleção.

Qual é a função da escala em um mapa? Considerando que a distância entre a cidade que hospedará determinada seleção e o estádio seja de 60 km, indique a escala numérica que deverá ser utilizada no mapa para representar essa distância em 12 cm.

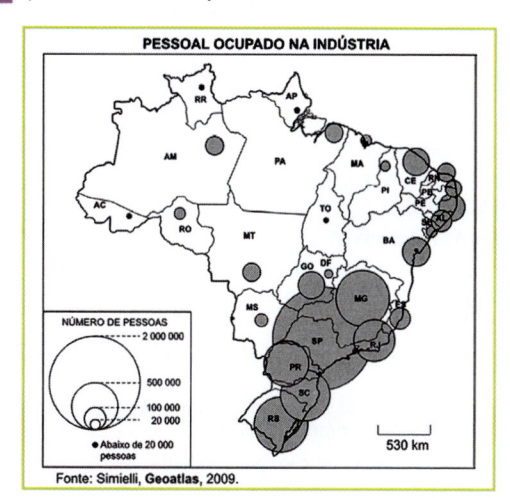

2 (FUVEST-2010)

Com base no mapa acima e em seus conhecimentos,

a) identifique o tipo de indústria predominante na região Nordeste, considerando sua capacidade geradora de emprego.

b) caracterize o parque industrial da região Sudeste.

Considere, na sua análise, a presença da indústria de ponta de alta tecnologia nessa região e sua capacidade geradora de emprego.

Bibliografia

AB'SÁBER, Aziz N. **Os domínios de natureza no Brasil**: potencialidades paisagísticas. 7. ed. São Paulo: Ateliê Editorial, 2012.

AB'SÁBER, Aziz N. Províncias geológicas e domínios morfoclimáticos no Brasil. **Geomorfologia**, Campinas, n. 20, p. 1-10, 1970.

ALVES, Júlia F. **Metrópoles**: cidadania e qualidade de vida. 2. ed. São Paulo: Moderna, 1992. (Polêmica).

ANDRADE, Manuel C. **Imperialismo e fragmentação do espaço**. São Paulo: Contexto, 1999.

ARRIGHI, Giovanni. **O longo século XX**: dinheiro, poder e as origens do nosso tempo. Rio de Janeiro: Contraponto; São Paulo: Unesp, 1996.

AYOADE, J. O. **Introdução à climatologia para os trópicos**. Tradução Maria Juraci Zani dos Santos. 8. ed. Rio de janeiro: Bertrand Brasil, 2002.

BECKER, Bertha; STENNER, Claudio. **Um futuro para a Amazônia**. São Paulo: Oficina de Textos, 2008. (Inventando o futuro).

BRANCO, Samuel M. **Água**: origem, uso e preservação. 2. ed. São Paulo: Moderna, 2003. (Polêmica).

CALDINI, Vera; ISOLA, Leda. **Atlas geográfico Saraiva**. São Paulo: Saraiva, 2013.

CASTRO, Iná Elias de; GOMES, Paulo Cesar da Costa; CORRÊA, Roberto Lobato (Orgs.). **Geografia**: conceitos e temas. 14. ed. Rio de Janeiro: Bertrand Brasil, 2011.

CASTRO, Iná Elias de; GOMES, Paulo Cesar da Costa; CORRÊA, Roberto Lobato (Orgs.). **Brasil**: questões atuais da reorganização do território. Rio de Janeiro: Bertrand Brasil, 2002.

CHRISTOFOLETTI, Antônio. **Geomorfologia fluvial**. São Paulo: Edgard Blücher, 1981.

COLTRINARI, Lylian. **A Terra**. São Paulo: Ática, 1994. (Atlas visuais).

CONTI, José B. **Clima e meio ambiente**. São Paulo: Atual, 1998.

CONTI, José B.; FURLAN, Sueli A. Geoecologia: o clima, os solos e a biota. In: ROSS, Jurandyr L. S. **Geografia do Brasil**. 5. ed. São Paulo: Edusp, 2005. p. 67-208.

CPRM: CPTEC: Centro de Previsão do Tempo e Estudos Climáticos. INPE. Disponível em: <www.cptec.inpe.br>. Acesso em: 13 mar. 2014.

CUNHA, Sandra B.; GUERRA, Antônio J. T. (Orgs.). **Geomorfologia e meio ambiente**. 3. ed. Rio de Janeiro: Bertrand Brasil, 2000.

DUARTE, Paulo A. **Fundamentos de cartografia**. Florianópolis: Ed. da UFSC, 2008.

FONSECA, Fernanda Padovesi. **Cartografia**. São Paulo: Melhoramentos, 2013.

FURTADO, Celso. **Formação econômica do Brasil**. 34. ed. São Paulo: Companhia das Letras, 2007.

GIRARDI, Gisele; ROSA, Jussara V. **Novo atlas do estudante**. São Paulo: FTD, 2011.

GUERRA, Antônio José T. **Novo dicionário geológico-geomorfológico**. Rio de Janeiro: Bertrand Brasil, 1997.

HARVEY, David. **A condição pós-moderna**. 11. ed. São Paulo: Loyola, 2011.

HOLANDA, Sérgio B. de. **Raízes do Brasil**. 26. ed. São Paulo: Companhia das Letras, 1995.

HUBERMAN, Leo. **História da riqueza do homem**. Tradução Waltensir Dutra. 22. ed. São Paulo: LTC, 2010.

IANNI, Octavio. **A sociedade global**. 13. ed. Rio de Janeiro: Civilização Brasileira, 2008.

IBAMA. MMA. Disponível em: <www.ibama.gov.br>. Acesso em: 13 mar. 2014.

IBGE. Disponível em: <www.ibge.gov.br>. Acesso em: 13 mar. 2014.

ICMBIO: Instituto Chico Mendes de Conservação da Biodiversidade. MMA. Disponível em: <www.icmbio.gov.br>. Acesso em: 13 mar. 2014.

INPE: Instituto Nacional de Pesquisas Espaciais. Ministério da Ciência, Tecnologia e Inovação. Disponível em: <www.inpe.br>. Acesso em: 13 mar. 2014.

ISTITUTO GEOGRAFICO DE AGOSTINI. **Atlas metodico geografico De Agostini**. Novara, Itália, 2012.

JOLY, Aylthon B. **Conheça a vegetação brasileira**. São Paulo: Polígono, 1970.

KÖPPEN, Wilhelm. **Climatología**: con un estudio de los climas de la tierra. México: Fondo de Cultura Económica, 1948.

LACOSTE, Yves. **Geografia do subdesenvolvimento**: geopolítica de uma crise. 7. ed. São Paulo: Difel, 1985.

LAS CASAS, Bartolomé de. **O paraíso destruído**: a sangrenta história da conquista da América. Tradução Heraldo Barbuy. Porto Alegre: L&PM, 2001.

LENCIONI, Sandra. **Região e geografia**. São Paulo: Edusp, 1999.

MONTEIRO, Carlos. **Clima e excepcionalismo**: conjecturas sobre o desempenho da atmosfera como fenômeno geográfico. Florianópolis: UFSC, 1991.

MORAES, Antonio C. R. **Bases da formação territorial do Brasil**: o território colonial brasileiro no longo século XVI. São Paulo: Hucitec, 2000.

MOREIRA, Ruy. **Pensar e ser em Geografia**. São Paulo: Contexto, 2007.

NEIMAN, Zysman. **Era verde?**: ecossistemas brasileiros ameaçados. São Paulo: Atual, 1992.

NEPOMUCENO, Rosa. **Viagem ao fabuloso mundo das especiarias**. Rio de Janeiro: J. Olympio, 2003.

NOVAIS, Fernando A. O Brasil nos quadros do antigo sistema colonial. In: MOTA, Carlos G. (Org.). **Brasil em perspectiva**. 11. ed. São Paulo: Difel, 1980. p. 47-63.

NUNES, Lucí Hidalgo. Repercussões globais, regionais e locais do aquecimento global. **Revista Terra Livre**, AGB, São Paulo, ano 19, v. 1, n. 20, p. 101-110, jan./jul. 2003.

ODUM, Eugene P. **Ecologia**. São Paulo: Pioneira, 1975.

OLIVEIRA, Ariovaldo U. de. **Modo capitalista de produção e agricultura**. São Paulo: Ática, 1986.

PALMIERI, F.; LARACH, J. O. Pedologia e geomorfologia. In: GUERRA, Antonio José Teixeira; CUNHA, Sandra B. da. **Geomorfologia e meio ambiente**. Rio de Janeiro: Bertrand Brasil, 1996.

PNUD. Relatório do desenvolvimento humano 2013: ascensão do sul: progresso humano num mundo diversificado. [Lisboa]: Camões – Instituto da Cooperação e da Língua, 2013. Edição portuguesa.

POPP, José H. **Geologia geral**. 6. ed. São Paulo: LTC, 2010.

PRADO JÚNIOR, Caio. **Formação do Brasil contemporâneo**. São Paulo: Companhia das Letras, 2011.

PRADO JÚNIOR, Caio. **História econômica do Brasil**. 43. ed. São Paulo: Brasiliense, 2012.

RIZZINI, Carlos T et al. **Ecossistemas brasileiros**. Rio de Janeiro: Index, 1989.

ROSS, Jurandyr L. S. Relevo brasileiro: uma nova proposta de classificação. **Revista do Departamento de Geografia**. São Paulo: FFLCH-USP, n. 5, p. 25-39, 1988.

SANTOS, Milton; SILVEIRA, Maria L. **O Brasil**: território e sociedade no início do século XXI. 10. ed. Rio de Janeiro: Record, 2008.

SERVIÇO GEOLÓGICO DO BRASIL. *Site* com levantamentos de recursos hídricos e minerais. Disponível em: <www.cprm.gov.br>. Acesso em: 13 mar. 2014.

SILVA, José G. da. **Tecnologia e agricultura familiar**. Porto Alegre: Ed. da UFRGS, 1999.

SIMIELLI, Maria Elena. **Geoatlas**. 34. ed. São Paulo: Ática, 2012.

SOS MATA ATLÂNTICA. Disponível em: <www.sosmatatlantica.org.br>. Acesso em 13 mar. 2014.

SPOSITO, Maria E. B. **Capitalismo e urbanização**. 4. ed. São Paulo: Contexto, 1991.